# 商标律师入门指南

张文娟 著

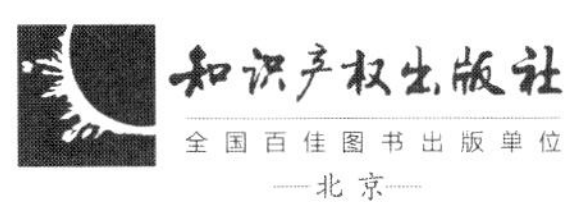

**图书在版编目（CIP）数据**

商标律师入门指南 / 张文娟著 . —北京：知识产权出版社，2023.3
ISBN 978-7-5130-8665-3

Ⅰ . ①商…　Ⅱ . ①张…　Ⅲ . ①商标法—中国—指南　Ⅳ . ① D923.434

中国国家版本馆 CIP 数据核字（2023）第 017676 号

**内容提要**

本书并不涉及高深的知识产权理论问题，而是一个商标工作实践者亲身体验的总结。本书以商标法为依据，分四章介绍商标律师应该知道什么、理解什么、怎么去做、重点是什么，可供刚进入商标律师行业及想要进入该行业的人作为参考用书使用。

**责任编辑**：李　叶　　　　**责任印制**：刘译文

商标律师入门指南

SHANGBIAO LÜSHI RUMEN ZHINAN

张文娟　著

出版发行：知识产权出版社有限责任公司　网　址：http：//www.ipph.cn
http：//www.laichushu.com
电　话：010-82004826
社　址：北京市海淀区气象路50号院　邮　编：100081
责编电话：010-82000860转8745　责编邮箱：laichushu@cnipr.com
发行电话：010-82000860转8101　发行传真：010-82000893
印　刷：天津嘉恒印务有限公司　经　销：新华书店、各大网上书店及相关专业书店
开　本：720mm × 1000mm　1/32　印　张：9.375
版　次：2023年3月第1版　印　次：2023年3月第1次印刷
字　数：209千字　定　价：58.00元

ISBN 978-7-5130-8665-3

# 序 言

2021 年是我进入知识产权法律服务行业的第十六个年头。十几年来，我一直夜以继日地埋头于工作中，从未想过对自己做过的工作进行梳理和总结，并形成书面文字。直到 2021 年 5 月，我读了一本由美国三所大学的法学教授联合编写的讲授法律写作的书——*Legal Writing*，书中有两句话深深地触动了我：

To be a lawyer is to be a writer.

What you write will always be there as an example of your work.

第一句话的意思是，成为一名律师等于要成为一位作家。第二句话的意思是，你写下的东西作为你工作的示例将永远留在那里。突然间，自己处于混沌状态中的头脑好像被这两句话点醒了，这不就是一个律师工作的写照吗？律师的职业生涯和写作永不能分离，每一天的工作几乎都是写作，各种法律意见书、合同、起诉状和答辩状……哪一个也离不开书面文字。就在那一瞬间，我萌生了一个念头：要把自己这十几年来做过的各类商标法律业务写出来。一来对自己的工作进行梳理和总结，使未来的工作更有章可循；二来给有意向进入商标法律服务领域和初入该领域的同仁带来启发和帮助。

基于中国知识产权代理行业的历史原因，在我进入知识产权法律服务领域时，除了柳沈律师事务所外，再无其他律师事务所被允许从事知识产权代理业务，可想而知，那时只有很少数的律师从事知识产权代理工作，实务操作方面的书籍也较少。在刚踏入该行业时，我对该行业的概况和前景并不十分了解，对所有业务和程序也一无所知。知识产权代理工作涉及的业务类型繁多，每一类业务的要求和处理程序都有所不同，在短时间内往往记不住每种业务的概念和要求。当接到一个工作任务时，应该从哪里入手及怎么处理，往往无所适从。身边虽有资深的同事，但他们常常被各种迫近法律时限的业务紧紧地追赶着，也很难腾出时间来耐心地解答我的疑问。那个时候是多么希望能有个导师站在我面前，让我将所有的问题都抛向他并能得到明确的指引。记得有一次，接到领导布置的一项工作，但忘记了这种类型业务的具体处理方式，结果被领导责备。从此以后，我每天都做工作笔记，翻阅和学习历史案卷，记录每种类型业务的处理程序和相关要求。这个笔记后来也成为我处理工作的参考书，直到数年后不同种类型的业务已深深印在了脑海里时才脱离了它。

我初入行业时遇到的困境，可能也是今天大多数刚入行的同仁遇到的困境。因此，我希望本书能够对初入此行的同仁有些许重要帮助，当在某个业务的程序和相关要求上记忆模糊或不确定时，可以在本书的某个角落找到你想要的答案。所以，自 2021 年 7 月开始，我利用碎片时间开始了本书的写作。

本书并不涉及高深的知识产权理论问题，但每一个字词、每一句话，都来自一个商标工作实践者就一项业务做过一遍甚至无数遍经验的总结。它像一本旅游攻略，旅行者针对自己去过的每一个地方、见到的每一处风景、品尝过的每一道当地小吃，用自己的感受来进行点评和分享，以期为后继旅行者提供参考和指引。对于有意向进入商标法律服务业的同仁，也可以在步入之前，通过本书先了解这个领域的业务，以确定自己是否适合这个领域，而不是步入几个月或一两年后发现自己并不适合后再另辟他径，既浪费了自己的时间成本，又浪费了机会成本。

另外，作为一个掌握专业法律知识的个体，如果不与接受委托案件的服务平台相连接，如果没有当事人的委托，即便你拥有再深厚的专业知识，也是一个资源孤岛。所以，我要特别感谢这些年来接纳我的知识产权代理公司、工作中给予我帮助的同事，以及给予委托的当事人，没有他们提供的机会和帮助，我也接触、代理不了这么多不同类型的商标案件，并积累了这么多宝贵的经验。

张文娟

2022 年 12 月于北京

# 目　录

# 第一章　商标律师行业的现状与发展

## 第一节　商标概述

提到商标律师，自然联想到其工作内容与商标有关。那么，什么是商标？商标是一种使用在商业上的标识，是用来区分商品或服务的，其最基本的特性是标示性。[1]

商标存在的时间几乎和贸易一样长。当人类经济发展形成了一个专门为他人制造商品的商人群体时，如出现了专门制作和销售服装或陶器的人，他们就开始使用一个词或符号来标记这些物品的制造者。最初这些标记通常仅仅是制造者的名字，在来自中国、印度、波斯、埃及、罗马、希腊和其他地方的商品文物上被发现，至少可以追溯到4000年前。这些早期的标记发挥着多项功能。首先，它们是一种广告形式，让制造者在潜在的客户面前展示自己的名字；其次，它们可以被用来证明货物是由某一特定商人出售的，从而有助于解决权属纠纷；最后，它们作为质量的保证，商人将自己

[1] 孔祥俊．商标法适用的基本问题（增订版）［M］．北京：中国法制出版社，2014：62．

和他的商品联系在一起，是在拿自己的名誉做赌注。[1]人类经济发展到今天，商标同样发挥着这些功能。商标被广泛地认为是一种有助于降低信息和交易成本的工具，因为它能够使消费者在购买商品前就对商品的性质和质量作出评估。当消费者难以快速、低价地检验商品质量时，商标为消费者提供了最大的便捷。在这样的情况下，不诚信的商人可能会将较有名气的生产上乘质量产品的竞争对手的商标使用在自己的产品上以假乱真、混淆公众，从而谋取不法的经济利益。在西方社会最早期的商标案件中人们就意识到有必要采取法律救济措施来对付仿冒品。例如，在 1824 年英国的 Sykes v. Sykes 案中，法院就判决商标的先行使用者有权阻止后来的其他人在同一种商品上使用相同的商标。[2]

商标属于知识产权的客体。知识产权是法定权利，必须通过法律的规定才能存在，其权利的范围和内容也完全取决于法律的规定。[3]商标法旨在通过禁止使用与特定制造商有关的、且容易对商品来源产生混淆的标志来维护市场公平竞争秩序。这样能够减少消费者混淆情形的发生，同时又增强企业提高品牌声誉活动的动力。[4]

我国商标权的取得以注册为原则，即通过注册取得商标专用权。《中华人民共和国商标法》（以下简称《商标法》）第四条规定：

---

❶ MERGES R P，MENELL P S，LEMLEY M A.Intellectual Property in the New Technological Age［M］.6th ed.Aspen：Aspen Publishers，2012.

❷ Sykes v. Sykes，107 Eng.Rep.834（1824）.

❸ 王迁 . 著作权法［M］. 北京：中国人民大学出版社，2015：14–15.

❹ 同❶.

“自然人、法人或者其他组织[1]在生产经营活动中，对其商品或者服务需要取得商标专用权的，应当向商标局申请商标注册。”所以，当事人的商标法律事务主要围绕商标权的取得和商标权的维护两大方面展开。

## 第二节　商标律师

商标律师，是指依法取得律师执业资格，掌握商标法律知识，为社会公众提供与商标权取得和维护等相关法律服务的专业律师。概括来说，商标律师是专门从事商标法律业务的律师，是律师业专业化分工的产物。

商标属于知识产权客体的一种，专业性较强，属于有行业壁垒的一个法律领域。从现实性来讲，商标律师需要具备知识产权领域的专业知识，仅具备律师执业资格而未有实践经验的律师并不具有开展商标律师业务的能力。虽然法律并没有对商标律师资格的取得作出特别的规定，但是商标律师必须具备商标领域的专业知识才能从事商标律师业务。

## 第三节　商标律师行业的现状

由于历史原因，中国的律师自2013年才开始正式进入商标代

[1]《中华人民共和国民法典》中已将“其他组织”修改为“非法人组织”，为保持一致，本书仍采用“其他组织”——编者注。

理领域，之前的商标代理业务几乎由非律师事务所性质的商标代理机构独揽。

中华人民共和国成立后的很长时间，我国的商标注册申请实行注册核转制。在核转制下，申请人申请注册商标必须经过其所在地的区、县工商局，转市、地工商局，再转省、自治区、直辖市工商局，最后报呈国家工商行政管理局商标局[1]。

改革开放后，随着社会主义市场经济体制的逐步建立，在商标注册核转制已不能适应新形势发展需要的情况下，国务院 1988 年 1 月 3 日批准修订的《中华人民共和国商标法实施细则》(以下简称《商标法实施细则》) 就商标代理问题作出了明确规定，在商标业务中实行商标代理制，取消延续多年的商标注册核准制。1990 年 5 月 22 日，中华人民共和国国家工商行政管理总局（以下简称“国家工商行政管理总局”）发布了《关于试点建立商标事务所，推行商标代理制的通知》，随即在沿海经济发达地区试点建立了商标事务所。1994 年 6 月 29 日，国家工商行政管理局发布了《商标代理组织管理暂行办法》，就商标代理人资格的取得、职业道德及商标代理组织的设立条件、业务范围等方面作了比较全面的规范。该办法的颁布标志着中国商标代理制的正式确立。但该时期建立的商标代理机构绝大部分隶属各地工商行政管理机关的事业单位，没有真正脱离工商行政管理机关，在人、财、物方面缺少自主权，经营机制相对僵化，不能充分满足企业商标工作的需求。为改变这种局面，国家工商行政管理总局根据中国共产党“十五大”报告中提出的“培育

[1] 商标局现是国家知识产权局所属事业单位，简称“商标局”。

和发展社会中介组织”的精神，于1999年12月制定并颁布了《商标代理管理办法》，于2000年1月1日实施。该办法的颁布实施标志着中国商标代理行业已向社会全面开放，但此时的商标代理机构并不包含律师事务所，也就是说律师事务所不能成为商标代理机构，律师也无法从事商标代理业务。所以，当时在中国也不存在真正意义上的“商标律师”这一概念。

2012年11月6日，司法部和国家工商行政管理总局联合制定了《律师事务所从事商标代理业务管理办法》并于2013年1月1日起施行。该办法生效后，律师在律师事务所的指派下可以办理商标代理业务，律师开始正式进入商标代理行业。各律师事务所开始大量吸纳商标代理专业人员，并相继设立知识产权部门。至此，专门从事商标代理及相关法律事务的商标律师队伍开始形成。根据司法部统计数据，截至2020年12月，全国律师事务所有3.4万余家[1]，其中在国家知识产权局备案的从事商标代理业务的律师事务所已达10 257家[2]。2012年修订的《中华人民共和国民事诉讼法》、2014年修订的《中华人民共和国行政诉讼法》和2015年2月4日发布的《最高人民法院关于适用〈中华人民共和国民事诉讼法〉解释》，均限制了公民诉讼代理人代理商标民事、行政诉讼案件，即在商标民事、行政诉讼案件中，只能由律师作为诉讼代理人参与诉

[1] 司法部.2020年度律师、基层法律服务工作统计分析[EB/OL].(2021-06-11)[2021-12-13].http://www.moj.gov.cn/pub/sfbgw/zwxxgk/fdzdgknr/fdzdgknrtjxx/202106/t20210611_427394.html.

[2] 中国商标网.备案代理机构名单(律所)[EB/OL].(2021-12-31)[2021-12-31].http://wssq.sbj.cnipa.gov.cn:9080/tmsve/agentInfo_getAgentDljg.xhtml.

讼，这为律师代理商标法律业务带来了竞争优势。

自 2001 年起，我国开始超过美国，成为商标申请量最多的国家。[1] 近年来，随着国家知识产权战略的实施和推进，我国社会公众的商标品牌意识日益增强，商标注册申请量持续保持高速增长态势。根据国家知识产权局发布的数据，2021 年全国各省市商标注册申请总量为 9 192 675 件[2]，相比 2020 年，注册申请件数增长了约 0.84%。

当前，商标律师行业在中国虽然刚刚起步，但是随着经济的发展、商标法律制度的完善，以及涉及商标法律服务需求的不断增加，中国商标律师行业正处于发展的朝阳时期，商标律师群体势必会越来越庞大。

---

❶ 国家知识产权局 .2019 年第一季度商标工作情况分析［EB/OL］.（2019-04-29）［2021-12-13］.http：//sbj.cnipa.gov.cn/sbj/sbsj/201904/t20190429_5765.html.

❷ 国家知识产权局 .2021 年第四季度各省、自治区、直辖市商标注册申请量、注册量统计表［EB/OL］.（2019-12-31）［2021-12-31］.http：//sbj.cnipa.gov.cn/sbj/sbsj/202112/t20211231_5806.html.

# 第二章　商标律师业务概况

## 第一节　律师法对律师业务范围的规定

《中华人民共和国律师法》（以下简称《律师法》）对律师的业务范围作出了明确的规定，其中第二十八条规定律师可以从事的业务包括：

"（一）接受自然人、法人或者其他组织的委托，担任法律顾问；

（二）接受民事案件、行政案件当事人的委托，担任代理人，参加诉讼；

（三）接受刑事案件犯罪嫌疑人、被告人的委托或者依法接受法律援助机构的指派，担任辩护人，接受自诉案件自诉人、公诉案件被害人或者其近亲属的委托，担任代理人，参加诉讼；

（四）接受委托，代理各类诉讼案件的申诉；

（五）接受委托，参加调解、仲裁活动；

（六）接受委托，提供非诉讼法律服务；

（七）解答有关法律的询问、代写诉讼文书和有关法律事务的其他文书。"

## 第二节　商标律师的业务范围

商标律师作为律师业专业化分工的一类，其业务范围依然不能突破法律规定的律师的业务范围。根据《律师法》规定的律师业务范围，结合商标业务自身特点及商标法律服务的市场需求，商标律师的业务范围可分为非诉讼类业务和诉讼类业务两类。

我国商标权的取得以注册为原则，即自然人、法人或者其他组织在生产经营活动中，对其商品或者服务需要取得商标专用权的，应当向商标主管机关申请商标注册，通过商标主管机关审查被核准注册的，才能取得商标专用权。

商标在消费者识别产品或服务来源上起到了不可替代的作用。在商品或服务上如果没有能够被消费者识别的商标，再多的广告投入也是无用的，这也是商标的作用所在，它们是重要的速记工具。当有商标存在时，消费者就会将商标与生产者的商品联系在一起。商标体现了一个公司的投资信息，承载着一个公司的商誉。所以，在现代社会，商标被广泛地认为是一种有助于降低信息和交易成本的工具，因为它能够使消费者在购买商品前就能够对商品的性质和质量作出评估。当消费者难以快速、低价地检验商品质量时，商标为消费者提供了最大的便捷。也正因为此，不诚信的商人就会试图去复制或摹仿有名气的生产上乘质量商品的竞争对手的商标，并使用在自己的商品上来搭乘竞争对手的名誉便车。大多数情况下商标权利人只有取得了商标专用权，才能去打击这些不法商人的行为并制止仿冒，从而在商标投资、商品广告投入，以及与商品质量有关的投资上得到捍卫和有所保障。

所以，商标律师的商标业务主要围绕着商标权的取得和维护两大方面展开，且均涉及非诉讼业务和诉讼业务。

## 一、商标律师的非诉讼业务

因商标业务自身的特点，非诉讼业务在商标业务中所占比重较大，很多诉讼业务也都是由非诉讼业务发展而成的。可以说，没有非诉讼业务也就没有后续的诉讼业务。因此，非诉讼业务是商标律师业务范围中非常重要的组成部分，也是商标律师能为最广大市场主体提供的常规性服务。非诉讼业务主要围绕商标权的取得和后续的商标管理和权利维护，大体上包括以下五个方面。

### （一）商标注册申请前的咨询

能够作为商标注册和使用的标志是有法律限定条件的，所以不是任何标志都能够作为商标注册和使用。当事人在提交商标注册申请前，需要对商标的基本知识和法律规定有所了解。所以，在启动商标注册申请前，大多数当事人会针对商标申请事宜向商标律师进行咨询。商标律师提供咨询的内容一般包括能够作为商标注册和使用的标志、商标注册申请的流程、需要的材料和审查周期，以及针对当事人提供的拟申请标志进行注册前景查询和提供分析评估意见等。当事人根据商标律师提供的法律意见作出启动商标注册申请的决定。

### （二）商标注册申请中的相关业务

商标注册申请提交至国家知识产权局后，一般会在 9 个月内完成审查；申请商标符合《商标法》有关规定的被予以初步审定的，另有 3 个月的异议公告期；异议公告期满无人提出异议的，该件商标方被核准注册。所以，一件商标注册申请从提交至核准注册，一般需要 12 个月的时间。在核准注册前的这段期间，可能会涉及多项业务的发生，诸如注册申请补正、删减商品或服务项目、变更商标代理人、变更申请人名义和地址、商标转让、商标注册申请驳回复审、异议答辩、不予注册复审等。这些业务均属于商标律师的业务范围。

### （三）商标注册后的管理和权利维护

商标经核准注册后，其权利状态并非永久性的。《商标法》只赋予了注册人有限的商标专用权期限；专用权期限届满，注册人只有在履行了法定的续展注册手续后，商标注册状态方可延续。此外，《商标法》还对注册商标的部分事项作出强制性规定，如注册商标的变更、使用许可备案。另外，注册商标若不按照法律规定的方式进行使用或不予使用，可能面临被撤销的后果；第三人若对注册商标的注册存在争议的，也可以向国家知识产权局提出无效宣告请求。所以，商标在核准注册后，其管理和权利维护都离不开商标律师，自然也都落在了商标律师的常规工作业务范围之内。

### （四）商标监测

当事人取得注册商标专用权后，还要时刻提防发生他人侵害自己商标权的行为。商标监测是一种发现和防止他人商标损害自己商标权的一种有效途径。所以，在商标律师的法律服务中会涉及商标监测服务。有的当事人还会针对商标监测这一事项单独进行委托。例如，监测可能对当事人的商标权利构成潜在侵害危险的处于注册申请中的商标或者已经获准注册的商标，或对当事人指定的行业竞争对手的商标申请 / 注册情况进行监测。

商标监测服务主要依靠国家知识产权局发布的《商标公告》和通过中国商标网的查询系统进行。《商标公告》主要用以监测初步审定公告中的商标，一般做法就是查阅每一期《商标公告》中初步审定的商标，一一排查潜在的侵权商标。中国商标网的查询系统可以用来查询特定申请人名下的商标信息，以及辅助排查潜在的侵权商标。商标律师如果通过商标监测发现了对当事人的商标可能构成侵害危险的商标，应及时向当事人报告，并根据具体情形提供相应的法律分析意见以便于当事人作出相应决策。

### （五）商标国际注册

商标权作为一种知识产权，在权利取得和保护上具有地域性，即在中国的注册保护不能延伸到其他国家或地区。当企业的商品或服务出口到中国境外地区，为符合当地法律规定、避免侵权风险，商标亦需要在境外进行注册。随着中国企业出口商品的逐渐增多，以及中国企业在知识产权方面合规意识的增强，在境外进行商标注册的需求也越来越大。所以，商标国际注册也是商标律师重要的工作业务之一，具体包括帮助当事人在指定的国家或地区进行商标注册申请，并在取得注册后进行后续的管理和权利维护。

在实践中，对于这些商标业务，有的当事人会聘任商标律师担任公司的商标法律顾问，由商标律师全面处理当事人在经营中涉及的每一项商标业务。例如，一些中型及大型企业聘任商标律师担任商标法律顾问的情形较多，有的当事人只就某项具体的商标业务委托商标律师处理。

## 二、商标律师的诉讼业务

商标事务的诉讼业务包括商标授权确权行政诉讼、侵害商标专用权民事诉讼及刑事诉讼。在实践中，商标授权确权行政诉讼和侵害商标专用权民事诉讼为主要的诉讼业务，而刑事诉讼由于商标业务自身特点，一般较少发生。

商标授权确权行政诉讼，是商标申请人、注册人或者其他相关人员不服国家知识产权局作出的相关商标决定或裁定，依法向人民法院提起诉讼，法院依法进行审判的法律活动。商标行政诉讼代理是指在这些行政诉讼中，商标律师代理当事人参与诉讼活动，如代理撰写相关的法律文书、提交证据、质证、发表陈述、参加法庭审理、提起上诉等。

侵害注册商标专用权民事诉讼，是指他人的行为侵害了注册人的注册商标专用权，注册人或者利害关系人向人民法院提起诉讼，请求法院判决他人停止侵害商标专用权、赔偿经济损失等，法院依法进行审判的法律活动。商标律师在法律允许的范围内，向当事人提供各种法律服务，如代理制作相关法律文书、提起诉讼、调查取证、质证、发表陈述、参加法庭审理、参与调解与和解、提起上诉等。

# 第三章　商标律师的非诉讼类业务

## 第一节　商标注册申请前的咨询

### 一、关于商标注册申请的初步建议

实践中，当事人在启动商标注册申请前，大多数都会向商标律师咨询有关商标注册的相关事宜，尤其是未曾有过商标注册经验的当事人，诸如什么标志能够作为商标注册，商标注册申请需要的资料、申请手续、时间和费用等。此时，商标律师一般都需要向当事人出具一份初步的咨询函，告知当事人一些关于商标使用和注册方面的基本知识，以便于其知情并制定相关的计划方案。有时，一些当事人也并不先咨询，而是直接向商标律师提供已设计好的商标标志，指示商标律师提交商标注册申请。在这种情况下，商标律师亦不能保持沉默，不能机械性地按照当事人指示提交申请，而是需要基于自己的专业知识和经验就该商标注册的相关事项作出说明，以使当事人知情。

商标律师在代理工作中，需要时时提醒自己，商标律师不同于其他商标代理机构的非律师代理人员。《律师法》对律师的执业行为作出了明确的规范，律师执业必须遵守法律，恪守律师职业道德和执业纪律，且受到司法行政部门的监督。所以，商标律师向当事人提供的是有专业水准要求的法律服务，而非普通的中介代理服务。

在初步的咨询函中，一般会涉及如下内容。在具体的业务中，商标律师可根据实际情况，将相关内容选择适用到具体的函件中。

### （一）可作为商标申请注册的标志

可以作为商标申请注册的标志包括文字、图形、字母、数字、三维标志、颜色组合和声音等，以及这些要素的组合。但是法律对于可以作为商标注册申请的标志还作出了限制性规定，即在这些标志中，只有部分可以被授予商标权。

### （二）法律禁止作为商标使用的标志

《商标法》第十条对不能作为商标使用的标志作出了明确的限定。所以，申请人在商标的选取和设计上，需避开这些禁止作为商标使用的标志，否则商标申请将面临被驳回的风险。这些禁止作为商标使用的标志具体包括：

“（一）同中华人民共和国的国家名称、国旗、国徽、国歌、军旗、军徽、军歌、勋章等相同或者近似的，以及同中央国家机关的名称、标志、所在地特定地点的名称或者标志性建筑物的名称、图形相同的；

（二）同外国的国家名称、国旗、国徽、军旗等相同或者近似的，但经该国政府同意的除外；

（三）同政府间国际组织的名称、旗帜、徽记等相同或者近似的，但经该组织同意或者不易误导公众的除外；

（四）与表明实施控制、予以保证的官方标志、检验印记相同或者近似的，但经授权的除外；

（五）同‘红十字’‘红新月’的名称、标志相同或者近似的；

（六）带有民族歧视性的；

（七）带有欺骗性，容易使公众对商品的质量等特点或者产地产生误认的；

（八）有害于社会主义道德风尚或者有其他不良影响的；

（九）县级以上行政区划的地名或者公众知晓的外国地名。但是，地名具有其他含义或者作为集体商标、证明商标组成部分的除外。”

### （三）法律禁止作为商标注册的标志

除了上述第（二）项所列情形外，其他的标志也不都当然地能通过注册审查。一个标志是否可以被注册，以及给予它的保护程度，取决于这个标志的显著性强度。根据显著性的强度，标志大致可被分为三种：①与使用的商品或服务没有任何关系的标志，如在胶卷商品上使用“柯达”标志、在电脑商品上使用“苹果”标志；②描述商品或服务质量、功能、用途等相关特点的标志，如炸鸡商品上使用“Chick-Fri”标志；③作为商品或服务通用名称使用的标志，如在汽车商品上使用“cars”标志。

对于第①种标志，其显著性强度最强，法律准予其作为商标注册。对于另外两种标志，会使消费者将其与商品或服务本身或自身特性相联系，而难以起到区分商品或服务来源的作用。所以，《商标法》对第②、③种标志作出了不得作为商标注册的规定，即《商标法》第十一条规定：“下列标志不得作为商标注册：

（一）仅有本商品的通用名称、图形、型号的；

（二）仅直接表示商品的质量、主要原料、功能、用途、重量、数量及其他特点的；

（三）其他缺乏显著特征的。”

《商标法》第十二条规定：“以三维标志申请注册商标的，仅由商品自身的性质产生的形状、为获得技术效果而需有的商品形状或者使商品具有实质性价值的形状，不得注册。”所以，申请人在设计商标时，也需要避开这些禁止作为商标注册的标志。

### （四）申请商标不能与他人在先申请或注册的商标相冲突

除了上述第（二）（三）项所述情形外，申请商标还不得与他人在相同或类似商品（或服务）上已申请的或注册的商标构成相同或近似标志，否则，申请商标也会被驳回。拟申请商标是否与他人在先申请或注册的商标近似，可通过国家知识产权局的官方网站中国商标网（http：//sbj.cnipa.gov.cn/）的商标查询系统进行查询，根据查询结果予以分析判断。所以，商标注册申请在提交前，都建议当事人委托商标律师对拟申请商标进行查询以评估注册前景。然后，当事人根据查询结果来对启动商标注册申请作出安排和决定。

### （五）商标不予注册的其他情形

商标律师还需要提示当事人，若拟申请商标存在以下情形的，亦会遭致驳回或不予注册风险：①不以使用为目的的恶意商标注册申请。②当事人与他人存在代理或代表关系，未经授权，当事人以自己的名义将被代理人或者被代表人的商标进行注册；就同一种商品或者类似商品申请注册的商标与他人在先使用的未注册商标相同或者近似，申请人与该他人具有前款规定以外的合同、业务往来关系或者其他关系而明知该他人商标存在。③拟申请商标若损害他人现有的在先权利，或以不正当手段抢先注册他人已经使用并有一定影响的商标。增加《商标法》第十六条关于误导性使用地理标志不当注册情形。

若商标律师知道或者应当知道拟申请商标存在这些情形的，根据《商标法》的规定，不能接受该委托。

### （六）当事人需要知晓的其他事项

在商标律师出具的初步咨询函里，除了告知当事人关于可注册的商标的基本知识外，还需就商标申请手续、需要的资料、审查周期、相关费用予以说明，以便于当事人提前做好相关准备和安排。

## 二、商标查询

在商标律师向当事人出具了初步咨询函后，可能很快就会收到当事人反馈，委托商标律师对拟申请商标进行查询。

商标查询是商标注册工作中的关键环节，查询结果越精确、对查询结果分析评估越专业，拟申请商标注册的前景就会越明朗。如果注册前景不乐观，当事人可及时对拟申请商标进行修改或更换，即将商标可能被驳回在萌芽状态时即予以消除，从而省去将来申请商标被驳回后的商标品牌调整及相应的费用承担。

商标查询工作的核心是查找拟申请商标是否存在与他人在先申请或注册的商标构成相同或近似商标的情况。商标的近似判断可以说是整个商标工作的核心，不管在商标注册还是商标侵权案件中，都主要围绕着“商标近似”这一焦点。所以，商标查询工作也是考量商标律师专业知识和经验的度量尺。根据查询结果，商标律师制作《商标注册申请查询报告》（以下简称“查询报告”）提供拟申请商标的注册前景分析意见。查询报告一般包括查询商标、拟申请的商品或服务类别及名称、在先商标信息、近似程度分析意见，以及克服在先商标的相应方案等内容。另外，需要注意的是，中国商标网的查询数据信息存在查询盲期或个别遗漏情形，且商标近似判断也存在一定程度的主观性，所以查询报告只能作为参考而并不具有法律效力。所以在商标查询报告中，商标律师需就该事宜予以说明以避免当事人产生误解。对于注册前景不佳的拟申请商标，建议当事人进行修改或更换；对于注册前景良好的，建议当事人尽快启动商标注册申请工作。

## 第二节　商标注册申请中的相关业务

### 一、商标注册申请

#### （一）基本概念

商标注册申请，是指自然人、法人或者其他组织在生产经营中，对其使用在商品或服务上的商标想取得专用权，从而向商标局提出注册申请的行为。

### （二）申请商标注册的法律依据

申请商标注册的法律依据为《商标法》第四条，具体为“自然人、法人或者其他组织在生产经营活动中，对其商品或者服务需要取得商标专用权的，应当向商标局申请商标注册”。

### （三）商标律师在商标注册申请中的注意事项

1. 外国申请人名称和地址的中文译文

对于外国申请人，在提交商标注册申请时，除了需要填写英文名称和地址外，还需要填写其中文译文。外国申请人委托中国商标律师办理商标业务时，一般只会提供其英文名称和地址而不涉及中文译文。所以，对于中文译文，商标律师需要向申请人索要或自行翻译。在实际业务中，对于申请人名称和地址的中文译文，可通过以下步骤获得。

①先行查询外国申请人在中国的商标申请或注册情况。在外国申请人委托中国商标律师申请某件商标注册申请之前，其在中国可能已有过商标申请或注册的历史。商标律师可使用当事人提供的申请人的英文名称通过中国商标网查询其在中国的商标申请或注册情况，若已有申请或注册的商标，则可以在该件商标注册申请中直接使用已申请或注册商标的申请人中文名称和地址，以保持其名下商标的申请人名称和地址一致，但采用先前中文译文需要征得当事人的确认。当然，商标律师还需要对当事人提供的英文名称、地址与

查询到的先前已申请或注册的商标的申请人英文名称和地址进行核对，以查看是否有不一致的地方。若有，则向当事人报告并提供相关建议，如办理变更等。

②向外国申请人索要其名称的中文译文。商标律师经查询未发现该外国申请人在中国有商标申请或注册情形的，则需要询问其是否有关于其名称的中文译文。若有，要求其予以提供。

③向外国申请人提供其名称的中文译文经商标律师询问，外国申请人答复其没有中文译名时，商标律师可以提供其名称的中文译文，可根据其含义进行翻译或音译，以二至三个为宜，以供外国申请人选用。

2. 优先权

《商标法》规定申请人可以要求优先权的两种情况如下。

第一种情况：基于第一次申请的优先权。申请人自其商标在外国第一次提出商标注册申请之日起六个月内，又在中国就相同商品以同一商标提出商标注册申请的，依照该外国同中国签订的协议或者共同参加的国际条约，或者按照相互承认优先权的原则，可以享有优先权。

第二种情况：基于展会的优先权。商标在中国政府主办的或者承认的国际展览会展出的商品上首次使用的，自该商品展出之日起六个月内，该商标的注册申请人可以享有优先权。

要求优先权的意义是，申请人首次提出注册申请的日期或者首次在国际展览会上使用的日期视为该商标的注册申请日，即该注册申请的申请日最多能向前保留六个月。尤其对于采用“申请在先”

审查原则的中国商标制度，申请日对商标注册申请具有重大意义，即“两个或者两个以上的商标注册申请人，在同一种商品或者类似商品上，以相同或者近似的商标申请注册的，初步审定并公告申请在先的商标”。基于上述法律规定，商标律师在接受委托时，需要询问当事人是否具备以上所述的享有优先权的任一情形。如果存在，需要在《商标注册申请书》中声明，并可在注册申请提交后的三个月内补充提交优先权证明文件。

3. 不规范商品和服务项目名称

商标注册申请需要填写申请商标使用的商品或服务项目。对于商品和服务项目名称，商标局以世界知识产权组织（WIPO）的《商标注册用商品和服务国际分类》为基础，并结合我国市场上常用的商品和服务项目名称，编制了《类似商品和服务区分表》（以下简称《区分表》），供商标审查人员、商标代理人员、商标注册申请人、行政机关和司法机关参考使用。随着市场经济的发展，商品和服务名称也不断更新和发展，《区分表》不可能穷尽当前市场上所有的商品和服务项目。已编入《区分表》中的商品和服务项目称为“规范商品或服务”，未编入《区分表》的称为“不规范商品或服务”。对于不规范商品或服务项目，商标局在大多数情况下不予接受。所以，在商标注册申请时，申请人指定的商品或服务项目有不规范的，商标局在大多数情况下都会下发补正通知书，要求申请人按照《区分表》中的商品或服务项目名称进行修改。

但是，如果申请人使用的商品名称在行业内已经被广泛使用，但《区分表》中确无与该商品相匹配的名称，如果按照《区分表》

中的名称修改，将与申请人使用的商品相差较远。在此种情况下，商标律师可以在注册申请时申报该不规范的商品名称。审查员在审查时若认为该商品确实需要修改的会给予申请人一次补正机会，届时再进行修改。在申报不规范商品项目时，为争取被接受，需要附上关于该商品的说明及相关材料，具体包括该商品的功能用途、目前在市场上的使用情况，以及该商品项目在其他申请商标或注册商标中被接受的审查先例等。对于这些说明性资料，商标律师可以自行通过互联网查找相关资料，也可以向当事人索要。说明性材料越充分具体，被接受的概率就越大。例如，“USB 集线器”商品，商标律师在提交商标注册申请时附送了如下说明，该不规范商品就被审查员予以接受。

“USB 集线器”，英文名称为“USB Hub”，指的是一种可以将一个 USB 接口扩展为多个独立工作的 USB 接口，并可以使这些接口同时使用的装置。它直接与电脑相连，无须外接电源，且电脑自动识别安装，无须驱动程序，即插即用、插拔自如。该产品现已广泛使用在计算机等电子设备领域，在诸多网络电商平台都有销售，如图 3-2-1 所示。

**图 3-2-1 USB 集线器**

在表 3-2-1 所示的商标中，“USB 集线器”“集线器”或“计算机集线器”产品均已被接受，秉承相对一致的审查原则，望贵局在本申请中也接受该商品。

表 3-2-1　集线器商标

| 商标 | 注册号 | 类别 | 商品 | 初审公告日 | 状态 |
|---|---|---|---|---|---|
| 尼克尔 | 10881018 | 9 | USB 集线器等 | 2016 年 9 月 13 日 | 已注册 |
| PNY | 12578489 | 9 | 计算机集线器等 | 2016 年 9 月 13 日 | 已注册 |
| PNYTECHNOLOGIES | 12578491 | 9 | 计算机集线器等 | 2016 年 9 月 13 日 | 已注册 |
| 云分享服务 | 10436563 | 9 | 集线器等 | 2016 年 9 月 13 日 | 已注册 |
| 贝尔金 | 10401379 | 9 | 计算机集线器等 | 2016 年 9 月 13 日 | 已注册 |
| 神基 | 10970624 | 9 | 集线器等 | 2016 年 9 月 13 日 | 已注册 |

另外，因商品不规范下发的补正，在目前的审查实践中，商标局只给申请人一次补正机会。所以，对于因商品不规范的补正，商标律师需要注意按照《区分表》中的商品或服务项目名称进行修改，不能再修改为不规范的商品或服务项目，否则存在不予受理的风险。

4. 商标图样

在提交商标注册申请时，申请人需贴附商标图样。对于商标图样，一般需注意两点。

（1）在申请人无特别要求时，不指定颜色

在无特殊使用需要情形下，商标图样一般都不建议当事人指定颜色。因不指定颜色，在使用时就不会受到颜色的限制。所以，在当事人没有特殊使用需要时，一般提交黑白版商标图样并向当事人说明。

（2）与实际使用的商标图样保持一致

《商标法》禁止注册人自行改变注册商标标识，若改变的，应当重新提出注册申请。例如，注册人在实际使用注册商标时，擅自改变注册商标的文字、图形、字母、数字、立体形状等，导致原注册商标的主要部分和显著特征发生了变化。鉴于此，申请人在进行商标注册申请时若对该商标已开始使用，建议申请的商标图样与实际使用的保持一致以做到合规使用。如果申请商标尚未投入使用，只是先行申请以备后续使用，且尚未进行设计的，为占据申请日，申请人可先行以普通字体形式申请。日后使用时若想以设计字体形式呈现，再进行设计并以设计字体再行申请注册。

### （四）商标注册申请的申请方式

商标注册申请可以通过国家知识产权局商标网上服务系统提交电子申请（以下简称“电子申请”），也可以提交纸件形式的申请。通过电子申请方式提交的注册申请，除了《商标注册证》外，商标局下发的其他商标文件，均通过商标网上服务系统以电子文件形式下发，商标律师可登录网上服务系统自行下载。

### （五）商标注册申请需要的信息和文件

因申请主体不同，商标注册申请需要提交的文件有一定区别。按照申请主体，大体可做如下分类。

1. 中国法人或其他组织

需要提交的文件包括：①商标注册申请书（若通过电子方式申

请，需在线填写）；②申请人营业执照（或登记证书）副本复印件（需加盖申请人公章）；③商标代理委托书（需加盖申请人公章）；④商标图样电子版（JPG格式）；⑤优先权证明文件（若要求优先权需提交此文件）；⑥商品或服务名称（一般由商标律师辅助申请人选取和确定）。

需要注意的是，商标注册申请书应包含申请人名称、地址、联系人、联系方式、商标类型、商标图样、商品或服务的类别及名称等信息。申请人名称和地址需要与法人或其他组织营业执照或登记证书上的名称和地址保持一致；营业执照或登记证书上的地址未冠有省、市、县等行政区划的，应当增加相应行政区划名称。

2. 中国自然人

目前，中国的自然人作为申请人主要是指，自然人若是个体工商户的经营者，可以以自己的名义申请商标注册，也可以以个体工商户的名义申请商标注册。

以自然人自己的名义申请商标注册的，需要提交商标注册申请书（若通过电子方式申请，需在线填写）、申请人身份证复印件（申请人签字）、个体工商户营业执照（申请人签字）、商标代理委托书（申请人签字）、商标图样、商品或服务名称（一般由商标律师辅助申请人选取和确定）。

需要注意的是，商标注册申请书应包含申请人名称、地址、联系人、联系方式、商标类型、商标图样、商品或服务的类别及名称等信息。申请人名称需要与其身份证上的姓名一致，地址可以与身份证上记载的不同。

以个体工商户名义申请商标注册的，需要提交商标注册申请书（若通过电子方式申请，需在线填写）、个体工商户营业执照（加盖公章）、商标代理委托书（加盖公章）、商标图样、商品或服务名称（一般由商标律师辅助申请人选取和确定）。

需要注意的是，商标注册申请书应包含申请人名称、地址、联系人、联系方式、商标类型、商标图样、商品或服务的类别及名称等信息。申请人名称和地址需要与执照上记载的名称和经营场所保持一致；营业执照上的地址未冠有省、市、县等行政区划的，应当增加相应行政区划名称。

3. 外国法人或其他组织

需要提交的文件包括商标注册申请书（若通过电子方式申请，需在线填写）、申请人营业执照或登记证书复印件（需由申请人签署）、申请人营业执照或登记证书的中文译文（由商标律师自行翻译即可）、商标代理委托书（需由申请人签署）、商标图样、商品或服务名称。

需要注意的是，商标注册申请书应包含申请人名称、地址、外国申请人的国内接收人及接收地址、商标类型、商标图样、商品或服务的类别及名称等信息。申请人名称和地址需要与执照或登记证书上记载的名称和地址保持一致。外国申请人的国内接收人及接收地址一般填写其中国商标代理人及收件地址，以接收商标局后继商标业务的法律文件。

此外，中国香港、中国澳门和中国台湾地区的法人或其他组织的申请人参照外国法人或其他组织申请商标注册要求办理即可。

4. 外国自然人

外国自然人在中国申请商标注册不受任何限制，即任何自然人均可以自己名义申请商标注册。他们需要提交的文件包括商标注册申请书（若通过电子方式申请，需在线填写）、申请人英文名称（需与护照上名称一致）、申请人护照复印件（需由申请人签署）、申请人护照的中文译文（由商标律师自行翻译即可）、商标代理委托书（需由申请人签署）、商标图样、商品或服务名称。

需要注意的是，商标注册申请书应包含申请人名称、地址、外国申请人的国内接收人及接收地址、商标类型、商标图样、商品或服务的类别及名称等信息。申请人名称需要与其护照上的名称相同，地址按照申请人指示的地址即可。外国申请人的国内接收人及接收地址一般填写其中国商标代理人及收件地址，以接收商标局后继商标业务的法律文件。

中国香港、中国澳门和中国台湾地区的自然人参照外国自然人申请商标注册要求办理即可。自然人的身份证明文件，可以是护照、港澳台居民来往内地通行证、港澳台居民居住证。

### （六）商标注册申请的官方费用

商标局对商标注册申请的收费按一件商标一个类别收取（以下简称“一标一类”）。申请人通过纸质方式提交申请的，一个类别指定商品或服务项目在 10 项以内的，官方费用按 300 元人民币收取；指定商品或服务项目超过 10 项的，每增加 1 项，加收 30 元。申请人通过电子方式提交申请的，一个类别指定商品或服务项目在 10 项以内的，官方费用按 270 元人民币收取；指定商品或服务项目超过10项的，每增加1项，加收27元。

### （七）商标注册申请的审查程序

1. 形式审查

商标局的形式审查，主要针对申请人提交的申请书件是否齐备、申请文件填写是否符合规定，以及申请费用是否缴纳相关内容进行。形式审查结果可分为以下3种情况。

（1）受理

商标注册申请手续齐备、按照规定填写申请文件并缴纳费用的，商标局予以受理，向申请人下发《商标注册申请受理通知书》（以下简称“受理通知书”）。受理通知书上载有申请人名称和地址、申请商标、申请日、申请号、类别等相关信息。

（2）不受理

商标注册申请手续不齐备、未按照规定填写申请文件或者未缴纳费用的，商标局不予受理，向申请人下发《商标注册申请不予受理通知书》并说明理由。

（3）补正

商标注册申请手续基本齐备或者申请文件基本符合规定，但是需要补正的，商标局向申请人下发《商标注册申请补正通知书》（以下简称“补正通知书”），限其自收到通知之日起30日内，按照指定内容补正并交回商标局。在规定期限内补正并交回商标局的，保留申请日期；期满未补正的或者不按照要求进行补正的，商标局不予受理并向申请人下发《商标注册申请不予受理通知书》。

实际业务中，经常发生的补正情形有申报的商品或服务项目名称表述不规范、申请书件上的印章不清晰、外文商标未提供含义说明等。

2. 实质审查

商标局对受理的商标注册申请的实质审查，主要审查申请商标是否存在《商标法》禁止作为商标使用、注册情形的，以及是否与他人在先申请或注册的商标构成相同或类似商品上的相同或近似商标情况的。实质审查结果可分为如下 3 种情况。

（1）初步审定

对符合规定或者在部分指定商品或服务上使用商标的注册申请符合规定的，予以初步审定，并予以公告。

（2）驳回

对不符合规定的，予以驳回，向申请人下发《商标驳回通知书》。《商标驳回通知书》中说明驳回的具体理由，并告知申请人可申请复审的权利。

（3）部分驳回

在部分指定商品或服务上使用商标的注册申请不符合规定的，驳回在部分指定商品或服务上使用商标的注册申请，向申请人下发《商标部分驳回通知书》。该通知书中说明予以初步审定的商品或服务项目、予以驳回的商品或服务项目，说明驳回的具体理由，并告知申请人可申请复审的权利。

3. 商标初步审定公告

在实质审查中，申请商标若没有违反《商标法》相关规定的，予以初步审定公告（见图 3–2–2），即商标局将该申请商标刊登在《商标公告》上，公告期自公告之日起 3 个月。在公告期间，在先权利人、利害关系人认为申请商标的注册违反《商标法》第十三条第二款和第三款、第十五条、第十六条第一款、第三十条、第三十一条、第三十二条规定的，或者任何人认为违反《商标法》第四条、第十条、第十一条、第十二条、第十九条第四款规定的，可以向商标局提出异议。

《商标公告》通过纸质和电子形式发布。纸质版《商标公告》（见图 3–2–3）需向商标局订购，电子版《商标公告》（见图 3–2–4）登录中国商标网的“商标公告”栏目即可查阅。

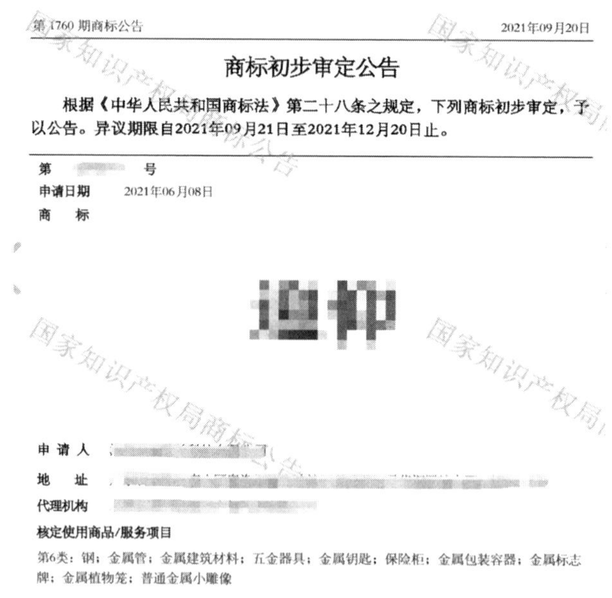
第1760期商标公告　　2021年09月20日

**商标初步审定公告**

根据《中华人民共和国商标法》第二十八条之规定，下列商标初步审定，予以公告。异议期限自2021年09月21日至2021年12月20日止。

第　　号

申请日期　2021年06月08日

商　标

申请人

地　址

代理机构

核定使用商品/服务项目

第6类：钢；金属管；金属建筑材料；五金器具；金属钥匙；保险柜；金属包装容器；金属标志牌；金属植物笼；普通金属小雕像



图 3–2–2　商标初步审定公告页面

图 3-2-3　纸质版《商标公告》封面

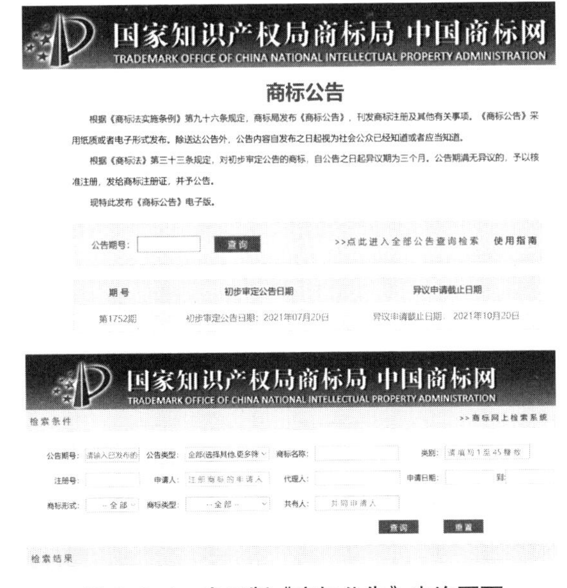


图 3-2-4　电子版《商标公告》查询页面

4. 核准商标注册并颁发《商标注册证》

商标初步审定公告期满无异议的，予以核准注册，商标局向申请人颁发《商标注册证》，并在《商标公告》上刊登注册公告。注册商标有效期为10年，自核准注册之日起计算。

## 二、商标注册申请驳回复审申请

### （一）基本概念

商标注册申请驳回复审申请，是指申请人的商标注册申请被商标局驳回后，申请人不服该驳回决定，在法定期限内向国家知识产权局商标评审委员会（以下简称“商评委”）申请复审的行为。

### （二）法律依据

申请人可提出商标注册申请驳回复审申请的法律依据是《商标法》第三十四条，该条规定：“对驳回申请、不予公告的商标，商标局应当书面通知商标注册申请人。商标注册申请人不服的，可以自收到通知之日起十五日内向商标评审委员会申请复审。”

### （三）商标律师在商标注册申请驳回复审案件中需注意的事项

1.驳回复审申请的分析意见

商标律师接触商标注册申请驳回复审案件有两种途径：一种是商标律师原本就是申请商标的代理人，在申请商标遭致驳回后，其继续代理驳回复审案件；另一种情况是商标律师不是申请商标的代理人，在申请商标遭致驳回后，商标律师接受当事人委托处理驳回复审案件。不管是哪一种情形，商标律师在看到申请商标的驳回通知书后，都需要先向当事人出具一份分析意见并提出后续的处理方案以供当事人参考和作出相应决定。

商标注册申请的驳回理由归纳起来不外乎两种：一种是因绝对理由驳回，即申请商标属于法律禁止使用和注册的标志；另一种是因相对理由的驳回，即申请商标与他人在先申请或注册的商标构成相同或类似商品上的相同或近似商标。

对于因绝对理由的驳回，一般来说通过驳回复审而取得注册的难度相对较大，但并非都难以克服，商标律师需根据案件的具体情况，并寻找雷同案件的审查先例进行分析，据此出具驳回复审前景的分析意见。以下案例均是因绝对理由驳回而当事人提出驳回复审等后续程序并获准注册的成功案例。

案例一："Ambery" 商标

申请商标 "Ambery" 申请使用在第5类 "人用药、维生素制剂、鱼肝油、药物饮料……" 商品上，商标局依据《商标法》第十条第一款第（七）项予以驳回。商标局认为 "Ambery" 易被消费者理解为 "琥珀的"，而 "琥珀" 是一种中药材，使用在 "人用药" 等商品上易使消费者对商品的原料、成分、质量等方面产生误认误购。申请人针对驳回决定，相继提出了驳回复审申请、行政诉讼程序，最终获准注册。

案例二："OSTEOFILLE" 商标

申请商标 "OSTEOFILLE" 申请使用在第5类 "人用药、维生素制剂、鱼肝油、药物饮料……" 商品上，商标局依据《商标法》第十一条第一款第（二）项予以驳回。商标局认为 "OSTEOFILLE" 可译作 "骨少女"，用作商标仅直接表示商品的功能等特点，不得作为商标注册。申请人不服该驳回决定，提出了驳回复审申请并最终获准注册。

对于因相对理由的驳回，商标律师可基于以下几个方面综合分析判断驳回复审的可能性。

①申请商标与引证商标的近似程度。

②引证商标是否满足连续三年不使用应撤销申请。若引证商标已注册满三年，但经初步调查了解，其存在连续三年不使用情形的，可采取对其提出连续三年不使用应撤销申请予以排除。

③引证商标是否存在专用权期限即将届满或已经届满情形。根据《商标法》的规定，注册商标期满不再续展的，自其注销之日起一年内，与其相同或近似的商标注册申请不予核准。也就是说，如果引证商标的专用权期限即将届满或已经届满的，其不办理续展注册的，将被注销，自其注销满一年后，阻碍申请商标注册的限制将不存在，申请商标自然可通过审查并予初步审定。所以，如果引证商标存在此种情形的，建议当事人提出驳回复审申请。

④获得引证商标所有人出具的同意申请商标注册的同意书。如果申请商标与引证商标存在一定区别，还可以考虑同引证商标所有人接洽，征得其同意申请人注册申请商标，即由引证商标所有人出具同意申请人注册申请商标的同意书并进行公证，在驳回复审申请中递交至商评委。在目前的审查实践中，对于申请商标与引证商标存有一定区别的，复审申请人在提交了同意书的情况下，申请商标一般都会被初步审定。例如，在“四惠汽车服务 SIHUI AUTO SERVICE 及图”商标驳回复审案中，商评委的审查意见是：“经复审认为，鉴于申请人已向我局提交了与引证商标所有人签署的同意书，引证商标所有人同意申请人注册申请商标，且申请商标与引证

商标在文字构成，整体视觉效果等方面存在一定差异，故申请商标的注册未构成《中华人民共和国商标法》第三十一条所指的使用在同一种或类似商品上的近似商标。”[1]

⑤商标转让。如果申请商标与引证商标所有人属于关联公司或其他关系的，可以考虑通过商标转让手续将商标统一到一个权利人名下以克服驳回。

2. 驳回复审申请的期限

商标律师还需要告知当事人提出驳回复审申请的最后日期，并注明该复审期限不能延长。驳回复审申请的期限因商标注册申请提交的方式不同而存在两种计算方式：

①若商标注册申请是以纸质形式提交的，《商标驳回通知书》则以纸件下发并通过中国邮政挂号信邮寄送达代理机构。此时，挂号信信封背面加盖的邮戳日期为代理机构收到的日期。计算驳回复审申请期限，从该邮戳日的第二日起算 15 日为期限届满日；期限届满日是法定节假日的，以节假日后的第一个工作日为期限届满日。

②若商标注册申请是以电子形式提交的，《商标驳回通知书》则通过商标网上服务系统以电子文件形式下发，商标代理机构登录商标网上服务系统下载获得。此时，计算驳回复审申请期限，从商标网上服务系统显示的文件发出日期的次日起算 30 日为期限届满

[1] 中国商标网．商标评审文书［EB/OL］．（2019-12-19）［2021-12-01］．http：//wsgs.sbj.cnipa.gov.cn：9080/tmpu/pingshen/detail.html?appId=e48b88356fb2d7a301701983de2557b0.

日，其中前 15 日为送达期间；期限届满日是法定节假日的，以节假日后的第一个工作日为期限届满日。

3. 关于申请商标的使用证据

如果申请商标已经使用，在驳回复审申请中，申请人可以提交该商标的使用证据。尤其因缺乏显著特征而驳回的申请商标，使用证据是其能否取得注册的关键因素。《商标法》规定，“经过使用取得显著特征，并便于识别的，可以作为商标注册”。证据材料可在提出驳回复审申请时提交，也可在复审申请提交之日起 3 个月内补充提交；如需补充提交，申请人须在申请书中声明。

4. 中止审查请求

在驳回复审申请中，所涉及的在先权利的确定必须以人民法院正在审理或行政机关正在处理的另一案件的结果为依据的，商标律师可以向商评委提交申请中止审查的请求。中止原因消除后，恢复审查程序。例如，引证商标正处于驳回复审行政诉讼程序法院审理过程中，法院对引证商标案的审理结果直接影响申请商标的驳回复审结果。

## （四）商标注册驳回复审申请的提交方式

商标注册驳回复审申请可通过纸质方式提交，也可通过商标网上服务系统以电子方式提交。通过纸质方式提交的，后续的驳回复审决定书将以纸质文件下发；通过电子方式提交的，后续的驳回复审决定书将通过商标网上服务系统以电子文件下发，商标律师登录网上服务系统自行下载。

### （五）商标注册驳回复审申请需要提交的材料

商标注册驳回复审申请需要提交的材料包括商标驳回复审申请书（若通过电子方式申请的，需在线填写）、商标评审代理委托书、申请人身份证明文件（若系外文需附中文译文）、商标驳回复审理由书、申请商标的使用证据等相关证据材料（如果有）、《商标驳回通知书》及信封（若通过纸质方式提交，需提交此文件）。

### （六）商标注册驳回复审申请的官方费用

商标注册申请驳回复审申请按“一标一类”收费。申请人通过纸质方式提交申请的，官方费用为750元人民币；申请人通过电子方式提交申请的，官方费用为675元人民币。

### （七）商标注册驳回复审申请的审查程序

《商标法》对驳回商标注册申请复审案件作出了审查期限的规定，即“商标评审委员会应当自收到申请之日起九个月内作出决定，并书面通知申请人。有特殊情况需要延长的，经国务院工商行政管理部门批准，可以延长三个月”。因此，对于商标驳回复审申请案件，应在从复审申请提交之日起12个月内审查完毕。

商评委审理驳回商标注册申请复审案件，分为形式审查和实质审查。在形式审查中，经审查符合受理条件的，予以受理；不符合受理条件的，不予受理，书面通知申请人并说明理由；需要补正的，通知申请人自收到通知之日起30日内补正。在实质审查中，商评委针对商标局的驳回决定和申请人申请复审的事实、理由、请求及评审时的事实状态进行审理。但如果发现申请注册的商标有违反《商标法》第十条、第十一条、第十二条和第十六条第一款规定情形，商标局并未依据上述条款作出驳回决定的，可以依据上述条款作出驳回申请的复审决定。商评委作出的《驳回复审决定书》可分为如下三种决定：①对申请商标在复审商品或服务上的注册申请予以初步审定；②对申请商标在部分复审商品或服务上的注册申请予以初步审定，在其余复审商品或服务上的注册申请予以驳回；③对申请商标在复审商品或服务上的注册申请予以驳回。

## 三、商标异议答辩

### （一）基本概念

商标异议答辩，是指申请商标在初步审定公告期内被其他人提出了异议，商标局将商标异议材料副本送交商标注册申请人，要求商标注册申请人自收到商标异议材料后进行答辩的行为。

在商标异议案件中，提出异议申请的当事人称“异议人”，商标注册申请人称“被异议人”。

### （二）法律依据

在商标异议案件中，被异议人享有答辩权利的法律规定为《商标法》第三十五条和《中华人民共和国商标法实施条例》（以下简称《商标法实施条例》）第二十七条。《商标法》第三十五条规定：“对初步审定公告的商标提出异议的，商标局应当听取异议人和被异议人陈述事实和理由，经调查核实后，自公告期满之日起十二个月内作出是否准予注册的决定，并书面通知异议人和被异议人。”

《商标法实施条例》第二十七条规定："商标局应当将商标异议材料副本及时送交被异议人，限其自收到商标异议材料副本之日起30日内答辩。被异议人不答辩的，不影响商标局作出决定。"

### （三）商标律师代理商标异议答辩的注意事项

#### 1. 商标异议答辩的分析意见

商标律师接触商标异议答辩案件有两种途径：一种是商标律师原本就是申请商标的代理人，在申请商标被异议后，其继续代理异议答辩事宜；另一种情况是商标律师不是申请商标的代理人，在申请商标被异议后，商标律师接受当事人委托处理异议答辩。不管是哪一种情形，商标律师在看到《商标异议答辩通知书》后，都需要先向当事人出具一份分析意见以供当事人决定是否进行答辩。

商标被异议的理由归纳起来有两种：一种是异议人依相对理由提出异议，即在先权利人或利害关系人认为被异议商标损害了其权利而提出异议；另一种是异议人依绝对理由提出异议，即异议人认为申请商标违反了《商标法》关于禁止作为商标使用或注册的标志的相关规定。在实际业务中，异议人对申请商标的异议依相对理由提起的居多。商标律师在出具异议答辩分析意见时，首先需要认真阅读异议人提交的异议理由书，分析其每一个理由是否充分且有相应的证据支持，可以边看边做记录，采用清单格式列出其每一个异议理由、对应证据及分析意见，最后进行梳理和整合，以评估出异议的成功概率。

2. 异议答辩的期限

商标律师还需要告知当事人进行答辩的最后日期，并明确告知该期限不能延长。异议答辩的期限因商标异议申请提交的方式不同而存在两种计算方式：①若商标异议申请是以纸质形式提交的，《商标异议答辩通知书》则以纸件下发并通过中国邮政挂号信邮寄送达代理机构。此时，挂号信信封背面加盖的邮戳日期为代理机构收到的日期。计算答辩的期限，从该邮戳日的第二日起算 30 日为期限届满日；期限届满日是法定节假日的，以节假日后的第一个工作日为期限届满日。②若商标异议申请是以电子形式提交的，《商标异议答辩通知书》则通过商标网上服务系统以电子文件形式下发，商标代理机构登录商标网上服务系统下载获得。此时，计算答辩期限，从商标网上服务系统显示的文件发出日期的次日起算 45 日为期限届满日，其中前 15 日为送达期间；期限届满日是法定节假日的，以节假日后的第一个工作日为期限届满日。

3. 答辩后可补充提交证据材料

在答辩期限内，当事人因时间不足而难以提供充分证据材料的，可在答辩后 3 个月内补充提交，商标律师需将此信息提供给当事人以便于其妥善安排。另外，当事人确需要补充证据材料的，需要在提交异议答辩时作出声明。

### （四）异议答辩的提交方式

商标异议答辩可以通过纸质形式提交，也可以通过商标网上服务系统以电子方式提交。通过纸质方式提交的，后续相关异议文件（如补正通知书、异议决定）将以纸质文件下发；通过电子方式提交的，后续相关异议文件将通过商标网上服务系统以电子文件下发，商标律师登录网上服务系统自行下载。

### （五）异议答辩需要提交的文件

异议答辩需要提交的文件包括异议答辩书（若通过电子方式提交，需在线填写）、商标代理委托书、答辩人身份证明复印件（若是外文的，需附中文译文）、证据材料（若有，可以提交）、《商标异议答辩通知书》及邮寄信封。另需注意：异议答辩通过纸质方式提交的，上述文件资料只需提交一份。

### （六）商标异议案件的审查程序

1. 商标局受理异议申请

商标局收到商标异议申请书后，经审查符合受理条件的，予以受理，向申请人发出《商标异议申请受理通知书》。商标异议申请不符合受理条件的，商标局不予受理，书面通知申请人并说明理由。

2. 被异议人答辩

商标异议申请经受理后，商标局向被异议人发送《商标异议答辩通知书》，并将商标异议材料副本一并附送，限其自收到商标异议材料副本之日起 30 日内答辩。被异议人未在规定期限内答辩的，视为放弃答辩权利，不影响商标局作出决定。答辩人在答辩后需要补充有关证据材料的，可在提交答辩书之日起 3 个月内补充提交。

3. 商标局对异议申请进行实质审查并作出异议决定

《商标法》对商标异议案件作出了审查期限的规定：商标局应当自申请商标初审公告期满之日起12个月内作出是否准予注册的决定，有特殊情况需要延长的，经国务院工商行政管理部门批准，可以延长6个月。

异议答辩期满后，商标局针对异议人和被异议人陈述的事实和理由进行审查，并作出决定。商标局对异议案件所作出的决定，可分为如下两种：①对申请商标准予注册；②对申请商标不予注册（包括在部分指定商品或服务上不予注册）。商标局作出准予注册决定的，向申请人颁发《商标注册证》，并予以公告。异议人不服该准予注册决定的，依照《商标法》第四十四条、第四十五条的规定向国家知识产权局请求宣告该注册商标无效。商标局作出不予注册决定的，包括在部分指定商品或服务上不予注册的，被异议人若对决定不服，可在法定期限内向国家知识产权局申请复审。

## 四、商标不予注册复审

### （一）基本概念

商标不予注册复审，是指商标局在商标异议案件中对申请商标作出了不予注册或在部分指定商品或服务上不予注册的决定，商标申请人不服该决定，在法定期限内向国家知识产权局申请复审的行为。

### （二）法律依据

商标申请人提出不予注册复审申请的法律依据是《商标法》第

三十五条，具体规定为“商标局作出不予注册决定，被异议人不服的，可以自收到通知之日起十五日内向商标评审委员会申请复审”。

## （三）商标律师在商标不予注册复审案中的注意事项

### 1. 商标不予注册复审的分析意见

商标律师接触商标不予注册复审案件有两种途径：一种是商标律师原本就是申请商标异议案件的代理人，在商标局作出不予注册决定后，继续代理不予注册复审案件；另一种情况是商标律师不是申请商标异议案件的代理人，在商标局作出对申请商标不予注册决定后，商标律师接受当事人委托处理不予注册复审事宜。不管是哪一种情形，商标律师在接触到案件后，都需要先对申请商标的注册申请情况、被异议情况进行全面了解，向当事人出具一份分析意见以供当事人作出相应决定。如果该不予注册复审案件是新接受的委托案件，需要向当事人索要该申请商标先前的所有被异议的相关材料，包括异议人提交的异议理由书及证据、当事人提交的异议答辩书及证据、商标局作出的《不予注册决定书》等。申请商标被不予注册，说明其在异议程序中的答辩理由及证据材料是不充分的，所以在不予注册复审程序中一般需要补充理由和相应证据材料。商标律师需要整合已掌握的在异议程序中双方当事人陈述的事实理由及证据，以及商标局在不予注册决定中的审查观点，向当事人出具需要提供的相关信息和证据清单，以便于当事人提前收集和准备。

### 2. 商标不予注册复审申请的期限

商标律师还需要告知当事人提出不予注册复审的最后日期，并注明该期限不能延长。关于不予注册复审的期限因商标异议答辩提交的方式不同而存在两种计算方式：①若商标异议答辩是以纸质形式提交的，《商标不予注册决定书》则以纸件下发并通过中国邮政挂号信邮寄送达代理机构。此时，挂号信信封背面加盖的邮戳日期为代理机构收到的日期。计算答辩的期限，从该邮戳日的第二日起算15日为期限届满日；期限届满日是法定节假日的，以节假日后的第一个工作日为期限届满日。②若商标异议答辩是以电子形式提交的，《商标不予注册决定书》则通过商标网上服务系统以电子文件形式下发，商标代理机构登录商标网上服务系统下载获得。此时，计算答辩期限，从商标网上服务系统显示的文件发出日期的次日起算30日为期限届满日，其中前15日为送达期间；期限届满日是法定节假日的，以节假日后的第一个工作日为期限届满日。

3. 补充提交证据材料

在不予注册复审案件中，提交复审申请时因时间不足而难以提供充分证据材料的，申请人可在复审申请提交后的3个月内补充提交。商标律师需将此信息告知当事人以便于其妥善安排。另外，当事人确需补充证据材料的，需要在提交复审申请时作出声明。

### （四）商标不予注册复审的提交方式

商标不予注册复审可以通过纸质形式提交，也可以通过商标网上服务系统电子提交。通过纸质方式提交的，后续相关异议复审文件（如异议复审决定）将以纸质文件下发；通过电子方式提交的，后续相关异议复审文件将通过商标网上服务系统以电子文件下发，商标律师登录网上服务系统自行下载。

### （五）商标不予注册复审需要提交的文件

商标不予注册复审需要提交的文件包括异议答辩书（若通过电子方式提交，需在线填写）、商标代理委托书、答辩人身份证明复印件（若是外文的，需附中文译文）、证据材料（若有，可以提交）、《商标异议答辩通知书》及邮寄信封。另需注意：异议答辩通过纸质方式提交的，上述文件资料只需提交一份。

### （六）商标不予注册复审的官方费用

商标不予注册复审按“一标一类”收费。申请人通过纸质方式提交申请的，官方费用为750元人民币；申请人通过电子方式提交申请的，官方费用为675元人民币。

### （七）商标不予注册复审的审查程序

1. 商标不予注册复审申请的提交及受理

商评委收到申请人提交的商标不予注册复审申请书后，经审查，符合受理条件的予以受理，向申请人发出《商标评审申请受理通知书》；不符合受理条件的不予受理，书面通知申请人并说明理由。

2. 原异议人陈述意见

商标不予注册复审申请经受理后，商评委通知原异议人参加并提出意见，将申请书副本同时附送原异议人，限其自收到申请书副本之日起30日内提交意见。原异议人未在规定期限内提交意见的，不影响商评委的评审。

3. 证据交换

原异议人在规定期限内提交意见及相关证据材料的，商评委会送交申请人。申请人需要对原异议人的答辩材料进行质证的，应当自收到答辩材料之日起30日内提交质证材料。

4. 商标局对不予注册复审申请进行实质审查并作出决定

《商标法》对商标不予注册复审案件的审查期限作出了规定，商评委应当自申请之日起12个月内作出复审决定，有特殊情况需要延长的，经国务院工商行政管理部门批准，可以延长6个月。

商评委在审理商标不予注册复审案件时，会针对商标局的不予注册决定和申请人申请复审的事实、理由、请求及原异议人提出的意见进行判断。商评委对不予注册复审案件所作出的决定可分为如下2种：①对申请商标予以核准注册；②对申请商标不予核准注册（包括对申请商标在部分指定商品或服务上不予注册）。商评委作出核准注册决定的，由国家知识产权局向申请人颁发《商标注册证》，并予以公告。原异议人不服该核准注册决定的，依照《商标法》第四十四条、第四十五条的规定向国家知识产权局请求宣告该注册商标无效。商评委作出不予核准注册决定的，包括在部分指定商品或服务上不予注册的，申请人若对决定不服，可在法定期限内向人民法院提起诉讼。

## 五、删减商品或者服务项目

### （一）基本概念

在商标注册申请过程中，申请人有删减商品或者服务项目需要的，可向商标局提交删减商品 / 服务项目的申请。此项业务在商标业务的所有类型中发生的频率不是很高，一般发生在申请商标与其他在先商标发生冲突时。例如，一件商标在申请注册过程中被驳回，基于其与引证商标构成类似商品上的近似商标，申请人请求引证商标所有人同意其注册申请商标，引证商标所有人以要求其删减个别商品或服务项目为条件而同意申请商标的注册，此时，申请人就需要向商标局提交删减商品 / 服务项目申请。

### （二）删减商品或者服务项目的法律依据

删减商品或者服务项目的法律依据是《商标法实施条例》第十七条，具体为“申请人变更其名义、地址、代理人、文件接收人或者删减指定的商品的，应当向商标局办理变更手续”。

### （三）删减商品或者服务项目申请的提交方式

删减商品或者服务项目申请可通过纸质方式提交，也可通过商标网上服务系统以电子方式提交。以纸质方式提交的，后续相关文件（如补正通知书、核准通知书）将以纸质文件下发；以电子方式提交的，后续相关文件（如补正通知书、核准通知书）将通过商标网上服务系统以电子文件下发，商标律师登录网上服务系统自行下载。

### （四）删减商品或者服务项目申请需要提交的文件

删减商品或者服务项目申请需要提交的文件包括删减商品 / 服务项目申请书（若通过电子方式申请，需在线填写）、商标代理委托书、申请人身份证明文件复印件（若是外文的，需附中文译文）。

### （五）删减商品或者服务项目申请的官方收费

商标局对删减商品或者服务项目申请按“一标一类”收费。申请人通过纸质方式提交申请的，“一标一类”官方费用为 150 元人民币；申请人通过电子方式提交申请的，官方费用免收。

### （六）删减商品或者服务项目申请的审查程序

删减商品或者服务项目申请的审查程序的主要流程包括申请人提交删减商品 / 服务项目申请、商标局审查、商标局核准删减商品 / 服务项目。

对于删减商品或者服务项目申请的审查期限，《商标法》没有作出规定。根据 2021 年商标局对变更申请的实际审查情况，变更申请的平均审查需时为两个月，即自申请提交后两个月能完成审查。经审查核准的，商标局下发《商标删减商品或者服务项目申请核准通知书》，并予公告（见图 3-2-5）。该通知书上载明商标申请号、类别、该删减申请的提交日期、申请人等事项。

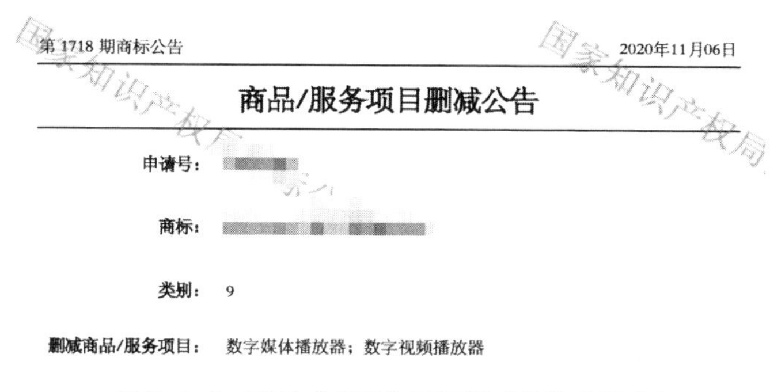
第 1718 期商标公告　　2020年11月06日

**商品/服务项目删减公告**

申请号：

商标：

类别：9

删减商品/服务项目：数字媒体播放器；数字视频播放器

图 3-2-5　商品或者服务项目删减公告（样式）

## 六、申请人名义或者地址变更

### （一）基本概念

商标申请人名义或者地址变更，是指商标在注册申请过程中，申请人的名称和（或）地址发生了变化，根据《商标法》的规定，需要向商标局办理变更的申请手续。

### （二）法律依据

办理申请商标申请人名义或者地址变更的法律依据是《商标法实施条例》第十七条，具体规定为“申请人变更其名义、地址、代理人、文件接收人或者删减指定的商品的，应当向商标局办理变更手续”。

### （三）商标律师在商标申请人名义或者地址变更业务中的注意事项

商标申请人名义或者地址变更，只是申请人的名称和（或）地址发生了变化，商标申请人实际上并未改变。在实践中，法人和其他组织发生此类情形的较多。在实际业务中，商标律师需要注意以下事项。

1. 主动告知和监测当事人的名称或者地址变更情形

当事人往往对商标申请人名义或者地址变更的法律规定不了解，以其企业名称和（或）地址在政府相关主管机关已办理变更的情形下，一般不会主动想起或认为需要办理商标申请人名义或者地址变更手续。所以，在商标注册申请过程中，商标律师需要将办理申请人名义或者地址变更的相关规定告知当事人，一旦其名称或地址有变更情形的，需要及时按照法律规定办理变更手续。

申请人是法人或其他组织的，商标律师判断申请人名义或者地址需要变更的，以其在政府相关主管机关的变更登记为准。现在的国家企业信用信息公示系统（以下简称“公示系统”）对大众公开，若企业名称或者地址有变更登记的，公示系统上均有记录。所以，商标律师可以定期登录公示系统，以查看当事人的企业名称或者地址是否有变更情形。若发现有变更的，可主动函告当事人办理申请人名义或者地址变更手续。

申请人是自然人的，名义变更少有发生，一般只涉及申请人地址变更事项，以当事人指示的新地址办理变更即可。

2. “一并变更”

凡涉及申请人名义或者地址变更的，往往需要将申请人名下的所有商标一并变更。《商标法》对申请人名下注册商标的变更作出了“一并变更”的强制性规定。对于申请中的商标虽未要求“一并变更”，但在实际业务中，一般也都按照“一并变更”办理，尤其存在申请商标与申请人名下的注册商标在相同或类似商品（服务）上存在近似情况的，若不予变更，申请商标的注册将来会因为与注册商标权利人名义不一致而遭致驳回。但是，经商标律师查询分析，申请商标明显将遭致驳回的，办理申请人名义或者地址变更也不会改变驳回结果，且增加了当事人的费用成本，从节省费用成本角度考虑，该申请商标可不予办理变更申请手续。

### （四）办理申请人名义或者地址变更的申请方式

变更申请可通过纸质方式提交，也可通过商标网上服务系统以电子方式提交。通过纸质方式提交的，后续的相关变更文件（如补正通知书、变更证明）将以纸质文件下发；通过电子方式提交的，后续的相关变更文件将通过商标网上服务系统以电子文件下发，商标律师登录网上服务系统自行下载。

### （五）办理申请人名义或者地址变更申请需要提交的文件

变更申请包括申请人名义变更和地址变更，两个事项若同时发生变更，可在一份申请中办理；如果只有一项发生了变更，如只是名义发生了变更或只是地址发生了变更，则就针对该一项变更进行办理。

商标律师在办理变更业务时，需要根据变更项目的不同，向当事人索要不同的文件资料，具体包括如下三种情况。

#### 1. 商标申请人名义变更申请

商标申请人名义变更申请需要提交的文件包括变更商标申请人

名义或者地址申请书（若通过电子方式申请的，需在线填写）、商标代理委托书、申请人变更后的身份证明文件复印件（若是外文的，需附中文译文）、登记机关出具的申请人名称变更的变更证明（若是外文的，需附中文译文）。

对于变更证明，需要注意以下两点：该变更证明可以是登记机关变更核准文件复印件，也可以是登记机关官方网站下载打印的相关档案；外国企业或外国人仅变更中文译名的，需提供该外国企业或外国人申请变更中文译名的声明。

2. 商标申请人地址变更申请

商标申请人地址变更申请需要提交的文件包括变更商标申请人名义或者地址申请书（若通过电子方式申请的，需在线填写）、商标代理委托书、申请人地址变更后的身份证明文件复印件（若是外文的，需附中文译文）。

3. 商标申请人名义和地址变更申请

商标申请人名义和地址变更申请需要提交的文件包括变更商标申请人名义或者地址申请书（若通过电子方式申请的，需在线填写）、商标代理委托书、申请人地址变更后的身份证明文件复印件（若是外文的，需附中文译文）、登记机关出具的申请人名称变更的变更证明（若是外文的，需附中文译文）。

对于变更证明，需要注意以下两点：该变更证明可以是登记机关变更核准文件复印件，也可以是登记机关官方网站下载打印的相关档案；外国企业或外国人仅变更中文译名的，需提供该外国企业或外国人申请变更中文译名的声明。

### （六）商标申请人名义或者地址变更的官方费用

商标局对变更申请按“一标一类”收费。申请人通过纸质方式提交申请的，“一标一类”官方费用为150元人民币；申请人通过电子方式提交申请的，官方费用免收。

### （七）商标申请人名义或者地址变更申请的审查程序

商标申请人名义或者地址变更申请审查程序的主要流程包括申请人提交变更申请、商标局审查、商标局核准变更。

对于变更申请的审查期限，《商标法》没有作出规定。根据2021年商标局对变更申请的实际审查情况，变更申请的平均审查需时为一个月，即自变更申请提交后一个月能完成审查。审查核准的，商标局下发《变更商标申请人名义/地址核准通知书》并予公告（见图3-2-6）。该通知书上载明商标申请号、变更后申请人名义和（或）地址、变更申请的提交日期等事项。

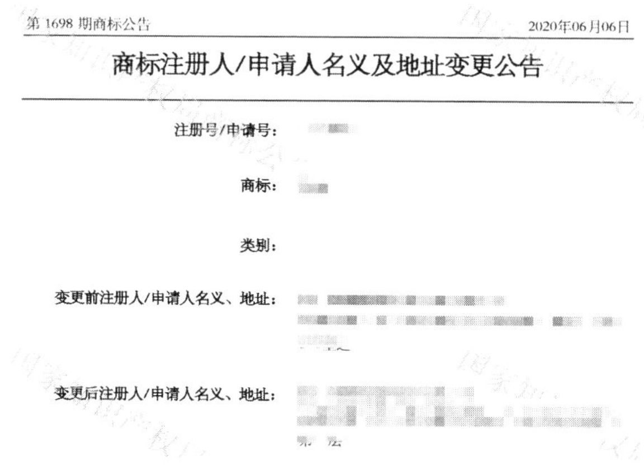
第1698期商标公告　　2020年06月06日

**商标注册人/申请人名义及地址变更公告**

注册号/申请号：

商标：

类别：

变更前注册人/申请人名义、地址：

变更后注册人/申请人名义、地址：

图3-2-6　商标申请人名义及地址变更公告（样式）

## 七、商标代理人变更

### （一）基本概念

代理人变更指委托处理某件商标的代理机构发生了变更，商标申请人委托了新的代理机构办理其商标注册申请事务，此时需向商标局提交代理人变更申请。这样，有关该商标注册申请的后续文件，商标局将会下发给变更后的代理人。

### （二）商标代理人变更的法律依据

商标代理人变更的法律依据是《商标法实施条例》第十七条，具体规定为“申请人变更其名义、地址、代理人、文件接收人或者删减指定的商品的，应当向商标局办理变更手续”。

### （三）商标律师在商标代理人变更业务中的注意事项

当事人一般很少会主动想到或意识到代理人变更对自身的重要性，也不会要求新的代理人办理变更手续。实践中，发生较多且又容易被代理人忽视的代理人变更情形是：当事人曾委托代理人甲办理商标注册申请事宜，此时，代理人甲是商标局商标档案系统中备案的代理人。若该商标被驳回，而当事人又委托了代理人乙代理商标注册驳回复审事宜，此时，代理人乙若仅仅代理该驳回复审申请，而不办理代理人变更，国家知识产权局不会主动在其商标档案系统中将该商标的代理人由甲变更为乙，代理人乙仅被视为是商标驳回复审申请的代理人，除了与该驳回复审申请有关的官方文件下发给代理人乙外，其他文件不会下发给代理人乙。当一件商标通过驳回复审程序并最终获准注册，而《商标注册证》却是由代理人甲报告并转达予当事人，此时当事人会误认为是代理人甲成功代理了此商标注册案。所以，商标律师若成为当事人新的商标代理人后，需注意办理代理人变更手续。

### （四）办理代理人变更的申请方式

变更申请可通过纸质方式提交，也可通过商标网上服务系统以电子方式提交。通过纸质方式提交的，后续的相关变更文件（如补正通知书、变更证明）将以纸质文件下发；通过电子方式提交的，后续的相关变更文件将通过商标网上服务系统以电子文件下发，商标律师登录网上服务系统自行下载。

### （五）代理人变更申请需要提交的文件

代理人变更申请需要提交的文件包括变更商标代理人申请书（若通过电子方式申请，仅需在线填写）、商标代理委托书、申请人身份证明文件（若是外文，需附中文译文）。

### （六）商标代理人变更的官方费用

商标局对代理人变更申请按“一标一类”收费。申请人通过纸质方式提交申请的，“一标一类”官方费用为150元人民币；申请人通过电子方式提交申请的，官方费用免收。

### （七）商标代理人变更申请的审查程序

商标代理人变更申请的审查程序主要流程为申请人提交变更申请、商标局审查、商标局核准变更。

对于变更申请的审查期限，《商标法》没有作出规定。根据 2021 年商标局对变更申请的实际审查情况，变更申请的平均审查需时为一个月，即自变更申请提交后一个月能完成审查。经审查核准的，商标局下发《商标代理人变更证明》，并予公告（见图 3-2-7）。该变更证明上载明商标申请号、变更后的商标代理人。

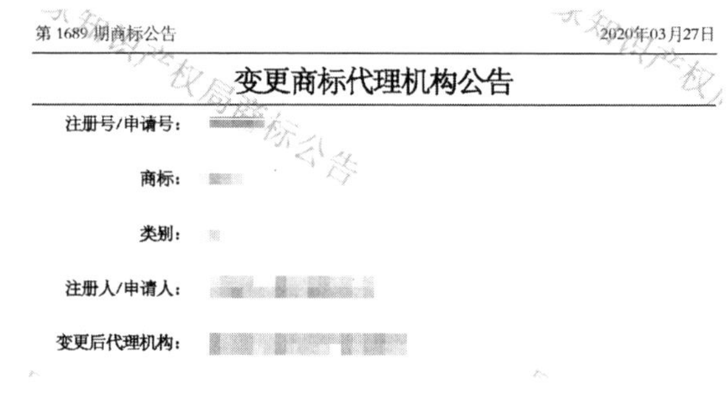
第 1689 期商标公告　　2020年03月27日

**变更商标代理机构公告**

注册号/申请号：

商标：

类别：

注册人/申请人：

变更后代理机构：

图 3-2-7　商标代理人变更公告（样式）

## 八、商标注册申请的转让

### （一）基本概念

商标转让不仅限于核准注册的商标，处于注册申请中的商标亦可以办理转让，即商标注册申请经商标局受理后即可办理转让申请。双方当事人若想对某件商标的注册申请进行转让，除了需要达成转让的合意外，还需要共同向商标局提出转让申请的请求，经商标局审查核准转让后，受让人方可成为该申请商标的申请人。在申请商标的转让申请中，转出注册申请的一方称“转让人”，转入注册申请的一方称“受让人”。

### （二）法律依据

办理商标注册申请的法律依据是《商标法实施条例》第十七条，具体规定为“申请人转让其商标注册申请的，应当向商标局办理转让手续”。

### （三）商标律师在商标注册申请转让业务中的注意事项

当委托人指示商标律师办理某件注册申请的转让时，商标律师一定要注意《商标法》中“一并转让”的规定，即申请人对其在同一种商品上注册的近似商标，或者在类似商品上注册的相同或者近似的商标，应当一并转让。此款关于注册商标一并转让的规定同样适用于申请中的商标。对于相同或类似商品（或服务）上的相同或近似商标，若不一并办理转让，将来势必会存在因权利人名义不一致而发生冲突的情形，从而导致商标注册申请被驳回。所以，商标律师在接受当事人委托后，需要对当事人名下的商标申请和注册情况进行梳理，查询和确定与拟转让商标在相同或类似商品（服务）上的相同或近似商标情况，以便进行一并转让。

### （四）商标注册申请转让的申请方式

转让申请可通过纸质方式提交，也可通过商标网上服务系统以电子方式提交。以纸质方式提交的，后续转让文件（如补正通知书、商标转让证明）将以纸质文件下发；以电子方式提交的，后续转让文件（如补正通知书、商标转让证明）将通过商标网上服务系统以电子文件下发，商标律师登录网上服务系统自行下载。

### （五）商标注册申请转让需提交的文件

商标注册申请转让需提交的文件包括转让申请书（若通过电子方式申请，需在线填写；若通过纸质方式申请，需转让和受让双方签署）、转让人签署的商标代理委托书、转让人身份证明文件（若是外文，需附中文译文）、受让人签署的商标代理委托书、受让人身份证明文件（若是外文，需附中文译文）、转让人和受让人同意转让的证明（若通过电子方式申请，需提供此文件）。

### （六）商标注册申请转让的官方费用

商标局对商标注册申请转让按“一标一类”收费。申请人通过纸质方式提交申请的，“一标一类”官方费用为500元人民币；申请人通过电子方式提交申请的，“一标一类”官方费用为450元人民币。

### （七）商标注册申请转让的审查程序

商标注册申请转让审查程序的主要流程包括申请人提交申请商标转让申请、商标局审查、商标局核准转让。

经审查，申请商标转让申请符合受理条件的，商标局向转让人、受让人双方下发《商标转让申请受理通知书》。对于商标转让申请的审查期限，《商标法》没有作出规定。根据2021年商标局对转让申请的实际审查情况，转让申请的平均审查需时为五个月，即自转让申请提交后约五个月能完成审查。申请商标转让申请经核准后，商标局下发《商标转让证明》并予以公告（见图 3-2-8）。该证明上载明商标申请号、受让人名称和地址、转让证明的下发日期。

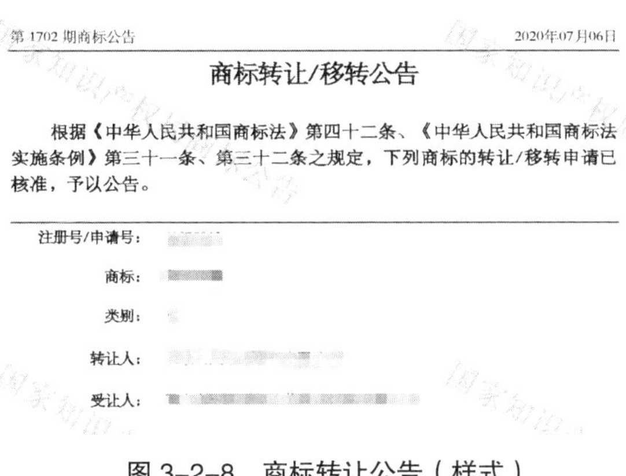

第 1702 期商标公告　　2020年07月06日

**商标转让/移转公告**

根据《中华人民共和国商标法》第四十二条、《中华人民共和国商标法实施条例》第三十一条、第三十二条之规定，下列商标的转让/移转申请已核准，予以公告。

注册号/申请号：

商标：

类别：

转让人：

受让人：

图 3-2-8　商标转让公告（样式）

## 第三节　商标注册后的管理和权利维持

商标获准注册后，商标工作并没有完结。商标获准注册只意味着注册人取得了该件商标在一定期限内的专用权，且注册人仅在核定的商品或服务项目上对该商标的使用可以受到法律的保护。相对于商标品牌建设来说，商标获准注册仅仅是万里长征的第一步，后续还有很多与之相关的管理工作、权利维持工作。若后续的商标管理、权利维持工作跟不上，如企业名称和地址发生变更而不办理注册人名称和地址变更登记、商标有效期满而忘记了续展注册、自行改变注册商标标识、商标使用在未核准注册的商品上而依然标记注册标记等，已取得的商标专用权都会面临丧失的风险。商标专用权一旦丧失，前期为获得商标注册而付出的工作和努力也都白费了。所以，商标律师尤其要对商标注册后的相关事项进行关注和跟踪，辅助当事人做好商标注册后的管理和权利维持工作。当法律规定的相关事件发生而需要办理时，及时提醒当事人办理，以善尽代理职责。

商标获准注册后，经常会涉及的事项包括商标注册人名义和（或）地址变更、商标代理人变更、商标转让、商标续展注册、补发商标注册证、商标使用许可备案、商标注销、提供注册商标使用证据、商标无效宣告答辩等。本节就从这些业务来说明商标律师如何办理这些事项及在办理过程中需要注意的一些事项。

## 一、商标注册人名义或者地址变更

### （一）基本概念

商标注册人名义变更指注册人名称发生了变化，但权利主体并未改变。

商标注册人地址变更指注册人现在的地址发生了变化，与商标局在原来商标注册簿上记载的地址不同。例如，注册人是某自然人，在商标局注册簿上原登记的通信地址为甲地，现在变更为乙地；注册人为某企业的，在商标局注册簿上原登记的地址（即企业法人营业执照上记载的住所地）为丙地，现在变更为丁地（即企业法人营业执照上记载的住所地已变更）。

名称和地址中的任何一项发生了变更，都需要向商标局办理变更手续。此变更手续系《商标法》的强制性规定，非商标注册人的选择性权利。

### （二）商标注册人名义或者地址变更的法律依据

商标注册人名义、地址变更的法律依据是《商标法》第四十一条和《商标法实施条例》第三十条。《商标法》第四十一条规定："注册商标需要变更注册人的名义、地址或者其他注册事项的，应当提出变更申请。"《商标法实施条例》第三十条规定："变更商标注册人名义、地址或者其他注册事项的，应当向商标局提交变更申请书。变更商标注册人名义的，还应当提交有关登记机关出具的变更证明文件。商标局核准的，发给商标注册人相应证明，并予以公告；不予核准的，应当书面通知申请人并说明理由。变更商标注册人名义或者地址的，商标注册人应当将其全部注册商标一并变更；未一并变更的，由商标局通知其限期改正；期满未改正的，视为放弃变更申请，商标局应当书面通知申请人。"

### （三）商标律师在商标注册人名义或者地址变更业务中的注意事项

当事人往往对商标注册人名义、地址变更的法律规定不了解，在其企业名称和地址发生了变更后，一般不会主动想起或认为需要办理商标的注册人名义、地址变更手续。作为当事人的代理人，商标律师需要关注当事人的企业名称和地址状态。例如，保持和当事人的沟通或主动查询当事人的企业登记信息，若发现有变更，及时提醒当事人办理变更手续。

1. 办理变更手续的必要性和重要性

在实际工作中，遇到较多的情形是，商标注册人名义发生了变更，经商标律师告知和建议后，当事人一般会积极办理变更手续；但对于仅涉及地址的变更，注册人常常会出于节省费用或不够重视等原因怠于办理。这时候，商标律师需要将不变更可能会造成的不利后果通过书面形式告知当事人，以提示其重视，同时也尽到告知义务。

一方面，办理注册人名义、地址变更是《商标法》的强制性规定，商标注册人办理变更手续是履行法律义务。根据《商标法》第四十九条的规定，注册人在使用注册商标过程中，自行改变注册人名义、地址的，由地方工商行政管理部门（现为市场监督管理部门）责令限期改正，期满不改正的，由商标局撤销其注册商标。另一方面，不办理变更手续还会给注册人造成的不利的影响主要表现为，其商标若被提出无效宣告请求或撤销复审等评审请求的，国家知识产权局会将评审通知和申请人提交的评审申请材料通过中国邮政挂号信的方式直接邮寄送达注册人，邮寄地址是商标局商标注册簿上登记的地址，一般是该商标曾经办理注册申请时填写的其企业法人营业执照上记载的地址（若后续未进行过地址变更登记）或最近一次办理地址变更后的地址。地址变更后若不向商标局办理变更，原来的地址经查无此收件人的处理结果是退信。退信后，商标局将在《商标公告》上将此通知公告送达注册人。而现实中的企业或其他组织一般不会关注《商标公告》，也就难以知晓其注册商标被提出了无效宣告请求或撤销复审等信息而致使错过答辩，造成其注册商标被宣告无效或撤销的后果。该不利情形一旦发生，一般是无法补救的。

2. 一并变更

根据《商标法实施条例》第三十条的规定，申请人办理变更申请时，应当将其全部注册商标一并变更；未一并变更的，商标局在审查时会下发补正通知，要求申请人限期改正，期满未改正的，视为放弃变更申请。鉴于此，商标律师在建议当事人办理变更手续时，一定要对“一并变更”的要求予以说明，并统计出当事人名下所有的注册商标信息，以避免遗漏而发生补正程序。

### （四）办理变更手续的申请方式

变更申请可以通过纸质方式提交，也可通过商标网上服务系统以电子方式提交。通过纸质方式提交的，后续的相关变更文件（如补正通知书、变更证明）将以纸质文件下发；通过电子方式提交的，后续的相关变更文件将通过商标网上服务系统以电子文件下发，商标律师登录网上服务系统自行下载。

### （五）办理变更手续需要提交的文件

变更申请包括注册人名义变更和地址变更，两个事项若同时发生，可在一份申请中办理；如果只有一项发生了变更，如只是名义发生了变更或者只是地址发生了变更，则就针对该一项变更办理。

商标律师在办理变更业务时，需要根据具体变更项目的不同，来向当事人索要不同的文件资料，具体包括如下三种情况。

1. 商标注册人名义变更申请

商标注册人名义变更申请需要提交的文件包括变更注册人名义或地址申请书（若通过电子方式申请的，需在线填写）、商标代理委托书、申请人变更后的身份证明文件复印件（若是外文的，需附中文译文）、登记机关出具的申请人名称变更的变更证明（若是外文的，需附中文译文）。

对于变更证明，需要注意以下两点：该变更证明可以是登记机关变更核准文件复印件，也可以是登记机关官方网站下载打印的相关档案；外国企业或外国人仅需变更中文译名的，需提供该外国企业或外国人申请变更中文译名的声明。

2. 商标注册人地址变更申请

商标注册人地址变更申请需要提交的文件包括变更注册人名义或地址申请书（若通过电子方式申请的，需在线填写）、商标代理委托书、申请人变更后的身份证明文件复印件（若是外文的，需附中文译文）。

3. 商标注册人名义和地址变更申请

变更注册人名义或地址申请书（若通过电子方式申请的，需在线填写）、商标代理委托书、申请人变更后的身份证明文件复印件（若是外文的，需附中文译文）、登记机关出具的申请人名称变更的变更证明（若是外文的，需附中文译文）。

对于变更证明，需要注意以下两点：该变更证明可以是登记机关变更核准文件复印件，也可以是登记机关官方网站下载打印的相关档案；外国企业或外国人仅需变更中文译名的，需提供该外国企业或外国人申请变更中文译名的声明。

### （六）商标注册人名义或者地址变更的官方费用

商标局对变更申请按“一标一类”收费。申请人通过纸质方式提交申请的，“一标一类”官方费用为150元人民币；申请人通过电子方式提交申请的，官方费用免收。

### （七）商标注册人名义或者地址变更申请的审查程序

商标注册人名义或者地址变更申请的审查程序的主要流程包括申请人提交变更申请、商标局审查、商标局核准变更。

对于变更申请的审查期限，《商标法》没有作出规定。根据2021年商标局对变更申请的实际审查情况，变更申请的平均审查需时约为一个月，即自变更申请提交后一个月能完成审查。经审查核准的，商标局下发《注册商标变更证明》，并予公告（见图3-3-1）。变更证明上载明商标注册号、变更后注册人名义和（或）地址事项，并注明“本证明与《商标注册证》一并使用”。

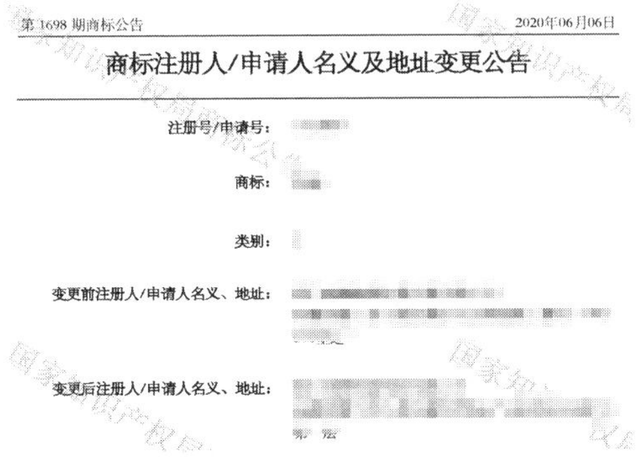

第1698期商标公告　　2020年06月06日

商标注册人/申请人名义及地址变更公告

注册号/申请号：

商标：

类别：

变更前注册人/申请人名义、地址：

变更后注册人/申请人名义、地址：

图3-3-1　商标注册人名义及地址变更公告（样式）

### （八）撤回商标注册人名义或者地址变更申请

申请人提交的变更申请在商标局核准变更前，由于特殊原因申请人不再需要办理变更申请的，可向商标局提交撤回变更商标注册人名义或者地址变更申请的相关手续。

## 二、商标代理人变更

### （一）基本概念

商标代理人变更指委托处理某件商标事宜的代理机构发生了变更，即商标注册人委托了新的代理机构办理其商标事务。此时商标注册人需向商标局提交代理人变更申请。代理人变更后，有关该商标的后续通知或文件，商标局将会下发给变更后的代理人。

### （二）商标代理人变更的法律依据

办理商标代理人变更申请的法律依据是《商标法》第四十一条，具体规定为“注册商标需要变更注册人的名义、地址或者其他注册事项的，应当提出变更申请”。

### （三）商标律师在商标代理人变更业务中的注意事项

当事人更换商标代理人情形时有发生，包括在商标核准注册后委托新的代理人关注和跟踪后续事宜，所以一件商标在其有效期内先后经手数个代理人是常见现象。

与商标有关的官方通知或文件，不仅在注册申请过程中会下发，在核准注册后亦会有所涉及。这些通知或文件，商标局都会下发给商标档案中登记的商标代理人（或商标代理机构）。例如，某注册商标被他人提出了连续三年不使用撤销申请，商标局会将《提供注册商标使用证据的通知》下发给商标代理人。若当事人委托了新的商标代理人，但当事人未向商标局办理商标代理人变更申请，商标局对当事人更换代理人事宜就不知晓，有关该当事人商标的官方文件，商标局依然会下发给原登记的商标代理人，造成新的代理人对最新商标信息不知或不能及时知悉，从而影响商标律师的法律服务，并且可能给当事人造成不利后果。所以，当商标律师接受了当事人的委托管理其商标事宜后，需要尽快办理商标代理人变更手续，以保证能及时知悉与该商标有关的信息和收取官方下发的商标通知或文件。

另外，在商标代理人变更申请被核准前的这段期间，新的代理人为能及时获悉与当事人商标有关的官方通知或文件，还需要向原代理人发出书面通知，说明自己是当事人新委托的代理人，若收到相关的商标官方通知或文件要及时转交自己。

对于商标代理人变更，《商标法》没有“一并变更”的要求。所以，商标律师可根据当事人的具体委托，视情况对当事人名下的商标进行一并变更或只针对部分商标进行变更。

### （四）办理商标代理人变更的申请方式

变更申请可以通过纸质方式提交，也可以通过商标网上服务系统以电子方式提交。通过纸质方式提交的，后续的相关变更文件（如补正通知书、变更证明）将以纸质文件下发；通过电子方式提交的，后续的相关变更文件将通过商标网上服务系统以电子文件下发，商标律师登录网上服务系统自行下载。

### （五）商标代理人变更申请需要提交的文件

商标代理人变更申请需要提交的文件包括变更商标代理人申请书（若通过电子方式申请，需在线填写）、商标代理委托书、申请人身份证明文件（若是外文，需附中文译文）。

### （六）商标代理人变更的官方费用

商标局对商标代理人变更申请按“一标一类”收费。申请人通过纸质方式提交申请的，“一标一类”官方费用为150元人民币；申请人通过电子方式提交申请的，官方费用免收。

### （七）商标代理人变更申请的审查程序

商标代理人变更申请审查程序的主要流程包括申请人提交变更申请、商标局审查、商标局核准变更。

对于变更申请的审查期限，《商标法》没有作出规定。根据2021年商标局对变更申请的实际审查情况，变更申请的平均审查需时约为一个月，即自变更申请提交后一个月能完成审查。经审查核准的，商标局下发《商标代理人变更证明》，并予公告（见图3-3-2）。变更证明上载明商标注册号、变更后的商标代理人。

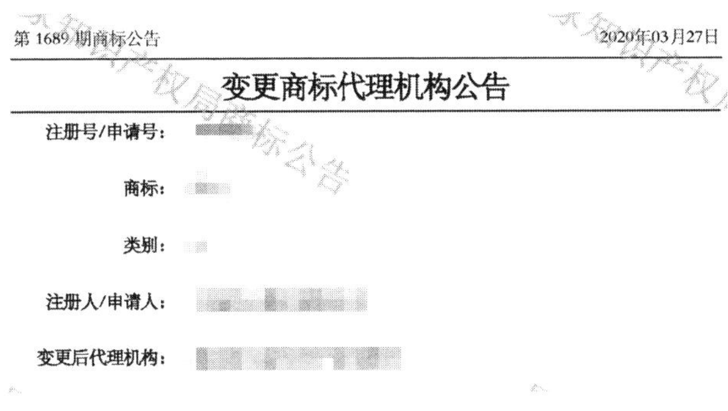
第 1689 期商标公告　2020年03月27日

**变更商标代理机构公告**

注册号/申请号：

商标：

类别：

注册人/申请人：

变更后代理机构：

图 3-3-2　商标代理人变更公告（样式）

### （八）撤回商标代理人变更申请

申请人提交的变更申请在商标局核准变更前，由于特殊原因申请人不再需要办理变更申请的，可向商标局提交撤回变更商标代理人的申请。

## 三、注册商标转让

### （一）基本概念

注册商标转让指注册商标的持有人发生了改变，即由一个权利主体转让给了另一个权利主体。双方当事人若想对某件注册商标进行转让，除了需要达成转让的合意外，还需要共同向商标局申请办理注册商标手续，经商标局审查核准转让后，注册商标才算转让给了受让人。

### （二）注册商标转让的法律依据

办理注册商标转让的法律依据是《商标法》第四十二条和《商

标法实施条例》第三十一条。《商标法》第四十二条规定："转让注册商标的，转让人和受让人应当签订转让协议，并共同向商标局提出申请。受让人应当保证使用该注册商标的商品质量。

转让注册商标的，商标注册人对其在同一种商品上注册的近似的商标，或者在类似商品上注册的相同或者近似的商标，应当一并转让。

对容易导致混淆或者有其他不良影响的转让，商标局不予核准，书面通知申请人并说明理由。

转让注册商标经核准后，予以公告。受让人自公告之日起享有商标专用权。"

《商标法实施条例》第三十一条规定："转让注册商标的，转让人和受让人应当向商标局提交转让注册商标申请书。转让注册商标申请手续应当由转让人和受让人共同办理。商标局核准转让注册商标申请的，发给受让人相应证明，并予以公告。

转让注册商标，商标注册人对其在同一种或者类似商品上注册的相同或者近似的商标未一并转让的，由商标局通知其限期改正；期满未改正的，视为放弃转让该注册商标的申请，商标局应当书面通知申请人。"

### （三）商标律师在商标转让业务中的注意事项

1. 一并转让

注册商标转让业务的发生，一般是当事人的主动指示，即当事人已就某注册商标同他人达成了转让合意，委托商标律师向商标局办理转让手续。所以，一般不需要商标律师的主动提示或建议当事人进行办理，而只需要针对当事人咨询的有关转让办理手续、所需文件资料、费用等事项提供答复。但商标律师在答复咨询或接受委托后，需注意“一并转让”事宜，即转让注册商标的，商标注册人需要对其在同一种或者类似商品或者服务上注册的相同或者近似的商标一并转让。未一并转让的，商标局会下发《商标转让申请补正通知书》要求一并转让；期满未改正的，视为放弃转让该注册商标的申请。

在商标律师接受当事人咨询或委托指示后，首先需要对当事人名下商标情况进行查询梳理，针对当事人指示的拟转让商标，查看当事人名下是否存在需要“一并转让”的商标，如果存在，需要告知当事人一并办理转让。在确定是否存在“一并转让”的商标时，需要从两个方面进行判断，一是商标是否相同或近似，二是商品是否相同或类似。

对于相同或近似商标的判断，需要基于商标律师对相同或近似商标判定的专业知识来进行分析确定。对于相同或类似商品的判断，需要基于对《商标注册用商品和服务国际分类》(以下简称《商品分类表》)，清楚什么是类似商品或者服务，以及在哪些类别里包含有跨类保护的商品或者服务。最后，将这两方面的分析判断综合起来确定是否存在需要一并转让的商标。

比如以下事例：当事人拟转让在第5类上的一件注册商标A，其核定注册的商品为“婴儿奶粉”。商标律师收到指示后即着手该件商标的转让申请工作，包括查看核实是否还存在其他的需要一并办理转让的商标。首先，查询梳理当事人名下申请或者注册的商标，整理出商标列表；其次，找出与“婴儿奶粉”类似的商品所涉及的类别，即第5类和第29类；再次，查看在第5类和第29类上是否存在与注册商标A相同或近似的商标，若存在，将其提取出来；最后，查看这些提取出来的商标的指定或者核定商品，根据《区分表》来判断这些商品是否与“婴儿奶粉”类似，若存在类似，则需要与注册商标A一并转让。

另外，还需要注意的一点是，商标转让不限于注册商标，处于申请注册中的商标亦可办理转让。若发现申请注册中的商标与拟转让商标构成相同或类似商品或者服务上的相同或近似商标的，一般建议当事人一并办理转让。原因是，这些申请注册中的商标与拟转让的注册商标构成相同或类似商品上的相同或近似商标，其最终是会被核准注册的。如果不一并转让，将来会存在他们的持有人名义不一致的情形，从而产生冲突；一旦产生冲突，未被转让的商标的注册申请将会遭致被驳回的后果。以上面事例为例，如果商标律师发现在第29类的“奶粉”商品上存在一件处于注册申请中的商标A，因为两件商标均为A，属于相同商标，他们指定的商品“婴儿奶粉”与“奶粉”构成类似商品，所以申请注册中的商标A与拟转让的商标A构成类似商品上的相同商标，所以也建议当事人一并办理转让。

2. 对因未一并转让商标补正的处理

对于应一并转让的注册商标而申请人未一并提交转让申请的，商标局在审查中会下发《商标转让申请补正通知书》，要求申请人一并转让。对于这样的补正，申请人有两种处理方案可供选择。一是对商标局要求的需要一并转让的商标，办理商标转让申请；二是对商标局要求的需要一并转让的商标，办理商标注销申请。所以，商标律师在办理商标转让业务过程中，因商标未一并转让而收到商标局下发的《商标转让申请补正通知书》时，可将这两种方案提供给当事人，由其根据具体情况确定采取哪一种处理方案。

### （四）商标转让申请的申请方式

转让申请可通过纸质方式提交，也可通过商标网上服务系统以电子方式提交。以纸质方式提交的，后续转让文件（如补正通知书、转让证明）将以纸质文件下发；以电子方式提交的，后续转让文件（如补正通知书、商标转让证明）将通过商标网上服务系统以电子文件下发，商标律师登录网上服务系统自行下载。

### （五）商标转让申请需提交的文件

商标转让申请需提交的文件包括转让申请书（若通过电子方式申请，需在线填写；若通过纸质方式申请，需转让和受让双方签署）、转让人签署的商标代理委托书、转让人身份证明文件（若是外文，需附中文译文）、受让人签署的商标代理委托书、受让人身份证明文件（若是外文，需附中文译文）、转让人和受让人签署的同意转让证明（若通过电子方式申请，需提供此文件）。

### （六）商标转让申请的官方费用

商标局对商标转让申请按“一标一类”收费。申请人通过纸质方式提交申请的，“一标一类”官方费用为 500 元人民币；申请人通过电子方式提交申请的，“一标一类”官方费用为 450 元人民币。

### （七）商标转让申请的审查程序

商标转让申请的审查程序主要包括申请人提交注册商标转让申请、商标局审查、商标局核准转让。

对于注册商标转让申请的审查期限，《商标法》没有作出规定。根据 2021 年商标局对转让申请的实际审查情况，转让申请的平均审查需时为五个月，即自转让申请提交后约五个月能完成审查。注册商标转让申请经核准后，商标局下发《商标转让证明》，并予以公告（见图 3-3-3）。转让证明上载明商标注册号、受让人名称和地址、转让证明的下发日期，并注明“本证明与《商标注册证》一并使用”。受让人自公告之日起享有商标专用权。

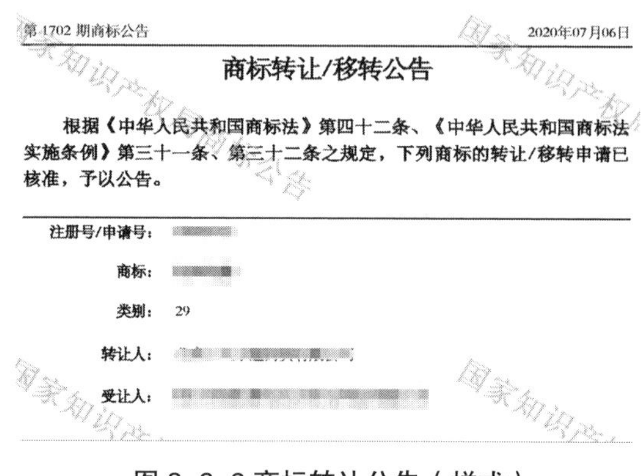
第 1702 期商标公告　　2020年07月06日

**商标转让/移转公告**

**根据《中华人民共和国商标法》第四十二条、《中华人民共和国商标法实施条例》第三十一条、第三十二条之规定，下列商标的转让/移转申请已核准，予以公告。**

**注册号/申请号：**

**商标：**

**类别：** 29

**转让人：**

**受让人：**

图 3-3-3 商标转让公告（样式）

## 四、商标续展注册

### （一）基本概念

注册商标的有效期是有限的，有效期满意味着其专用权期限届满，不再受法律保护。但是《商标法》赋予注册人一种权利，即注册商标有效期满，其可以通过一种途径使该注册商标的有效期延续下去，这种途径就是商标续展注册。商标续展注册，指注册商标有效期将届满，商标注册人在法定期限内按照法律规定向商标主管机关提出延续其注册的申请，以使该商标的有效期延续下去。

商标续展注册不受次数限制，即每届有效期满时均可进行续展注册。每次续展注册的有效期为 10 年，自该商标上一届有效期满次日起计算。

### （二）商标续展注册的法律依据

办理商标续展注册的法律依据是《商标法》第四十条和《商标法实施条例》第三十三条。《商标法》第四十条："注册商标有效期满，需要继续使用的，商标注册人应当在期满前十二个月内按照规定办理续展手续；在此期间未能办理的，可以给予六个月的宽展期。每次续展注册的有效期为十年，自该商标上一届有效期满次日起计算。期满未办理续展手续的，注销其注册商标。商标局应当对续展注册的商标予以公告。"

《商标法实施条例》第三十三条："注册商标需要续展注册的，应当向商标局提交商标续展注册申请书。商标局核准商标注册续展申请的，发给相应证明并予以公告。"

### （三）商标律师在商标续展业务中的注意事项

#### 1. 商标续展注册业务的发生

因注册商标的有效期是有限的，在有效期届满时，当事人又有继续使用该注册商标的需要，商标续展注册就随之发生。商标续展注册业务，一般通过两种方式启动：一种是当事人的主动指示，另一种是商标律师对当事人商标的主动监测。在实际工作中，以商标律师的主动监测居多。

在商标律师实际工作中，对当事人注册商标有效期监测的较好的工作方法是：在接受当事人委托有关商标业务后，即便只是个别的商标业务，也应为该当事人创建商标数据库（包括商标名称、申请/注册号、商品/服务类别、审查进展、有效期等信息），并定期进行更新。在每年年底就下一年度可以办理续展注册的商标进行统计，然后将其作为下一年度商标工作的一部分报告给当事人，以便当事人提前就商标事务进行规划和做财务预算。到下一年度，再定期提醒当事人办理续展注册事宜，直到收到当事人的指示。

2. 商标续展注册的办理时间

在注册商标有效期期满前的12个月内，商标注册人均可向商标局申请办理续展注册。在有效期满前未能办理的，有6个月的宽展期，即在宽展期内仍可办理，但在宽展期内办理的，缴纳官费时需要额外缴纳延迟费用。

例如，某注册商标的有效期为2012年7月21日至2022年7月20日，商标续展注册可在2021年7月21日至2022年7月20日办理；若在该期间没有办理的，仍可在2022年7月21日至2023年1月20日办理，此6个月是宽展期，在该宽展期内办理续展注册的，除了正常缴纳续展注册的官费外，还需要缴纳延迟费。

所以，商标律师在接受当事人咨询或监测中发现当事人的商标已过有效期的，需注意还有宽展期的规定。若在宽展期内，该商标仍能办理续展注册。

### （四）商标续展注册的申请方式

商标续展注册申请可以通过纸质方式提交，也可以通过商标网上服务系统以电子方式提交。通过纸质方式提交的，后续的相关续展文件将以纸质文件下发；通过电子方式提交的，后续相关的续展文件将通过商标网上服务系统以电子文件下发，商标律师登录网上服务系统自行下载。

### （五）商标续展注册需要提交的材料

商标续展注册需要提交的材料包括商标续展注册申请书（若通过电子方式提交申请，需在线填写）、商标代理委托书、申请人身份证明文件复印件（若是外文的，需附中文译文）。

### （六）商标续展注册申请的官方费用

商标局对商标续展注册申请的收费按类别收取。申请人通过纸质方式提交申请的，一个类别的官方费用为 500 元人民币，延迟费为 250 元人民币；申请人通过电子方式提交申请的，一个类别的官方费用为 450 元人民币，延迟费为 225 元人民币。

### （七）商标续展注册的审查程序

商标续展注册的审查程序包括申请人提交商标续展注册申请、商标局对续展注册申请的审查、续展注册的核准。

对于商标续展注册申请的审查期限，《商标法》没有作出规定。

根据 2021 年商标局对商标续展申请的实际审查情况，续展申请的平均审查需时约为两个月，即自续展注册申请提交后约两个月能完成审查。商标的续展注册申请经核准后，商标局下发《商标续展注册证明》，并予公告（见图 3-3-4）。续展证明上载明商标注册号、类别及续展注册后的有效期，并注明“本证明应与《商标注册证》一并使用”。

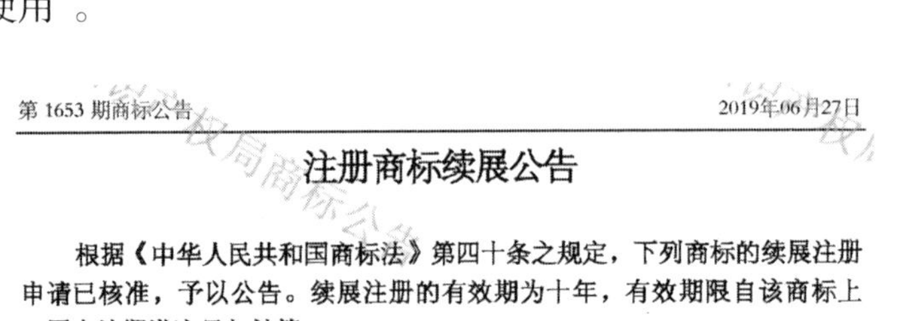

第 1653 期商标公告　　2019年06月27日

**注册商标续展公告**

根据《中华人民共和国商标法》第四十条之规定，下列商标的续展注册申请已核准，予以公告。续展注册的有效期为十年，有效期限自该商标上一届有效期满次日起计算。

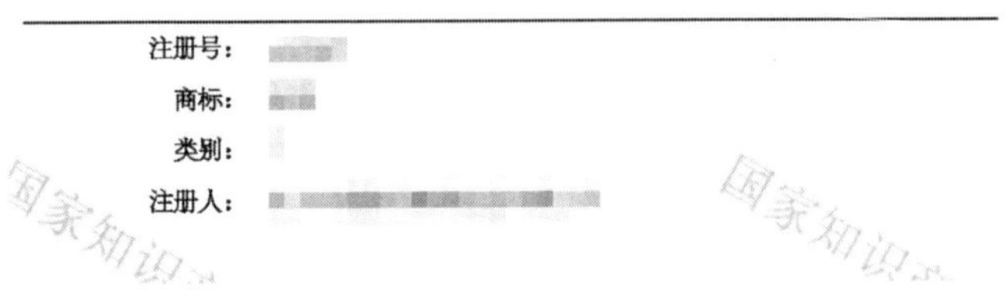

注册号：

商标：

类别：

注册人：

图 3-3-4　商标续展注册公告（样式）

## （八）商标续展注册申请的撤回

商标续展注册申请在商标局核准前，申请人可向商标局提交《撤回商标续展注册申请书》，申请撤回续展申请。

## （九）注册商标未续展的后果

注册商标期满未办理续展手续的，商标局在《商标公告》上刊登注册商标未续展注销公告，商标专用权自有效期满之日起丧失。

## 五、补发《商标注册证》

### （一）基本概念

补发《商标注册证》，指在商标注册证丢失或破损情况下，注册人向商标局申请补发。

### （二）法律依据

申请补发《商标注册证》的法律依据是《商标法实施条例》第六十四条第一款："《商标注册证》遗失或者破损的，应当向商标局提交补发《商标注册证》申请书。《商标注册证》遗失的，应当在《商标公告》上刊登遗失声明。破损的《商标注册证》，应当在提交补发申请时交回商标局。"

### （三）补发《商标注册证》业务的代理

补发《商标注册证》，一般是在当事人需要使用《商标注册证》的情形下，发现丢失或破损，主动指示商标律师予以补办。所以，对于补发《商标注册证》业务，商标律师都是被动接受委托，根据当事人委托办理即可。

### （四）补发《商标注册证》的申请方式

补发《商标注册证》的申请可以通过纸质方式提交，也可以通过商标网上服务系统以电子方式提交。不管哪一种提交方式，商标局最后都会下发纸质版的《商标注册证》。

### （五）补发《商标注册证》需要提交的材料

补发《商标注册证》申请书（若通过电子方式提交申请，需在线填写）、商标代理委托书、申请人身份证明文件复印件（若是外文的，需附中文译文）、破损的《商标注册证》（若因破损补发）。

### （六）补发商标注册证的官方费用

商标局对补发《商标注册证》申请的收费按类别收取。申请人通过纸质方式提交申请的，一个类别的官方费用为 500 元人民币；申请人通过电子方式提交申请的，一个类别的官方费用为 450 元人民币。

### （七）补发《商标注册证》申请的审查程序

补发《商标注册证》申请的审查程序包括申请人提交《补发商标注册证》申请、商标局对补发《商标注册证》申请的审查、寄发《商标注册证》。

对于补发《商标注册证》申请的审查期限，《商标法》没有作出规定。根据 2021 年商标局对补发《商标注册证》申请的实际审查情况，平均审查需时约为两个月，即自申请提交后约两个月能完成审查。商标局经审查认为申请书件齐备并符合规定的，在《商标公告》上刊登商标注册证遗失声明（见图 3–3–5），并向申请人寄发《商标注册证》。

第 1658 期商标公告　　2019年08月06日

商标注册证遗失声明公告

注册号：

商标：

类别：

注册人：

遗失注册证号：

图 3-3-5　商标注册证遗失声明公告（样式）

## 六、商标注销

### （一）基本概念

商标注销，是针对注册商标而言的，指商标注册人不想再持有某件注册商标或某件注册商标在部分指定商品 / 服务上的注册，而向商标主管机关申请办理取消其注册登记。受理商标注销申请的主管机关为商标局。

### （二）法律依据

办理商标注销申请的法律依据是《商标法实施条例》第七十三条："商标注册人申请注销其注册商标或者注销其商标在部分指定商品上的注册的，应当向商标局提交商标注销申请书，并交回原《商标注册证》。

商标注册人申请注销其注册商标或者注销其商标在部分指定商品上的注册，经商标局核准注销的，该注册商标专用权或者该注册商标专用权在该部分指定商品上的效力自商标局收到其注销申请之日起终止。”

### （三）商标律师在商标注销业务中的注意事项

#### 1. 商标注销业务的发生情形

商标注销业务的发生，一般很少因注册人不再有使用某件商标而主动去办理，因为注册商标是有有效期的，有效期满不进行续展即会自动失效。所以，没有主动办理注销手续的必要性，况且委托商标律师办理注销事宜还需要支付服务费。商标注销业务的发生，往往都是和其他商标业务相关，即被其他商标业务牵涉出来。对于在什么情况下会发生商标注销业务，是商标律师的工作，其根据实际发生的情况，给出办理商标注销的法律意见。

在以下三种情况下都有可能涉及商标注销业务。商标律师在实践中需要注意这些情况，以便于给出全面的法律意见。

（1）商标转让

根据《商标法》的规定，商标注册人在转让其注册商标时，需要对其在同一种商品上注册的近似的商标或者在类似商品上注册的相同或者近似的商标一并转让。但在实际的商标转让业务中，往往会有与法律规定不一致的事件发生，如当事人只指示了某件特定商标的转让（以下简称“拟转让商标”）或者提交了某件特定商标的转让（以下简称“转让商标”）申请，而其名下另有其他与拟转让或正在转让的商标构成相同或类似商品上的相同或近似的商标应一并转让而未转让（以下简称“未转让商标”），这些未转让商标必然会阻碍转让商标的转让核准。在这种情况下，商标律师向当事人出具关于商标转让的法律意见时，不仅包括一并转让法律规定的告知，还包括商标注销备选方案的告知，这样，法律意见才算完整。当事人可以根据自身情况来作出决定。

例如，张三持有注册商标 A，商标 A 核定注册的商品是第 5 类的“婴儿奶粉”。张三向商标局提交了关于商标 A 的转让申请，受让人为李四。商标局经审查下发了补正通知，要求张三将其注册在第 29 类“奶粉”上的相同商标 A 也一并转让，因为这两件商标属于在类似商品上注册的相同商标。商标律师在针对该补正通知向张三提供意见时，就可以告知其有两种解决方案来实现第 5 类上注册商标 A 的转让：将第 29 类“奶粉”上的注册商标 A 也转让给李四；如果张三不想转让注册商标 A，将第 29 类“奶粉”上的注册商标 A 进行注销。

（2）变更商标注册人名义或者地址

根据《商标法》的规定，申请人办理商标注册人名义或者地址变更申请时，需要将其名下所有注册商标一并变更。当事人在办理注册人名义或者地址变更申请时，因一并变更的要求，需要办理变更的商标数量往往较大。尤其是拥有注册商标量较多的当事人，商标律师可以告知当事人，其名下的注册商标若存在不再有使用需要的，可以办理商标注销，这样，既不影响其他商标变更申请的办理，又能节省费用成本。

（3）第三人商标注册申请

第三人申请注册的商标与当事人的注册商标构成相同或类似商品上的相同或近似商标，因当事人注册商标的存在，第三人申请注册的商标难以获准注册。在这种情形下，如果第三人找到当事人洽谈协商以求排除其商标的注册障碍，当事人若对其注册商标或在部分核定的商品或者服务上不再有使用需要，办理商标注销也是一种可行的处理方案。

2. 商标注销的类型

商标注销可视具体情况来确定是注销整件商标还是该商标在部分指定商品或者服务上的注册，即商标注销可以注销该件注册商标，也可以注销在部分指定商品或者服务上的注册。

3. 不能办理商标注销的情形

商标律师在办理商标注销业务时，需要知道，在某些情形下商标注销申请是不能被核准的。所以，商标律师在收到当事人指示办理注销或提供法律意见时，需要先对拟注销商标的背景进行了解，查看其是否存在不能被核准注销的情形；若存在，需要向当事人说明或提供办理注销的建议。商标存在以下情况的，不被核准注销：质押查封中的商标（但经质权人同意的除外）、诉讼中的商标、被人民法院查封冻结的商标。

### （四）商标注销申请的申请方式

商标注销申请可以通过纸质方式提交，也可以通过商标网上服务系统以电子方式提交。通过纸质方式提交的，后续相关的注销文件（如核准注销通知书）将以纸质文件下发；通过电子方式提交的，后续相关的注销文件将通过商标网上服务系统以电子文件下发，商标律师登录网上服务系统自行下载。

### （五）商标注销申请需提交的文件

商标注销申请需提交的文件包括商标注销申请书（若通过电子方式提交申请，需在线填写）、商标代理委托书、申请人身份证明文件复印件（若是外文的，需附中文译文）、《商标注册证》原件（不能交回的，需说明原因）。

### （六）商标注销申请的官方费用

申请注销注册商标无须缴纳官方费用。

### （七）商标注销申请的审查程序

商标注销申请的审查程序包括申请人提交注销注册商标申请、商标局审查注销申请、核准注销。

对于商标注销申请的审查期限，《商标法》没有作出规定。根据2021年商标局对商标申请的实际审查情况，平均审查需时约为三个月，即自申请提交后约三个月能完成审查。注册商标被注销的，商标局下发《核准注销通知书》，并予以公告（见图3–3–6）。通知书上载明商标注册号、商标专用权终止日期。商标注册人申请注销其商标在部分指定商品或者服务上的注册的，重新核发《商标注册证》，该注册商标专用权或该注册商标在该部分指定商品或者服务上的效力自商标局收到其注销申请之日起终止。

第 1693 期商标公告 2020年04月27日

注册商标注销公告

根据《中华人民共和国商标法实施条例》第七十三条、第七十四条之规定，下列商标的注销申请已核准，予以公告。该注册商标专用权或者该注册商标专用权在该部分指定商品上的效力自商标局收到其注销申请之日起终止。

注册号：

商标：

类别：

注销申请日期：

注册人：

注销商品/服务项目： 全部商品/服务

图 3–3–6　注册商标注销公告（样式）

### （八）商标注销申请的撤回

商标注销申请在商标局核准之前，申请人可以申请撤销。

## 七、提供注册商标使用证据

### （一）基本概念

提供注册商标使用证据与商标的使用密不可分，没有商标的使用，也就无法提供商标使用证据。所以，要了解提供注册商标使用证据就需要先了解商标的使用。

商标的使用，是指商标的商业使用，包括将商标用于商品、商品包装或者容器，以及商品交易文书上，或者将商标用于广告宣传、展览和其他商业活动中，用于识别商品来源的行为。

提供注册商标使用证据是在撤销连续三年不使用注册商标申请（以下简称“撤三申请”）案件中涉及的，因撤三申请案件而产生。所以，要了解提供注册商标使用证据，需要先了解“连续三年不使用注册商标”的含义，其是指一个注册商标在其有效期内不使用，且该状态不间断地持续三年以上。撤三申请就是指注册商标存在连续三年以上不使用情形，他人对该注册商标提出撤销申请。

提供注册商标使用证据，是指注册商标被他人提出了撤三申请，应商标主管机关通知，商标注册人提供该注册商标的使用证据以证明其不存在连续三年以上不使用的情形。

### （二）提供注册商标使用证据的法律依据

要求商标注册人提供注册商标使用证据的法律依据是《商标法实施条例》第六十六条：“有商标法第四十九条规定的注册商标无正当理由连续 3 年不使用情形的，任何单位或者个人可以向商标局申请撤销该注册商标，提交申请时应当说明有关情况。商标局受理后应当通知商标注册人，限其自收到通知之日起 2 个月内提交该商标在撤销申请提出前使用的证据材料或者说明不使用的正当理由；期满未提供使用的证据材料或者证据材料无效并没有正当理由的，由商标局撤销其注册商标。

前款所称使用的证据材料，包括商标注册人使用注册商标的证据材料和商标注册人许可他人使用注册商标的证据材料。

以无正当理由连续 3 年不使用为由申请撤销注册商标的，应当自该注册商标注册公告之日起满 3 年后提出申请。”

### （三）商标律师在商标的使用和提供注册商标使用证据业务中的注意事项

1. 关于注册商标的使用

对注册商标的使用，《商标法》作出了相关规定，如禁止自行改变注册商标。所以，商标注册后的使用需要符合法律规定，注册人不能按照自己的意愿随意使用，否则该注册商标会面临被撤销的风险。例如，《商标法》第四十九条规定：“商标注册人在使用注册商标的过程中，自行改变注册商标的，由地方工商行政管理部门责令限期改正；期满不改正的，由商标局撤销其注册商标。注册商标成为其核定使用的商品的通用名称或者没有正当理由连续三年不使用的，任何单位或者个人可以向商标局申请撤销该注册商标。”

仅出于防止注册商标被撤销的考虑，商标注册人就需要了解和重视注册商标的使用，做到符合法律规定。至于什么是商标法意义上的使用、包括哪些使用形式、一旦发生与使用有关的撤销如何应对等一系列问题，都需要商标律师的告知和解答。

商标的使用对当事人至关重要，商标注册后，商标律师有义务将与商标使用有关的事项向当事人进行说明，以减少和避免当事人因使用而带来的法律风险。

对于商标使用事项的告知，商标律师一般是在向当事人转交《商标注册证》时一并告知，或者在发现其注册商标存在不符合法律规定的使用情形时告知。在告知有关商标使用的事项时，一般包括如下几个方面。

（1）注册人对注册商标负有使用义务

商标核准注册后，注册人对该注册商标负有使用的义务，而且这种使用必须是连续的。若注册商标在其有效期内不使用，且该不使用状态不间断地持续三年以上的，任何人可对其提出撤三申请，经商标局审查属实，该注册商标将被撤销。所以，当事人需要对其注册商标进行积极的使用，而且保持连续使用。

（2）注册人对商标的使用需要是商标法意义上的使用

所谓商标法意义上的使用，是指商标的使用应当符合《商标法》的规定，否则将不被视为商标的使用，在日后出具关于商标使用的证据时会被认定为无效证据。

商标法意义上的使用可概括为三点：①使用的商标标识须是核定注册的商标标识，不能自行改变。《商标法》禁止注册人自行改变注册商标标识。例如，注册人在实际使用注册商标时，擅自改变该商标的文字、图形、字母、数字、立体形状等，导致原注册商标的主要部分和显著特征发生了变化。注册人在使用注册商标时，须以核准注册的标识为准。若商标的主要部分和显著特征发生了改变，不再被认为是该件注册商标，需另行申请注册。②使用的商品或服务须是核定注册的商品或者服务。商标因商品或服务而生，商标的使用不能离开商品或服务而孤立存在。注册商标使用的商品或服务须以核定注册的商品或服务为限，即在《商标注册证》上记载的商品或服务项目内。若超出了《商标注册证》上记载的商品或服务范围，就不被视为是对该件注册商标的使用，而是另外一件商标，需另行申请注册。③使用须是商业使用。注册商标需使用在商业活动中，即标有注册商标的商品已经进入了市场流通领域，使注册商标起到了区分商品来源的作用。

以下情形不被视为是商业使用：商标注册信息的公布或者商标注册人关于对其注册商标享有专用权的声明；未在公开的商业领域使用；仅作为赠品使用；等等。

（3）商标使用的表现形式

①商标使用在指定商品上的，可以是以下表现形式。a. 采取直接贴附、刻印、烙印或者编织等方式将商标附着在商品、商品包装、容器、标签等上，或者使用在商品附加标牌、产品说明书、介绍手册、价目表等上；b. 商标使用在与商品销售有联系的交易文书上，包括使用在商品销售合同、发票、票据、收据、商品进出口检验检疫证明、报关单据等上；c. 商标使用在广播、电视等媒体上，或者在公开发行的出版物中发布，以及以广告牌、邮寄广告或者其他广告方式为商标或者使用商标的商品进行的广告宣传；d. 商标在展览会、博览会上使用，包括在展览会、博览会上提供的使用该商标的印刷品及其他资料。

②商标使用在指定服务上的，可以是以下表现形式。a. 商标直接使用于服务场所，包括使用于服务的介绍手册、服务场所招牌、店堂装饰、工作人员服饰、招贴、菜单、价目表、奖券、办公文具、信笺及其他与指定服务相关的用品上；b. 商标使用于和服务有联系的文件资料上，如发票、汇款单据、提供服务协议和维修维护证明等；c. 商标使用在广播、电视等媒体上，或者在公开发行的出版物中发布，以及以广告牌、邮寄广告或者其他广告方式为商标或者使用商标的服务进行的广告宣传；d. 商标在展览会、博览会上使用，包括在展览会、博览会上提供的使用该商标的印刷品及其他

资料。

（4）注册商标可以许可给他人使用

商标注册人对自己的注册商标除了自己使用外，还可以许可给他人使用。但在许可给他人使用时，为了维护注册人的利益不受损害，注册人需要注意以下几点。①签订商标使用许可合同，通过合同对许可使用的商品或服务、使用期限、商品质量等权利义务事项作出约定，以保证注册商标被规范使用，维护商标名誉；②许可他人使用时，将该使用许可报商标局备案；③许可他人使用时，需在使用该注册商标的商品上标明被许可人的名称和商品产地。

### 2. 商标律师对注册商标被提出撤三申请而需提供使用证据时的法律意见及应对

（1）提供注册商标使用证据的发生

商标被核准注册后，其权利并非就高枕无忧、牢不可破，而是随时面临被攻击的风险，尤其是在不持续使用的情况下。连续 3 年不使用就是申请撤销注册商标的一种情形。撤三申请一旦发生，商标注册人就需要提供该注册商标的使用证据来证明其不存在连续三年不使用的情形来对撤三申请作出答辩。

申请人提出的撤三申请被商标局受理后，商标局向商标注册人下发《关于提供注册商标使用证据的通知》，通知上载明撤销申请人、撤销申请的提出日期、申请撤销的注册商标及其注册号、申请撤销的商品或服务项目、商标注册人提交使用证据的期限（自收到本通知之日起 2 个月内）、连续 3 年的使用证据或证明存在不使用的正当理由，以及期满不提供使用证据或证据无效且没有正当理由而将被撤销的法律后果。对于连续的3年，是自申请人申请撤销之日起向前推算3年。此期间在通知上会明确注明，如2015年11月1日至2018年10月31日，所以无须商标注册人自行计算。对于该通知，商标局主送商标注册人，抄送该商标的代理机构。

撤三申请的提出并非申请人的随意行为，往往是出于特殊目的。根据在实际中发生的撤三申请案件，提出撤三申请的目的主要有两种。一种是在先注册商标对申请人的商标注册构成了在先权利障碍，意在通过撤销掉在先注册商标来排除障碍；另一种是同行竞争，通过撤销对手注册商标来打压对方。商标律师了解申请人的目的，将有助于其针对申请人的目的来采取相应的应对方案。

（2）关于提供注册商标使用证据的法律意见

商标律师在向当事人转达《关于提供注册商标使用证据的通知》并附法律意见时，或接受当事人咨询并提供法律意见时，至少需要包括以下内容。

①被申请撤销的注册商标的详细信息，包括商标、注册号、类别及被申请撤销的商品或服务项目。这些信息即便在通知上已有说明，但为节省当事人阅读通知的时间，在法律意见里最好还是进行总结归纳，使当事人通过一份法律意见就能知晓案件的全部情况。

②注册商标使用的3年期间，使用证据须是在这3年内形成的。

③列明证明使用的证据材料形式，如商品销售合同及对应发票，商品进出口检验检疫证明、报关单，广告合同及对应发票等。

④证据材料需要满足以下几点：证据材料上须显示有该注册商标；证据材料上须显示有日期，且该日期须是通知上指明的3年期

间内的；证据上显示的商品或服务须是被申请撤销的商品或服务项目；商标使用人若是被许可人，须提供注册人与被许可人间的使用许可合同等能证明许可关系存在的材料；使用地域限于中国大陆。

⑤若注册商标未使用，是否有因客观原因导致的正当理由，如不可抗力、政府政策性限制、破产清算等。

⑥不能提供使用证据或证据无效且无正当理由的，注册商标将会被撤销。

⑦视具体情况，另行申请注册与该注册商标相同或近似商标的建议。

⑧视具体情况，与撤销申请人达成和解，要求其撤回撤三申请。如果商标律师了解到撤三申请的提起是因为注册商标阻碍了撤销申请人商标的注册，而且两件商标不完全相同，可以建议商标注册人向撤销申请人出具同意撤销申请人商标注册的同意书，同时要求撤销申请人撤回撤三申请。如果双方能以此方式达成和解，对双方当事人来说都有益处，节省了时间和费用成本。在实际发生的案件中，以此种方式解决的也不在少数。

在当事人向商标律师提供了商标使用证据材料后，商标律师还需要针对当事人提供的证据给出评估意见，评估其被认定为有效证据的概率。此问题也是当事人在关于提供注册商标使用证据事项中经常咨询的问题。所以，除了自己亲自办理过的案件外，商标律师平时还需要多关注当下的撤三案件的审查和审判观点，以助于及时弥补和更新自己的专业知识，在答复咨询时给出恰当的分析意见。例如，以下两个案例涉及的商标使用的问题仅仅通过法律条文本身是很难作出判断的，需要实际案例来帮助理解法律的适用。

案例一：关于商品投入市场流通领域前的准备行为是否是商标使用

商标注册人提供了其与他人签订的标注有注册商标的产品说明书印刷合同及对应发票、宣传册印刷合同及对应发票。法院经审理认为，该说明书和宣传册印刷合同仅能证明商标注册人实施了将注册商标投入市场流通领域前的准备行为，不能证明注册商标在撤销商品上进行了有效使用，并已实际进入市场流通领域。

案例二：单纯的出口行为是否是商标使用

对于使用注册商标的商品未在中国境内流通而直接出口的，目前的审查观点是认可其商业使用，如国家知识产权局在中国商标网公布的关于第G792611号“VITEK”商标撤销复审案就涉及此类问题。该案中，商标注册人是境外公司，其提供的使用证据均为其委托中国公司在中国生产标注有“VITEK”商标的相关商品，然后直接出口境外。国家知识产权局经审查认为，申请人提交的证据可以证明“VITEK”商标在相关商品上进行了真实、公开、合法有效的商业使用，于是对“VITEK”商标在相关商品上的注册予以维持。

### （四）注册商标使用证据的提交方式

注册商标使用证据可以通过纸质形式提交，也可以通过商标网上服务系统以电子方式提交。通过纸质方式提交的，后续相关文件（如补正通知书、连续三年不使用申请的撤销决定）将以纸质文件下发；通过电子方式提交的，后续相关文件将通过商标网上服务系统以电子文件下发，商标律师登录网上服务系统自行下载。

### （五）提供使用证据需提交的文件资料

提供使用证据需提交的文件资料包括关于注册商标使用的说明、商标代理委托书、答辩人身份证明复印件（若是外文的，需附中文译文）、注册商标使用证据（若有外文的，需附中文译文）。

### （六）提供注册商标使用证据

提供注册商标使用证据不产生官方费用。

### （七）撤三申请的审查程序

撤三申请的审查程序包括申请人提出撤三申请、商标局通知商标注册人提供关于注册商标的使用证据、商标注册人提供关于注册商标的使用证据、商标局审查并作出决定。

撤三申请被受理后，商标局向商标注册人下发《关于提供注册商标使用证据的通知》，通知上载明撤销申请人、撤销申请的提出日期、申请撤销的注册商标及其注册号、申请撤销的商品或服务项目、商标注册人提交使用证据的期限、连续 3 年的使用证据或证明存在不使用的正当理由，以及期满不提供使用证据或证据无效且没有正当理由而将被撤销的法律后果。

商标注册人自收到《关于提供注册商标使用证据的通知》之日起 2 个月内向商标局提供注册商标的使用证据。商标注册人提供的使用证据，商标局不交予撤三申请人质证。

《商标法》对撤三申请案件的审查期限有明文规定，商标局须自收到撤三申请之日起 9 个月内作出决定。有特殊情况需要延长的，可以延长 3 个月。但商标局文件公告送达的期间、补正文件的期间、商标注册人补充证据的期间不计入审查期限。商标局根据被撤销人提交的证据材料进行审查并作出《连续三年不使用撤销申请的决定》。商标局认为使用证据符合商标及其实施条例规定的，即认定使用证据有效，作出注册商标不予撤销的决定；若被撤销人未提交使用证据或提交的使用证据被认定无效且又无正当理由的，作出撤销注册商标的决定。在决定上，商标局不会列明商标注册人提供的使用证据并进行详细阐述，而只阐述其提供的商标使用证据有效或无效。

撤销申请人或商标注册人若对决定不服，可以自收到决定之日起 15 日内向国家知识产权局申请复审。在法定期限内未申请复审的，该决定生效。若注册商标被依法撤销，商标局将在《商标公告》上刊登注册商标撤销公告，该商标专用权自公告之日起终止。

## 八、撤销注册商标复审

### （一）基本概念

本节讨论的撤销注册商标复审，是前述撤三申请案件的后续，即商标局针对撤三申请案件作出了撤销注册商标的决定，商标注册人对撤销决定不服向商标主管机关提出的复审申请。受理撤销注册商标复审申请的机关是国家知识产权局，具体的审查工作由其商评委负责。

申请人提出撤销注册商标复审的期限是自收到商标局的撤销决定之日起 15 日内。

### （二）撤销注册商标复审的法律依据

申请人提出撤销注册商标复审的法律依据是《商标法》第五十四条："对商标局撤销或者不予撤销注册商标的决定，当事人不服的，可以自收到通知之日起十五日内向商标评审委员会申请复审。"

### （三）商标律师在撤销注册复审案件中的注意事项

1. 撤销注册复审申请的发生

商标注册人提出撤销注册复审申请，主要是因为其注册商标在连续三年不使用撤销程序（以下简称"撤三程序"）中被撤销。《商标法》赋予了商标注册人对撤销其注册商标的决定申请复审的权利，即商标注册人若对国家知识产权局的撤销决定不服，可以申请复审。

在实际案件中，当事人的注册商标一旦在撤三程序中被撤销，若当事人对该注册商标确有使用或其他需求，如有以下两种情况的，一般都建议其提出复审申请，以尽力维持住该商标的注册。一是商标注册人在撤销注册复审程序中能够提供符合法律规定的使用证据的；二是商标注册人名下有另外一件正处于审查中的商标注册申请，且该申请注册的商标与该注册商标属于相同或者类似商品或服务上的相同或者近似商标的，该注册商标的有效存在将有助于另一件商标通过实质审查。

2. 在撤销注册复审案中需要注意的一些事项

①当事人在撤销注册复审程序中若能够提供被认定为有效的使用证据的，该商标在申请撤销的商品或服务上的注册仍能够得以维持。在撤三程序中，当事人若因未提供使用证据或提供的使用证据被认定无效而致使商标被撤销的，但在撤销复审程序中提供了能够证明注册商标在指定期间使用的有效证据的，该商标在使用的商品或服务上的注册仍能够得以维持，因为审查机关会针对申请人申请复审所依据的事实、理由及请求来进行审理。所以，在撤销复审程序中，一定要建议当事人尽力收集该商标的使用证据，抓住和利用好该程序来维持住商标的注册。在实际案件中，申请人依靠撤销注册复审程序改变注册商标被撤销命运的案例也并不罕见，第G792611号“Vitek”商标撤销注册复审案就是其中的一例。

在“Vitek”商标撤销案注册复审中，“Vitek”商标是通过马德里商标国际注册通过领土延伸至中国的一件注册商标，核定注册在第9类的“航海，勘测，摄影，电影，光学，衡具，量具，信号，检验（监督），救生，以及教学仪器和教学设备；自动售货机及其投币启动装置机械结构；现金收入记录机；灭火装置”商品上。“Vitek”商标在有效期内被他人提出了撤三申请，申请撤销的商品为核定注册在第9类上的所有商品。商标局通过挂号信邮寄的方式直接向注册人送达了《关于提供注册商标使用证据的通知》。数月后，商标注册人收到了该通知，并委托中国的代理机构提交了关于“Vitek”商标在指定3年期间的使用证据。但商标局在该案决定中认为“Vitek”商标注册人在规定期间内未提交其在指定3年期间内关于“Vitek”商标使用的相关证据材料，于是作出撤销“Vitek”

商标的决定。“Vitek”商标注册人不服商标局的撤销决定，在法定期限内提出了撤销注册复审申请。在撤销复审程序中，商标注册人提供了“Vitek”商标在厨房秤、人体秤商品上的使用证据。最后，国家知识产权局经审查认为，“Vitek”商标在指定期间在厨房秤、人体秤等商品上进行了实际的使用。

②注册商标被维持注册的范围限于使用的核定商品或服务及与其类似的其他核定的商品或服务。对于注册商标被维持注册的范围，撤销注册复审的审查与撤三申请的审查不同。在撤三程序中，注册商标在一项核定商品或服务上的使用被认定为有效，其在所有被申请撤销的商品或服务上的注册都会被维持；但在撤销注册复审程序中，维持注册的范围仅限于使用的核定商品或服务及与其类似的商品或服务上。

所以，商标律师在查看当事人提供的使用证据时，若发现使用证据仅涉及部分被申请撤销的商品或服务，对于其他没有使用证据的不类似的商品或服务项目，需提前告知当事人这些没有使用证据的不类似商品或服务上存在被撤销的风险，以便当事人提前了解并有心理准备。

对于这一问题，还是以“Vitek”商标撤销注册复审案来予以说明。在撤销注册复审程序中，商标注册人提供的都是关于“Vitek”商标在厨房秤、人体秤商品上的使用证据，而不涉及“Vitek”商标核定的其他不类似的商品。国家知识产权局认为“Vitek”商标在厨房秤、人体秤商品上进行了实际的使用，而厨房秤、人体秤商品均为衡具，在无充分有效的相反证据情况下，可以认定注册商标在“航海，勘测，摄影，电影，光学，衡具，量具，信号，检验（监督），救生，以及教学仪器和教学设备”商品上进行了真实、公开、合法有效的商业使用，于是决定“复审商标在‘航海，勘测，摄影，电影，光学，衡具，量具，信号，检验（监督），救生，以及教学仪器和教学设备’复审商品上予以维持，在其余复审商品上予以撤销”。这里的其余商品指的是“Vitek”商标被核定使用的“自动售货机及其投币启动装置机械结构；现金收入记录机；灭火装置”。根据《区分表》，自动售货机及其投币启动装置机械结构、现金收入记录机、灭火装置”与“Vitek”商标使用的商品不是类似商品。在这些商品上，申请人未提供“Vitek”商标的使用证据，所以被撤销。

### （四）撤销商标注册复审申请的提交方式

截至 2021 年 12 月 31 日，撤销注册复审申请只能通过纸质方式提交。

### （五）撤销注册复审申请需要提交的文件材料

撤销注册复审申请需要提交的文件材料包括撤销注册商标复审申请书、商标评委委托书、复审申请人身份证明复印件（若是外文的，需附中文译文）、关于注册商标连续 3 年不使用撤销申请的决定及邮寄封信（若决定书是通过纸件方式送达的）、注册商标的使用证据。以上文件材料在提交时均需要一式二份。

### （六）撤销注册复审申请的官方费用

撤销注册复审申请实行按类别收费，一个类别的官方费用为

750 元人民币。

### （七）撤销注册复审申请的审查程序

撤销注册复审申请的审查程序包括申请人提交撤销注册复审申请；国家知识产权局向被申请人下发《商标评审案件答辩通知书》，要求被申请人对申请人的复审申请作出答辩，包括对申请人提交的使用证据进行质证；撤销注册复审申请的审查及撤销复审决定的作出。

《商标法》对撤销注册复审申请案件的审查期限有明文规定：商评委应自收到复审申请之日起 9 个月内作出决定；有特殊情况需要延长的，可以延长 3 个月。但文件公告送达的期间、补正文件的期间、商标注册人补充证据的期间不计入审查期限。

商评委审理撤销注册复审案件时，针对撤销决定和申请人申请复审所依据的事实、理由及请求进行审理，作出《撤销复审决定书》。在复审决定中，商评委将列明申请人提交的使用证据及分析其是否构成公开、真实、有效的商业使用，对于注册商标在核定注册的商品服务上构成公开、真实、有效的商业使用的，予以维持。若核定注册的商品或服务与实际使用的商品或服务属于类似商品或服务的，亦予以维持。而核定注册的与实际使用的核定商品或服务不属于类似商品或服务的，且在案证据不足以证明该注册商标在这些不类似的商品或服务上进行了使用的，则注册商标在这些不类似的商品或服务上的注册将被撤销。

当事人如对复审决定不服，可以自收到本决定之日起 30 日内向北京知识产权法院起诉。期满不起诉的，该决定生效。对于撤销的商品或服务，国家知识产权局将在《商标公告》上刊登注册商标撤销公告（见图 3-3-7），该商标专用权自公告之日起终止。

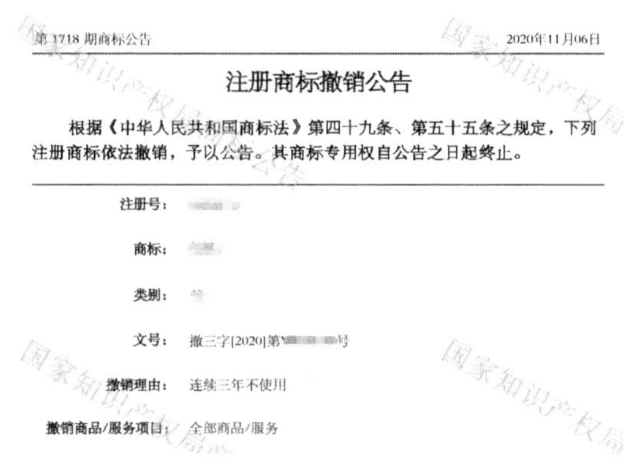
第 1718 期商标公告 2020年11月06日

注册商标撤销公告

根据《中华人民共和国商标法》第四十九条、第五十五条之规定，下列注册商标依法撤销，予以公告。其商标专用权自公告之日起终止。

注册号：

商标：

类别：

文号：撤三字[2020]第 号

撤销理由：连续三年不使用

撤销商品/服务项目：全部商品/服务

图 3-3-7 注册商标撤销公告（样式）

### （八）撤销注册复审申请的撤回

申请人在国家知识产权局作出撤销注册复审决定前，可以书面向国家知识产权局提出撤回申请并说明理由，国家知识产权局认为可以撤回的，评审程序终止。

申请人如果是在撤销注册复审申请受理之前申请撤回的，不会产生评审费用；如果是在商标评审案件受理之后申请撤回的，则会产生评审费用。

## 九、撤销注册商标复审答辩

### （一）基本概念

本节讨论的撤销注册商标复审，是前述撤销连续 3 年不使用注册商标申请案件的后续，即商标局针对撤三申请对注册人的商标作出了不予撤销的决定，撤三申请人对不予撤销决定不服向商标主管机关提出了复审申请。商标主管机关受理复审申请后，向对方当事人即商标注册人，发出答辩通知。

受理撤销注册商标复审申请的机关是国家知识产权局，具体的审查工作由商评委负责。

### （二）法律依据

商标注册人对撤销注册商标复审申请进行答辩的法律依据是《商标法实施条例》第五十八条、第五十九条，以及《商标评审规则》第二十一条第一款、第二十三条。

《商标法实施条例》第五十八条："商标评审委员会受理商标评审申请后应当及时将申请书副本送交对方当事人，限其自收到申请书副本之日起 30 日内答辩；期满未答辩的，不影响商标评审委员会的评审。"第五十九条："当事人需要在提出评审申请或者答辩后补充有关证据材料的，应当在申请书或者答辩书中声明，并自提交申请书或者答辩书之日起 3 个月内提交；期满未提交的，视为放弃补充有关证据材料。但是，在期满后生成或者当事人有其他正当理由未能在期满前提交的证据，在期满后提交的，商标评审委员会将证据交对方当事人并质证后可以采信。"

《商标评审规则》第二十一条第一款："评审申请有被申请人的，商标评审委员会受理后，应当及时将申请书副本及有关证据材料送达被申请人。被申请人应当自收到申请材料之日起三十日内向商标评审委员会提交答辩书及其副本；未在规定期限内答辩的，不影响商标评审委员会的评审。”《商标评审规则》第二十三条：“当事人需要在提出评审申请或者答辩后补充有关证据材料的，应当在申请书或者答辩书中声明，并自提交申请书或者答辩书之日起三个月内一次性提交；未在申请书或者答辩书中声明或者期满未提交的，视为放弃补充证据材料。但是，在期满后生成或者当事人有其他正当理由未能在期满前提交的证据，在期满后提交的，商标评审委员会将证据交对方当事人并质证后可以采信。”“对当事人在法定期限内提供的证据材料，有对方当事人的，商标评审委员会应当将该证据材料副本送达给对方当事人。当事人应当在收到证据材料副本之日起三十日内进行质证。”

### （三）商标律师在撤销注册复审答辩中的注意事项

1. 撤销注册复审申请的发生

在撤三程序和撤销注册复审程序中，审查机关对维持注册商标的范围稍有区别。撤三程序中，审查机关对使用证据的审查稍微宽松，商标注册人在一项核定商品上的使用证据被认定有效，则所有被申请撤销的商品服务都会被维持；而在撤销注册复审程序中，维持注册的商品或服务只是实际使用的商品或服务及与其类似的核定的商品或服务。另外，在撤三程序中，商标注册人提供的使用证据不交对方当事人质证，所以对方当事人没有机会查看提交的关于注册商标的使用证据并陈述意见；而在撤销注册复审程序中，对方当事人对注册商标的使用证据有质证机会。所以，申请人提出撤销注册复审申请，旨在通过质证程序查看注册商标的使用证据有效与否，以及是否覆盖了其核定的每个类似群组上的商品或服务，若提交的使用证据并未涉及每个类似群组上的商品，则与使用的商品不类似的商品或服务应被撤销。

2. 在撤销注册复审程序中，注册商标在部分商品或服务上的注册可能面临被撤销的情况

商标注册人的商标在撤三程序中被维持了注册，不意味在撤销注册复审程序中亦会被维持注册。所以，不管是当事人还是商标律师，注册商标在撤三申请阶段被维持注册而对方当事人提起撤销注册复审申请后务必要重视。

对于有实际使用的商品或服务，在证据收集上需形成完整的证据链。证据提供形式按照本节“七、提供注册商标使用证据”所列的要求。另外，使用证据可以在撤三程序中已提供的证据材料的基础上进行补充和完善。

对于在指定的 3 年期间没有实际使用的商品或服务，且与使用的又不构成类似商品或服务的，将面临被撤销的结果。商标律师对于该种情形要提前有所预见并及时向当事人说明。

### （四）撤销商标注册复审申请的提交方式

截至 2021 年 12 月 31 日，撤销注册复审答辩只能通过纸质方式提交。

### （五）撤销注册复审申请需要提交的文件材料

撤销注册复审申请需要提交的文件材料包括撤销注册商标复审答辩书、商标评委委托书、复审申请人身份证明复印件（若是外文

的，需附中文译文）、商标评审案件答辩通知书及邮寄封信、注册商标的使用证据。以上文件材料在提交时均需要一式二份。

### （六）撤销注册复审答辩的官方费用

撤销注册复审答辩不发生官方费用。

## 十、商标使用许可备案

### （一）基本概念

商标使用许可备案是因商标使用许可而产生的，所以，商标使用许可备案与商标使用许可密不可分。商标使用许可，是商标权人实现商标财产权的重要方式，即商标注册人将其注册商标许可给他人使用的行为。

商标使用许可备案，是指商标注册人许可他人使用其注册商标，将该商标使用许可报商标主管机关备案。受理商标使用许可备案的商标主管机关是国家知识产权局，具体工作由商标局负责办理。

### （二）法律依据

办理商标使用许可备案的法律依据是《商标法》第四十三条第三款和《商标法实施条例》第六十九条。

《商标法》第四十三条第三款："许可他人使用其注册商标的，许可人应当将其商标使用许可报商标局备案，由商标局公告。商标使用许可未经备案不得对抗善意第三人。"

《商标法实施条例》第六十九条："许可他人使用其注册商标的，许可人应当在许可合同有效期内向商标局备案并报送备案材料。备案材料应当说明注册商标使用许可人、被许可人、许可期限、许可使用的商品或者服务范围等事项。"

### （三）商标律师在商标使用许可备案业务中需注意的事项

#### 1. 商标使用许可备案业务的发生

商标使用许可是商标权人实现商标财产权的重要方式。在许可他人使用注册商标的过程中，商标注册人不仅能收取一定的许可费用，商标通过持续和大量的使用还能提升知名度。所以，商标使用许可的行为在实际市场中大量存在。为了方便商标主管机关对全国商标使用许可情况进行管理，以及对商标权的权利变动状态向社会进行公示，《商标法》要求许可人将其商标使用许可报商标局备案，即对商标使用许可备案做了强制性规定。商标注册人若对其注册商标实施了使用许可行为，就需要向商标主管机关进行使用许可备案，相应也就产生了商标使用许可备案业务。

实际市场中的商标许可人可能并不了解《商标法》对商标使用许可备案的强制性要求。所以，商标律师一旦获悉当事人的注册商标存在使用许可的情形，需要告知其办理商标使用许可备案手续。

#### 2. 商标使用许可合同

提到商标使用许可备案，自然离不开商标使用许可合同。商标使用许可合同是许可人与被许可人之间关于商标使用许可事宜的约定，是被许可人使用被许可商标的依据。商标律师在办理商标使用许可备案业务时，也都会向当事人索要商标使用许可合同，根据合同约定的内容向商标主管机关办理备案手续。如果当事人在许可他人使用其注册商标时未签订商标使用许可合同，建议进行签订，通过合同对双方的权利义务作出约定。所以，起草商标使用许可合同也是商标律师在处理商标使用许可备案业务中经常涉及的业务。

商标使用许可合同包括一些必要性条款，这些条款也是在办理商标使用许可备案手续时要求申报的内容。所以，商标律师在起草商标使用许可合同时需要注意必要性条款的约定，以避免遗漏。商标使用许可合同至少应当包括以下内容。

①被许可使用的商标及其注册号。每件注册商标都有与其对应的注册号，为保证被许可使用商标的明确、具体，在合同里需要写明商标注册号。此项内容也是商标使用许可备案要求申报的内容。②被许可使用的商品或服务项目。对于此项内容需要注意的是，被许可使用的商品或服务需要在被许可使用商标核定注册的范围内，一般做法是具体列明被许可使用的商品或服务，商品或服务名称需要与核定注册的商品或服务名称一致。此项内容也是商标使用许可备案要求申报的内容。③许可期限。许可期限不得超过注册商标的有效期限，一般明确约定使用的开始日期和终止日期，具体到年月日。此项内容也是商标使用许可备案要求申报的内容。④对被许可商标的规范使用。对于注册商标标识，被许可人需按照核定注册的商标标识进行使用，不得自行改变；对于商品或服务项目，被许可人需要按照核定注册的被许可商品或服务名称进行使用，不得擅自增加或修改，此项内容是《商标法》对注册商标的使用要求。所以，商标注册人负有规范使用注册商标的义务，在其将商标许可给

他人使用时，也需要求被许可人尽到规范使用的义务，以维护其商标权。⑤商品质量保证和监督。被许可人需要保证使用被许可商标的商品或服务质量符合国家或行业相应标准；许可人对被许可人使用其注册商标的商品或服务的质量进行监督。⑥在使用被许可商标的商品上标明被许可人的名称和商品产地。⑦许可使用费用。⑧双方当事人根据实际需要约定的其他条款。

3. 商标使用许可备案申请

①商标使用许可备案不要求对商标使用许可合同提交备案。《商标法》规定的商标使用许可备案不是要求对商标使用许可合同进行备案，在办理商标使用许可备案时，不要求许可人将商标使用许可合同提供给商标主管机关。要求备案，关键在于将商标使用许可的事实向社会进行告知，以让不特定的第三人知道商标权存在使用许可的负担。

②许可期限不能超过注册商标的有效期。商标律师在根据当事人提供的商标使用许可合同办理备案手续时，需要将合同上约定的许可期限与注册商标有效期进行比对，若发现许可期限超过了注册商标有效期，需要告知当事人进行修改，不能以此作为备案的依据，否则将不予备案登记。

③许可使用的商品或服务不能超出注册商标核定注册的商品或服务范围。商标律师在查看当事人提供的商标使用许可合同办理备案手续时，需将合同上约定的许可使用的商品或服务与注册商标核定注册的商品或服务项目进行比对。若发现许可使用的商品或服务超出了注册商标核定注册的商品或服务范围，需告知当事人进行修

改，不能以此作为备案的依据，否则将不予备案登记。

④商标使用许可不报商标主管机关备案的，并不影响商标使用许可合同的效力，但未经备案的不能对抗善意第三人。《商标法》有关商标使用许可备案的规定实行的是备案对抗主义：有备案，可以对抗；无备案，不得对抗。具体来说包括三方面含义：从许可使用权的获得看，许可人和被许可人双方一旦达成商标使用许可的合意，被许可人即获得了商标使用许可权，不需要履行备案等公示手续。从许可权的效力状态看，未经备案的许可使用权处于一种效力不圆满状态。如果商标注册人进行了重复授权，即出现了善意第三人，未备案的在先被许可人不可以要求在后的善意第三人停止使用注册商标；如果在后的善意第三人对商标使用许可进行了备案，其获得的使用许可权便产生了对抗效力，可以对抗包括在先未备案的被许可人在内的第三人。例如，要求在先未备案的被许可人停止使用注册商标。

### （四）商标使用许可备案的提交方式

商标使用许可备案可以通过纸质方式提交，也可通过商标网上服务系统以电子方式提交。通过纸质方式提交的，后续相关的备案文件（如商标使用许可备案通知书）将以纸质文件下发；通过电子方式提交的，后续相关的文件将通过商标网上服务系统以电子文件下发，商标律师登录网上服务系统自行下载。

### （五）商标使用许可备案需要提交的材料

商标使用许可备案需要提交的材料商标使用许可备案表（通

过电子方式提交的，需在线填写）、许可人签署的商标代理委托书、许可人身份证明文件复印件（若是外文的，需附中文译文）、被许可人身份证明文件复印件（若是外文的，需附中文译文）、再许可的，注册人同意注册商标使用再许可授权书。

### （六）商标使用许可备案的官方费用

商标局对商标使用许可备案按照类别收取官方费用。通过纸质方式提交的，一个类别的官方费用为150元人民币；通过电子方式提交的，官方费用为135元人民币。

### （七）商标使用许可备案的审查程序

商标使用许可备案的审查程序包括许可人提交商标使用许可备案、商标局对使用许可备案的审查和作出备案通知。

对于商标使用许可备案的审查期限，《商标法》没有作出规定。根据2021年商标局对商标使用许可备案的实际审查情况，平均审查需时约为两个月，即自备案提交后约两个月能完成审查。

商标使用许可备案经审查符合《商标法》《商标法实施条例》规定的，商标局予以备案，下发《商标使用许可备案通知书》，并予以公告（见图3-3-8）。通知书上载明备案商标的注册号、备案号、许可人、被许可人、许可期限、许可使用商品或服务的类别和具体项目。

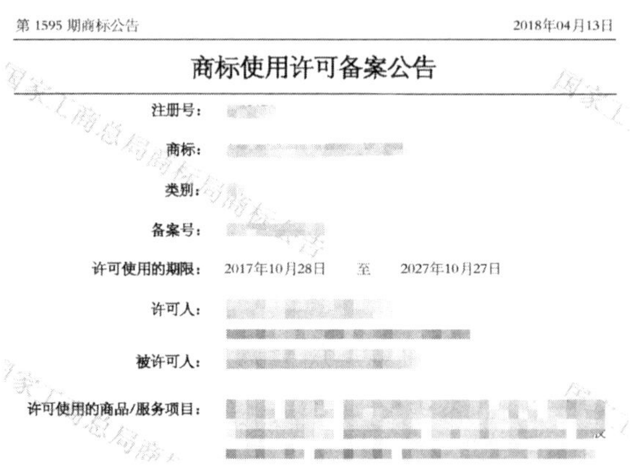

第 1595 期商标公告　　2018年04月13日

**商标使用许可备案公告**

注册号：

商标：

类别：

备案号：

许可使用的期限：2017年10月28日　至　2027年10月27日

许可人：

被许可人：

许可使用的商品/服务项目：

图 3-3-8　商标使用许可备案公告（样式）

## （八）商标使用许可备案的撤回

商标使用许可在商标局未予备案前可以撤回。撤回商标使用许可备案需许可人、被许可人双方同意。

报送撤回商标使用许可备案的，需要提交以下文件：《撤回商标使用许可备案表》；许可人和被许可人的身份证明文件复印件（若是外文的，需附中文译文）；商标代理委托书。

## （九）商标使用许可变更备案

若许可人或被许可人名称发生了变化，需要向商标主管机关办理变更许可人或被许可人名称手续。报送变更许可人或被许可人名称备案的，需提交以下书件：《变更许可人 / 被许可人名称备案表》；变更后的身份证明文件复印件（若是外文的，需附中文译文）；有关登记机关出具的变更证明文件（若是外文的，需附中文译文）。

变更许可人或被许可人名称申请被核准后，商标局将刊登《商标使用许可变更公告》（见图 3-3-9）。

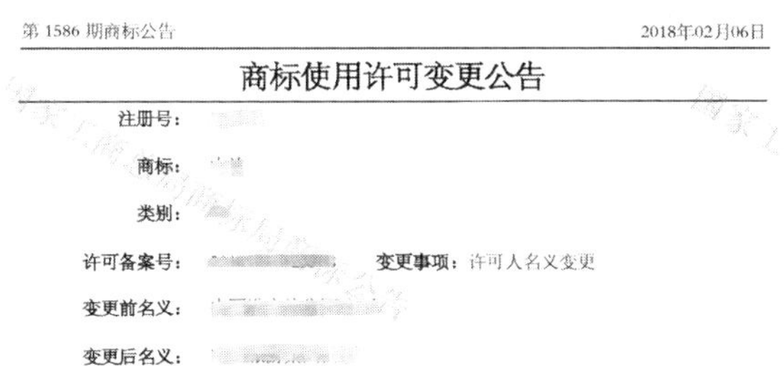
第 1586 期商标公告　　2018年02月06日

**商标使用许可变更公告**

注册号：

商标：

类别：

许可备案号：　　变更事项：许可人名义变更

变更前名义：

变更后名义：

图 3-3-9　商标使用许可变更公告（样式）

## （十）商标使用许可备案的提前终止

商标使用许可若提前终止，亦需办理商标使用许可提前终止备案。报送商标使用许可提前终止备案的需提交以下文件：《商标使用许可提前终止备案表》；许可人和被许可人的身份证明文件复印件（若是外文的，需附中文译文）。

商标使用许可备案提前终止申请被核准后，商标局将刊登《商标使用许可终止公告》（见图 3-3-10）。

第 1602 期商标公告　　2018年06月06日

**商标使用许可终止公告**

注册号：

商标：

类别：

许可备案号：

许可人名义：

被许可人名义：

终止时间：2017年02月28日

图 3-3-10　商标使用许可终止公告（样式）

## 十一、注册商标专用权质权登记

### （一）基本概念

注册商标专用权质权登记是因注册商标专用权质押而产生的。注册商标专用权质押，指商标注册人以债务人或者担保人身份将自己所拥有的、依法可以转让的注册商标专用权作为债权的担保，当债务人不履行债务时，债权人有权依照法律规定，以该商标专用权折价或以拍卖、变卖该商标专用权的价款优先受偿。但注册商标专用权质押需要向商标主管机关办理出质登记手续方算设立，即质权自办理出质登记时成立。所以，注册商标专用权质权登记是对注册商标专用权质押的权利公示。

负责办理注册商标专用权质权登记的主管机关是国家知识产权局，注册商标专用权质权登记申请需由质权人和出质人共同提出，双方当事人称“申请人”。

### （二）法律依据

办理注册商标专用权质权登记的法律依据是《商标法实施条例》第七十条：“以注册商标专用权出质的，出质人与质权人应当签订书面质权合同，并共同向商标局提出质权登记申请，由商标局公告。”

### （三）注册商标专用权质权登记中的注意事项

商标律师在办理注册商标专用权质权登记需对以下事项予以关

注，以确保质权登记的顺利进行。

①办理注册商标专用权质权登记，出质人应当将在相同或者类似商品或服务上注册的相同或者近似商标一并办理质权登记。商标律师在接到当事人指示办理注册商标专用权质权登记事项时，需先核查出质人名下与出质商标在相同或者类似商品或服务上注册的相同或者近似商标情况，若发现有，但并未包含在出质商标中的，需要告知当事人应一并办理质权登记，否则商标主管机关会向申请人下发补正通知。

②质权合同需包含必要性条款。商标律师在收到当事人提供的出质合同文本时，需要对相关内容进行核查，以避免遗漏质权登记申请所需要的必要信息。若发现未包含必要性条款的，建议当事人修改，否则受理机关会下发补正通知，要求当事人进行补正。注册商标专用权质权合同一般包括以下内容：出质人、质权人的姓名（名称）及住址；被担保的债权种类、数额；债务人履行债务的期限；出质注册商标的清单（列明注册商标的注册号、类别及专用权期限）；担保的范围；当事人约定的其他事项。

③核查出质注册商标的状态，查看是否存在不予登记的情形；若存在，告知当事人该出质商标不能办理专用权质权登记。出质商标存在下列情形的，不予登记：商标专用权已经被撤销、被注销或者有效期满未续展的；商标专用权已被人民法院查封、冻结的。

### （四）注册商标专用权质权登记的提交方式

办理注册商标专用权质权登记的，需通过纸质方式提交。

### （五）注册商标专用权质权登记需要提交的文件材料

注册商标专用权质权登记需要提交的文件材料包括申请人签字或者盖章的《商标专用权质权登记申请书》；申请人签署的办理商标专用权质权登记承诺书；申请人的身份证明复印件（若是外文的，需附中文译文）；主合同和注册商标专用权质权合同原件或经双方盖章确认的复印件（若为外文的，需附中文译文）；商标代理委托书。

### （六）注册商标专用权质权登记的官方费用

商标主管机关对注册商标专用权质权的登记申请不收取官方费用。

### （七）注册商标专用权质权登记的审查程序

注册商标专用权质权登记的审查程序包括申请人提交申请书件；国家知识产权局对登记的审查与《商标专用权质权登记证》的下发申请登记书件齐备、符合规定的，国家知识产权局予以受理并登记。质权自登记之日起成立。国家知识产权局自登记之日起 2 个工作日内向双方当事人发放《商标专用权质权登记证》，并予公告（见图 3–3–11）。登记证上载明出质人和质权人的名称、出质商标注册号、被担保的债权数额、质权登记期限、质权登记日期。

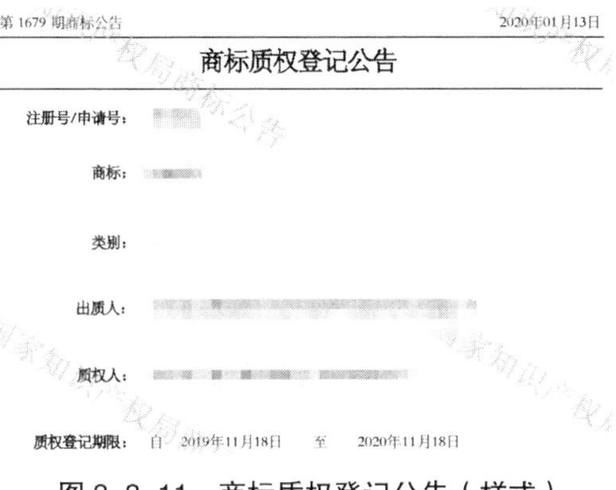
第 1679 期商标公告　　2020年01月13日

商标质权登记公告

注册号/申请号：

商标：

类别：

出质人：

质权人：

质权登记期限：　自　2019年11月18日　至　2020年11月18日

图 3-3-11　商标质权登记公告（样式）

## （八）注册商标专用权质权变更登记

质权人或者出质人的名称变更，以及质权合同担保的主债权数额变更的，当事人需向商标主管机关办理变更登记。

申请办理变更登记，需要提交以下文件：申请人签字或者盖章的《商标专用权质权登记事项变更申请书》；出质人、质权人办理商标专用权质权登记事项变更承诺书；出质人、质权人的身份证明复印件（若是外文的，需附中文译文）；有关登记事项变更的协议或相关证明文件；商标代理委托书。

出质人名称（姓名）发生变更的，还应按照《商标法》和《商标法实施条例》的规定在国家知识产权局办理变更注册人名义申请。

注册商标专用权质权的变更登记申请，商标主管机关不收取规费。办理质权登记事项变更申请后，商标主管机关重新核发《商标专用权质权登记证》。

### （九）注册商标专有权质权延期登记

因被担保的主合同履行期限延长、主债权未能按期实现等原因需要延长质权登记期限的，质权人和出质人双方应当在质权登记期限届满前，申请办理延期登记。

申请办理延期登记，需要提交以下书件：申请人签字或者盖章的《商标专用权质权登记期限延期申请书》；出质人、质权人办理商标专用权质权登记期限延期承诺书；当事人双方签署的延期协议；商标代理委托书。

注册商标专用权质权的延期登记申请，商标主管机关不收取规费。办理质权登记期限延期申请后，商标主管机关重新核发《商标专用权质权登记证》。

### （十）注册商标专有权质权注销登记

商标专用权质权登记需要注销的，质权人和出质人双方可以办理注销登记。申请注销专用权质权登记的，需要提交如下文件：申请人签字或者盖章的《商标专用权质权登记注销申请书》；出质人、质权人办理商标专用权质权登记注销承诺书；当事人双方签署的解除质权登记协议或者合同履行完毕凭证；商标代理委托书。

注册商标专用权质权的注销登记申请，商标主管机关不收取规费。质权登记期限届满后，该质权登记自动失效。

## 十二、注册商标无效宣告答辩

### （一）基本概念

注册商标无效宣告答辩是指第三人对商标注册人的注册商标提起了无效宣告申请，请求商标主管机关对其注册宣告无效，商标主管机关受理后，将第三人的无效宣告的请求书副本送交商标注册人并要求其进行应答和辩解。注册商标无效宣告答辩是在注册商标无效宣告请求案件中发生的，因注册商标无效宣告请求而起。

在注册商标无效宣告案件中，提起申请的当事人称"申请人"，被通知答辩的当事人（商标注册人）称"被申请人"，被请求宣告无效的注册商标称"争议商标"。受理第三人提起注册商标无效宣告请求的商标主管机关为国家知识产权局，具体工作由商评委负责办理。

### （二）注册商标无效宣告答辩的法律依据

注册商标无效宣告答辩的法律依据是《商标法》第四十四条第三款、第四十五条第二款，以及《商标法实施条例》第五十八条。

《商标法》第四十四条第三款："其他单位或者个人请求商标评审委员会宣告注册商标无效的，商标评审委员会收到申请后，应当书面通知有关当事人，并限期提出答辩。"第四十五条第二款："商标评审委员会收到宣告注册商标无效的申请后，应当书面通知有关当事人，并限期提出答辩。"

《商标法实施条例》第五十八条："商标评审委员会受理商标评审申请后应当及时将申请书副本送交对方当事人，限其自收到申请书副本之日起30日内答辩；期满未答辩的，不影响商标评审委员会的评审。”

### （三）商标律师在注册商标无效宣告答辩中需要注意的事项

1. 注册商标无效宣告答辩是商标注册人的权利而非义务

对注册商标无效宣告请求作出答辩是法律赋予商标注册人的一项权利，商标注册人可以通过答辩来反驳该注册商标不存在申请人所陈述的应被宣告无效的情形。但商标注册人也可以选择不进行答辩，若注册人对该注册商标已不再有使用的需要、进行答辩已无意义时，商标注册人可以选择不予答辩。商标注册人不答辩的，注册商标不会自动被宣告无效，商标主管机关会依照法律和申请人申请注册商标无效宣告的事实、理由及请求对案件进行审理。

所以，商标律师在出具法律意见时需要告知当事人答辩是他的一项权利而非义务。当事人可以根据自身实际情况自主决定是否作出答辩，以避免增加当事人不必要的负担。

2. 中国注册人的商标无效宣告答辩通知的送达问题

根据国家知识产权局对商标评审案件的送达程序，国家知识产权局在向商标注册人送达注册商标无效宣告答辩通知（以下简称“答辩通知”）时，因注册人国籍不同而送达给不同的收件人。对于商标注册人是中国的企业（组织）或自然人，国家知识产权局会通过挂号信将答辩通知邮寄送达注册人；对于商标注册人是外国的企业（组织）或自然人，国家知识产权局会将答辩通知送达官方商标档案中登记的其在中国商标代理机构。

作为商标注册人的中国企业（组织）或自然人，在实际业务中，出现收不到答辩通知或者因收不到答辩通知而不知其注册商标被提出无效宣告请求情形并不罕见。究其原因，是由于商标注册人的地址发生了变化，而没有按照《商标法》的要求向商标主管机关办理注册人地址变更手续，导致商标主管机关的官方商标档案里登记的地址与商标注册人实际的地址不一致，商标主管机关按照官方档案里登记的地址送达。这样的送达会产生两种可能：一种情况是信件送达到了商标档案里登记的地址，但由其他人员代为收取（如物业管理人员）而未及时转交或未转交予商标注册人；另一种情况是信件被退回，国家知识产权局按照法定程序进行公告送达。这些情况一旦发生，商标注册人要么会错过答辩期限，要么自始不知，这将对注册商标的权利维持造成严重的不利影响，严重者商标被宣告无效，而且也难以补救。

所以，商标律师在实际业务中需关注当事人的地址变更问题，一旦有变，及时提醒当事人办理变更，并告知不变更会产生的不利后果。另外，商标律师一旦发现当事人的注册商标被提出了无效宣告请求，及时告知当事人注意查收国家知识产权局的邮寄信件。若此时当事人的实际办公地址发生变更，及时委托相关人员（包括商标律师）前去国家知识产权局领取，以保证能成功获得该文件从而便于在法定期限内作出答辩。

### 3. 注册商标无效宣告答辩后三个月内可以补充提交相关证据材料

根据《商标法实施条例》的规定，当事人需要在答辩后补充有关证据材料的，可以在答辩书提交之日起三个月内提交，但需要在答辩书中声明。

注册商标无效宣告答辩期限较短，即收到答辩通知之日起 30 内日，当事人在该期间内往往不能收集齐全相关的证据材料。所以，商标律师在接受委托时，需要告知当事人有三个月的补充提交证据材料的时间，而无须在答辩期限前仓促准备。

### （四）注册商标无效宣告答辩的提交方式

注册商标无效宣告答辩可以通过纸质方式提交，也可以通过商标网上服务系统以电子方式提交。若通过纸质方式提交答辩的，有关无效宣告的后续文件（如注册商标无效宣告决定书）将通过纸质方式下发；若通过电子方式提交答辩的，有关无效宣告的后续文件将通过电子文件的形式下发，商标律师登录网上服务系统自行下载。

### （五）注册商标无效宣告答辩需要提交的文件材料

注册商标无效宣告答辩需要提交的文件材料包括注册商标无效宣告答辩书；被申请人身份证明复印件（若是外文的，需要中文译文）；商标评审代理委托书；证据材料；商标无效宣告答辩通知书及邮寄信封（若通过纸质方式提交，需提交该文件）。以上文件材料均需要一式二份。

### （六）注册商标无效宣告答辩的官方费用

对于注册商标无效宣告答辩，被申请人无须缴纳官方费用。

### （七）注册商标无效宣告评审案件的审查程序

注册商标无效宣告评审案件的审查程序包括注册商标无效宣告请求的提交及受理；国家知识产权局向被申请人发出商标无效宣告答辩通知，要求被申请人作出答辩；被申请人在法定期限内作出答辩；国家知识产权局对案件进行审查并作出决定。

国家知识产权局收到注册商标无效宣告申请后，经审查符合受理条件的，予以受理。需要补正的，通知申请人补正；补正后符合规定的，予以受理。被申请人收到商标无效宣告答辩通知之日起 30 内予以答辩，答辩后 3 个月内可以补充提交相关证据材料。

《商标法》对注册商标无效宣告案件的审查期限作了明文规定，对于依据《商标法》第四十四条规定提起无效宣告请求的，国家知识产权局应自收到申请之日起 9 个月内作出裁定；有特殊情况需要延长的，可以延长 3 个月。对于依据《商标法》第四十五条规定提起无效宣告请求的，国家知识产权局应自收到申请之日起 12 个月内作出裁定；有特殊情况需要延长的，可以延长 6 个月。文件公告送达的期间、补正文件的期间、当事人补充证据的期间不计入审查期限。

国家知识产权局审理后作出维持注册商标或宣告注册商标无效裁定，向当事人下发《无效宣告请求裁定书》。当事人如对裁定不服，可以自收到裁定书之日起 30 日内向北京知识产权法院起诉。期满不起诉的，该裁定生效。注册商标被宣告无效的，国家知识产权局将在《商标公告》上刊登注册商标无效公告（见图 3–3–12），该注册商标专用权视为自始不存在。

第1664期商标公告　　2019年09月20日

**注册商标宣告无效公告**

根据《中华人民共和国商标法》第四十四条、第四十五条和第四十七条之规定，下列注册商标宣告无效，予以公告。该注册商标专用权视为自始即不存在。

注册号：

商标：

类别：

文号：商评字[2018]第　　号

理由：无效宣告全部无效

宣告无效的商品/服务项目：全部商品/服务



图 3-3-12　注册商标宣告无效公告（样式）

# 第四节　商标监测

如果说商标注册申请中的相关工作和注册后的管理和权利维持是专注于商标自身的建设和发展，商标监测就是防止外敌入侵的一种侦查行为，一旦发现，采取相应措施主动出击、消除妨害，从而为商标品牌的培育和发展清除路障。所以此处的商标监测，是指权利人对他人申请注册的或已经注册的商标的一种监控行为，是一种发现和防止他人商标损害自己权利的有效途径。

商标律师在为当事人提供商标法律服务（如顾问服务或代理服务），时常会涉及商标监测服务。有的当事人还会针对商标监测这一事项单独进行委托。例如，监测对当事人的商标权利可能构成侵害危险的商标申请或注册情况，或对当事人指定的其行业竞争对手的商标申请或注册情况进行监测。

商标监测服务，主要依靠国家知识产权局的《商标公告》和中国商标网的查询系统进行。《商标公告》主要用以监测处于初步审定公告状态的商标，一般做法就是查阅每一期《商标公告》中初步审定的商标，一一排查潜在的侵权商标，若发现对当事人的商标可能构成侵害危险的，及时向当事人报告并采取应对措施。中国商标网的查询系统可用以查询特定申请人名下的商标信息及辅助排查潜在的侵权商标。

通过商标监测发现的潜在侵权商标，可根据具体情形采取不同的措施，包括提出商标异议申请、提出注册商标连续三年不使用撤销申请和提出注册商标无效宣告申请。

## 一、商标异议

### （一）基本概念

商标异议针对的是尚未核准注册的商标，但该商标注册申请已通过实质审查且已在《商标公告》上刊登了初步审定公告，相关人员若认为申请注册的商标违反了《商标法》的相关规定，可在异议期间内向商标局提出异议申请，请求不予注册。异议期间为3个月，自公告之日起计算。例如，某件商标经初步审定于2021年1月13日公告，异议期间为2021年1月14日起至2021年4月13日。

在商标异议案件中，被请求不予注册的商标称“被异议商标”，提出异议申请的当事人称“异议人”，被异议商标的申请人称“被异议人”。

### （二）提出商标异议申请的法律依据

提出商标异议申请的法律依据是《商标法》第三十三条。根据该条款，提出商标异议申请可归纳为两种情形：第一种是异议人依相对理由启动异议程序，即在先权利人、利害关系人认为被异议商标违反了《商标法》第十三条第二款和第三款、第十五条、第十六条第一款、第三十条、第三十一条、第三十二条的规定而提出异议。在该种情形下，异议人主体资格受到限制，需是在先权利人或利害关系人。第二种是异议人依绝对理由启动异议程序，即异议人认为被异议商标违反了《商标法》第四条、第十条、第十一条、第十二条、第十九条第四款的规定而提出异议。在该种情形下，异议人主体资格不受限制，可以是任何人。在实际业务中，商标异议申请的提出以第一种情形居多。

### （三）商标律师在商标异议业务中的相关注意事项

1. 商标律师如何发现被异议商标

（1）中国的商标注册申请

被提出异议申请的商标是处于初步审定公告中的商标，如何发现这些商标？其信息来源是国家知识产权局发布的《商标公告》。《商标公告》采用纸质和电子版形式发布，每月发布 4 期，分别是每月的 6 日、13 日、20 日和 27 日。

商标律师就是通过查阅每一期的《商标公告》来发现和收集可能侵害当事人权利的已初步审定公告的商标，此项工作也被称为商标公告监测。商标公告监测是商标律师的一项常规工作，也是商标代理工作中的一项重要内容，有的是基于当事人的委托，有的是商标律师主动向当事人提供的。

（2）马德里国际注册商标指定中国的领土延伸申请

对于马德里国际注册商标指定中国的领土延伸申请，根据《商标法实施条例》第四十五条的规定，自《世界知识产权组织国际商标公告》（WIPO Gazette of International Marks，以下简称《国际商标公告》）出版的次月 1 日起 3 个月内，符合《商标法》第三十三条规定的异议人可以向商标局提出异议申请。

《国际商标公告》是商标国际注册马德里体系（The Madrid System for the International Registration of Marks，以下简称“马德里体系”）的官方出版物，由世界知识产权组织国际局（以下简称“国际局”）每周在马德里体系网站上发布，用英语、法语和西班牙语免费向公众提供。《国际商标公告》可以通过“马德里监视器”（https：//www3.wipo.int/madrid/monitor/en/）访问，内容包括新国际注册、续展、后期指定和对现有国际注册变更的内容有关的所有相关数据。对于新申请的国际注册，国际局经审查认为其符合有关要求的，将该国际申请相关信息刊登在《国际商标公告》上。

商标律师需要登录“马德里监视器”查看《国际商标公告》来发现可能侵害当事人权利的国际申请。《国际商标公告》可按照章节或者国际注册号、商标或申请人进行查询，对于商标公告监测，主要是按照章节进行查询。具体查阅方式如下。

①登入马德里监视器页面后，用鼠标点击“WIPO Gazette”，显示页面如图 3-4-1 所示。

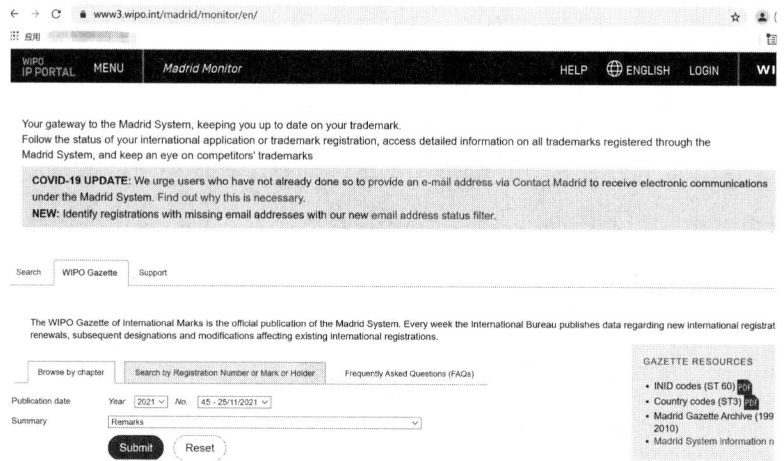


图 3-4-1　公告检索页

②用鼠标点击“Browse by chapter”，显示页面如图 3-4-2 所示。

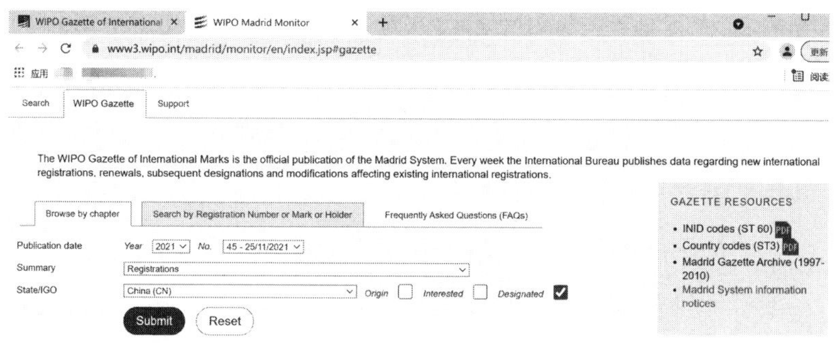


图 3-4-2　章节检索页

③在图 3-4-2 所示页面中，在“Publication date”菜单下选择需要查看的公告年份和具体日期（如 year “2021”，No. “45-25/22/2021”），在“Summary”菜单下选择公告的内容类型“Registration”，显示页面如图 3-4-3 所示。

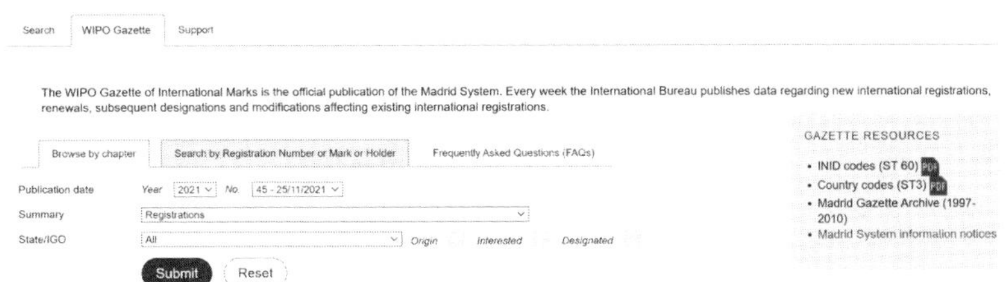


图 3-4-3　章节检索页信息填写示例

④在“State/IGO”菜单下选择“China（CN）”，然后再勾选“Designated”，用鼠标点击“Submit”出现查询结果如图 3-4-4 所示。

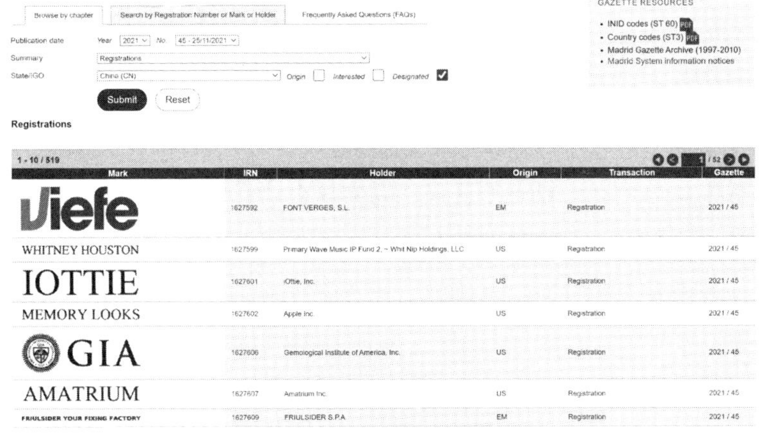


图 3-4-4　检索结果页

查询结果中显示共计有 519 件国际申请，均是新国际注册申请。商标律师可以一一点开每件申请查看详细申请信息，包括类别、指定商品或服务、申请人等，来判断是否存在与当事人的商标冲突的。

2. 商标公告监测报告

商标公告监测要求商标律师具有较高的综合业务能力，商标律师不仅需要全面了解当事人的商标注册和使用情况及重点商标，还需要有扎实的专业业务能力和经验，如商标近似判断、商品或服务相关程度判断等，以此来分析、判断异议申请的成功概率，从而给出专业的法律意见以便于当事人决策是否需要提出异议申请。

根据当事人的具体情况，商标律师对商标公告监测的监测结果可采取按周或按月向当事人集中报告。一份较完整的商标公告监测报告，一般需要包括以下几方面内容，以便于当事人只看到这一份报告就能较为全面地了解信息，从而节省多次询问的时间。①《商标公告》期号、初步审定公告日期；②监测到的可能会侵害当事人权利的商标信息，包括商标标识、申请号、申请日、类别及商品或服务名称、申请人名称及地址；③异议期间；④异议成功概率的分析意见及是否提出异议的建议；⑤异议申请需要的文件资料；⑥异议申请的费用；⑦限定当事人给予异议指示的具体日期。

若当事人确定提出异议申请，其应在设定的具体的日期之前指示商标律师。为当事人设定异议指示日期相当于为该项工作设定了时间计划，使得该事项在此期限前有所进展，也方便商标律师的工作安排。在临近该设定期限前，商标律师可向当事人提醒，以尽早落实。

3. 与异议申请相关的材料的提交

商标代理委托书、异议人身份证明需与异议申请书在异议申请提出时同时提交，不能后期补充提交，否则将会导致不予受理的后果。依相对理由提出异议申请的，异议人作为在先权利人或利害关系人的证明（如注册人与异议人名称一致的引证商标的《商标注册证》），需在异议申请提出时提交，否则将会导致不予受理的后果。因当事人委托时已迫近异议期限，或当事人在法定异议期限内不能提供充分的影响实体审查结论的证据材料的，在法定期限内可先行提交异议申请并简单陈述异议理由，在异议申请提交后的 3 个月内补充提交详细理由及证据材料，但需在异议申请书中声明。

### （四）商标异议申请的提交方式

商标异议申请可以通过纸质形式提交，也可以通过商标网上服务系统以电子方式提交。通过纸质方式提交的，后续相关异议文件（如补正通知书、受理通知书、异议决定）将以纸质文件下发；通过电子方式提交的，后续相关异议文件将通过商标网上服务系统以电子文件下发，商标律师登录网上服务系统自行下载。

### （五）商标异议申请需要提交的文件资料

商标异议申请需要提交的文件资料包括商标异议申请书（若通过电子方式提交，需在线填写），商标代理委托书，异议人身份证明复印件（若是外文的，需附中文译文），作为在先权利人或利害关系人的证明文件（限于依相对理由提出的异议申请），证据材料。需向当事人说明的是，异议申请的材料若通过纸质方式提交的，上述文件资料需要一式两份。

### （六）商标异议申请的官方费用

商标异议申请按“一标一类”收费。申请人通过纸质方式提交申请的，“一标一类”官方费用为500元人民币；申请人通过电子方式提交申请的，“一标一类”官方费用为450元人民币。

### （七）商标异议案件的审查程序

1. 异议申请提交及受理

异议人在被异议商标的异议期间内向国家知识产权局提出异议申请，商标局对该异议申请审查符合受理条件的，予以受理，向申请人发出受理通知书。

2. 被异议人答辩

商标局受理异议申请后，将异议材料副本送交被异议人进行答辩。被异议人的答辩期限是自收到异议材料之日起30日，但被异议人需要补充有关证据材料的，可在答辩之日起3个月内补充提交。被异议人不答辩的，不影响异议决定的作出。

3. 异议决定的作出

《商标法》对商标异议案件的审查期限作出了明确的规定：商标局应当自被异议商标初步审定公告期满之日起12个月内作出是否准予的决定；有特殊情况的，可以延长6个月。但商标局文件公告送达的期间、补正文件的期间、异议人和被异议人补充证据的期间、依异议人或被异议人的请求等待在先权利案件审理结果的期间不计入审查期限。

商标局经审查认为异议不成立的，作出准予注册的决定，下发《商标注册证》，并在《商标公告》上刊登注册公告。商标局作出准予注册决定的，该异议程序到此结束，后续不再有复审程序，即异议人不能再针对准予注册的决定提起复审。针对准予注册的被异议商标，商标注册人取得商标专用权的时间自被异议商标初步审定公告 3 个月期满之日起计算。

商标局经审查认为异议成立的，作出不予注册的决定。被异议人如对不予注册决定不服，可在收到决定之日起 15 日内向国家知识产权局申请复审。

## 二、撤三申请

### （一）撤三申请的法律依据

提出撤三申请的法律依据是《商标法》第四十九条第二款："注册商标……没有正当理由连续三年不使用的，任何单位或者个人可以向商标局申请撤销该注册商标。"

### （二）商标律师在撤三申请案件中的注意事项

#### 1. 商标律师如何监测到撤三商标

目前的商标持有主体以企业为主，多数企业在创办之初并未建立完善的商标品牌管理制度，且大多数是边发展边摸索，所以就出现了没有开展商标监测工作或者是开展了但是监测不力，再加上为其提供法律服务的商标代理人的服务水平、服务方式参差不齐等多方面原因，导致对他人商标应该提起异议未提起，进而导致他人商标被核准注册。随着企业的发展壮大及商标品牌价值的提升，企业及相关负责人在问题发生时才意识到商标品牌的重要作用并寻求解决方式。因此，在商标律师接受当事人委托时，往往都是在当事人的发展途中接手其商标事务。鉴于这些实际情况，商标律师在接受当事人委托后，需要对其商标情况进行梳理，辅助当事人建立良好的商标管理制度，包括开展商标监测工作。

在如上所述情形中，商标律师一般可通过中国商标网的商标查询系统以近似查询的方式查得潜在的侵权商标，并对这些商标分类建库进行后续的监测和跟踪。例如，对于注册已满三年且经初步调查了解存在未使用可能的商标，可将其归入撤三申请的商标库。梳理总结后，定期向当事人报告并提出处理建议。

2. 被撤销商标需满足注册满三年的条件，满三年的计算需从注册公告之日起计算

商标律师在判断被撤销商标是否注册满三年时，易从中国商标网的商标档案上显示的专用权期限来进行判断。例如，某商标档案上显示的专用权期限为 2016 年 3 月 7 日至 2026 年 3 月 6 日，商标律师起草法律意见的时间是 2019 年 4 月 7 日，从该商标获得专用权的时间开始计算撤三商标的注册日，即从 2016 年 3 月 7 日起算至 2019 年 4 月 7 日注册已满三年，商标律师随即给出能够对该商标提出撤三申请的意见，当事人接受后遂对该商标提出了撤三申请，最后商标局经审查对该撤三申请不予受理。究其原因，撤三申请提交时该商标的注册尚未满三年，商标律师的计算方式发生了错误。

商标律师在计算撤销商标是否注册满三年时，一定要查看其注册公告，注册满三年的时间应从注册公告之日起计算，而不能以中国商标网上的商标档案中记载的专用权期限的起始日期来进行判

断。因为有的商标的注册公告日期要晚于专用权的起始日期，这是因为商标在注册申请过程中有被异议情形发生，商标被提起异议但最后经审查异议不成立而被准予注册的，商标专用权的取得时间自被异议商标初步审定公告三个月期满之日起计算，所以专用权的取得时间早于注册公告的日期。

以下事例能较为清晰地说明这一事项：中国商标网的商标档案中记录第 16081274 号商标的专用权期限为 2016 年 3 月 7 日至 2026 年 3 月 6 日，如果商标律师只注意到此信息，自然就会认为其注册日为 2016 年 3 月 7 日，从而自 2016 年 3 月 7 日开始往后计算三年时间，即到 2019 年 3 月 7 日可对该商标提出撤三申请。而实际上，该商标在初审公告期间被提出了异议，直到 2017 年 6 月 15 日商标局才对该商标作出准予注册的决定。2017 年 7 月 20 日，刊登商标注册公告（见图 3-4-5）。所以，对该件商标的撤三申请，应自 2017 年 7 月 21 日起算三年，即 2020 年 7 月 21 日后可以提出撤三申请，而在 2020 年 7 月 21 日前提出的撤三申请将会被不予受理。

| 序号 | 公告期号 | 公告日期 | 公告类型 | 注册号 | 申请人 | 商标名称 | 公告详情 |
|---|---|---|---|---|---|---|---|
| 1 | 1482 | 2015-12-06 | 商标初步审定公告 | 16081274 |  | 图形 | 查看 |
| 2 | 1494 | 2016-03-06 | 商标注册公告（一） | 16081274 |  | 图形 | 查看 |
| 3 | 1500 | 2016-04-20 | 无效公告 | 16081274 |  | 图形 | 查看 |
| 4 | 1560 | 2017-07-20 | 商标注册公告（二） | 16081274 |  | 图形 | 查看 |

图 3-4-5　第 16081274 号商标注册公告记录

还有一种特殊情形是马德里商标国际注册指定中国的领土延伸申请。根据《商标法实施条例》的规定，对国际注册商标提出撤三申请的，应当自该国际注册申请的驳回期限届满之日起满 3 年后向商标局提出申请；驳回期限届满时仍处于驳回复审或者异议相关程序的，应当自商标局或者商评委作出准予注册决定生效之日起满 3 年后向商标局提出申请。

根据《商标国际注册马德里协定有关议定书》(the Madrid protocol)(以下简称《议定书》)第五条第（2）款的规定，对于国际注册申请的驳回期限，标准情况下是一年，从国际局把国际注册或后期指定通知被指定缔约方主管局之日起算，但是任何缔约方可以声明，对于指定该缔约方的国际注册，一年的时限由 18 个月代替。又根据《议定书》第九条之六第（1）款（b）项的规定，在受《商标国际注册马德里协定》(the Madrid Agreement)(以下简称《马德里协定》)和《议定书》两部条约约束的国家之间的相关关系上，《议定书》第五条第（2）款（b）和（c）项作出的声明不发生效力。也就是说，如果国际注册的原属局为受两部条约约束的缔约方主管局，指定的缔约方也受两部条约约束，即使被指定的缔约方已作出延长驳回通知期限的声明，驳回通知时限仍为一年。

根据上述《议定书》的规定，在确定马德里国际注册商标的驳回期限时，不仅需要考虑中国在加入《议定书》时是否对驳回时限作出了延长的声明，还要考虑该国际注册商标的原属局是否受两部条约约束。中国在加入《议定书》时，对驳回时限作出了延长声明，即从国际局把国际注册或后期指定通知中国商标局之日起 18 个月。对于马德里国际注册商标，中国商标网上的信息记录有时并不完整，商标律师需要登录 WIPO 网站马德里体系网页查阅国际局通知中国商标局该国际注册申请或后期指定的日期（见图 3-4-6）。如果马德里国际注册商标的原属局只受一部条约约束，则从国际局把国际注册或后期指定通知中国商标局之日起加 18 个月来计算该领土延伸申请在中国的驳回期限届满日；如果马德里国际注册商标的原属局受两部条约约束，则从国际局把国际注册或后期指定通知中国商标局之日起加 12 个月来计算该领土延伸申请在中国的驳回期限届满日，撤三申请须自该驳回期限届满之日起满 3 年后提出；如果该国际申请在中国曾经历过驳回复审或异议相关程序，还要查看商标局或商评委相关决定的生效日期，然后在生效日期基础上加 3 年，才能满足对国际注册商标提出撤三申请的时间条件。

**581. Date of notification by the International Bureau to the designated Contracting Parties**
25.11.2021

图 3-4-6　WIPO 网站马德里体系网页记录的关于国际局通知中国商标局国际注册申请或后期指定的日期

3. 撤三申请可申请撤销部分商品或服务项目，也可申请撤销全部商品或服务项目

对被撤销商标的撤三申请是针对其全部商品或服务项目提出，还是部分商品或服务项目提出，需要根据案件具体情形而定。若在先商标只是部分商品或服务项目阻碍了申请人申请商标的注册，且经了解在先商标在该部分商品或服务项目上存在连续三年未使用情形，则可仅针对该部分商品或服务项目申请撤销；若在先商标核定注册的全部商品或服务项目阻碍了申请人申请商标的注册，则需对

其全部商品或服务项目申请撤销。

在实践中，申请商标申请注册的商品往往既包括重点商品或服务，又包括辅助性的商品或服务。一般来说，重点商品或服务若能核准注册基本上也就满足申请人的使用目的。在先商标核定注册的商品或服务往往也有多项，且包含了该类别下不类似的商品或服务项目。而阻碍申请商标在重点商品或服务项目上注册的实际是在先商标核定注册的个别商品或服务项目，若该个别商品或服务项目能够被撤销，也就实现了申请人的目的，但申请人不能确定该个别商品或服务项目是否存在连续三年不使用情形，此时，可考虑对在先商标的所有核定注册的商品或服务项目申请撤销。这样做对申请人的益处是，被撤销人不知道撤销申请人旨在撤销的商品或服务项目，其在提供使用证据时也就不会有针对性，而且被撤销人一般也不会针对每一项商品或服务提供使用证据，被撤销人提供的使用证据中可能就不含有申请人目标商品或服务的使用证据，此种情形下，申请人的目标撤销商品或服务最终也容易被撤销掉，从而实现目标。

4. 商标注册人提交的关于被撤销商标的使用证据不交撤销申请人质证

撤销申请人提出连续三年不使用撤销申请，商标局受理后会通知商标注册人（被撤销方），限其自收到通知之日起 2 个月内提交该商标在撤销申请提出前使用的证据材料或说明不使用的正当理由。被撤销方应要求提交的使用证据，商标局不交撤销申请人质证。所以，在此撤销程序中，撤销申请人看不到被撤销方提交的商标使用证据。

5. 商标注册人提交的使用证据中，若只有一项商品的使用证据符合法律规定，被撤销商标的注册将会被维持

若被撤销商标核定注册的商品项目有10项，且这些商品间互补类似，撤销申请人针对其核定注册的全部商品申请撤销，被撤销方仅提交了其在一个商品项目上的使用证据，且该证据符合《商标法》关于商标使用的法律规定，商标局会维持被撤销商标在全部商品上的注册。

### （三）撤三申请的提交方式

撤三申请可以通过纸质形式提交，也可以通过商标网上服务系统以电子方式提交。以纸质方式提交的，后续相关撤销文件（如补正通知书、撤销决定）将以纸质文件下发；以电子方式提交的，后续相关撤销文件（如补正通知书、撤销决定）将通过商标网上服务系统以电子文件下发，商标律师登录网上服务系统自行下载。

### （四）撤三申请需要提交的文件

撤三申请需要提交的文件包括撤销连续三年不使用注册商标申请书（若通过电子方式提交，需在线填写）、商标代理委托书、申请人身份证明文件复印件（若是外文，需附中文译文）、证明被撤销商标未使用的调查证据（若有，可提交）。

### （五）撤三申请的官方费用

撤三申请的官方费用会视提交方式不同而稍有差别。撤三申请的费用按类别收取：通过纸质方式提交申请的，“一标一类”官方费用为 500 元人民币；通过电子方式提交申请的，“一标一类”官方费用为 450 元人民币。

### （六）撤三申请的审查程序

1. 撤三申请的提交及受理

撤三申请提交后，商标局经审查认为符合受理条件的，向申请人下发《撤销连续三年不使用注册商标申请受理通知书》。

2. 商标局通知商标注册人提供被申请撤销的注册商标的使用证据

撤三申请被受理后，商标局向商标注册人下发《关于提供注册商标使用证据的通知》。通知上载明撤销申请人、撤销申请的提出日期、申请撤销的注册商标及其注册号、申请撤销的商品或服务项目、商标注册人提交使用证据的期限（自收到本通知之日起 2 个月内）、连续三年期间的使用证据或证明存在不使用的正当理由，以及期满不提供使用证据或证据无效且没有正当理由而将被撤销的法律后果。

3. 撤三申请决定的作出

《商标法》对撤三申请的审查期限作出了明确的规定：商标局应当自收到申请之日起 9 个月内作出决定；有特殊情况需要延长的，可以延长 3 个月。但商标局文件公告送达的期间、补正文件的期间、商标注册人补充证据的期间不计入审查期限。商标局根据被撤销人提交的证据材料进行审查并作出《连续三年不使用撤销申请的决定》：商标局认为使用证据符合商标法及其实施条例规定的，认定使用证据有效，作出注册商标不予撤销的决定；若被撤销人未提交使用证据或提交的使用证据被认定无效且又无正当理由的，作出撤销注册商标的决定。在该决定中，商标局不会列明商标注册人提供的使用证据并进行详细阐述，而只说明其提供的商标使用证据有效或无效。

撤销申请人或商标注册人若对决定不服，可以自收到决定之日起15日内向国家知识产权局申请复审。在法定期限内未申请复审的，该决定生效。若注册商标被依法撤销，商标局将在《商标公告》上刊登注册商标撤销公告（见图3–4–7），其商标专用权自公告之日起终止。

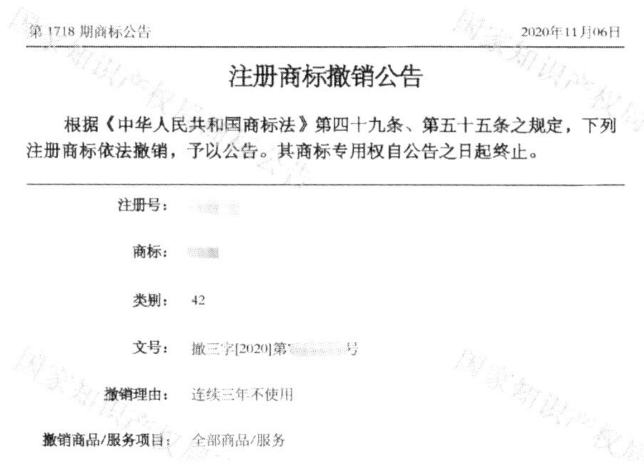

第1718期商标公告　　2020年11月06日

注册商标撤销公告

根据《中华人民共和国商标法》第四十九条、第五十五条之规定，下列注册商标依法撤销，予以公告。其商标专用权自公告之日起终止。

注册号：

商标：

类别：42

文号：撤三字[2020]第　号

撤销理由：连续三年不使用

撤销商品/服务项目：全部商品/服务

图3–4–7　注册商标撤销公告

## （七）撤三申请的撤回

在商标局作出《连续三年不使用撤销申请的决定》前，撤销申请人可以向商标局提交撤回撤销连续三年不使用注册商标申请。

## 三、撤销注册商标复审申请

### （一）基本概念

注册商标连续三年不使用撤销申请的申请人（以下简称“撤三申请人”）对商标局作出的关于某注册商标不予撤销决定不服的，或商标注册人对商标局作出的关于撤销其注册商标的决定不服的，可以自收到决定之日起15日内向商评委申请复审。

### （二）法律依据

提起撤销注册商标复审申请的法律依据是《商标法》第五十四条：“对商标局撤销或者不予撤销注册商标的决定，当事人不服的，可以自收到通知之日起十五日内向商标评审委员会申请复审。”

### （三）商标律师在撤销注册商标复审案件中的相关注意事项

商标律师作为撤三申请人的代理人在向其转达《连续三年不使用撤销申请的决定》并附法律意见，或接受当事人咨询并出具法律意见时，一般都会建议当事人提出复审申请。商标律师往往基于以下几点考虑。

①在撤三申请的审查中，注册商标被申请撤销的商品或服务项目涉及多项的，只要使用证据中的一项符合商标使用的法律规定，被申请撤销的商品或服务项目均不予撤销，即使各商品或服务项目不类似。但在撤销注册商标复审程序中，注册商标在核定使用的商

品上构成使用的，在与该商品类似的其他核定商品上的注册予以维持，但与该商品不类似的其他核定商品上的注册将被撤销。所以，在撤销注册商标复审程序中，被申请撤销的商品或服务项目仍有被撤销的可能，包括撤三申请人的目标撤销商品。

②在撤三申请程序中，商标注册人提供的商标使用证据不交撤销申请人质证。但在撤销注册商标复审申请程序中，商标注册人提供的使用证据会交撤三申请人质证。所以，撤销申请人将有机会查看对方当事人提交的使用证据，并就其是否符合商标使用的法律规定而陈述意见。

鉴于上述原因，在撤销注册复审程序中，注册商标在部分商品或服务项目上被撤销的情形并不罕见，且撤三申请人的目标大都在撤销注册复审程序中得以实现。例如，图 3-4-8 所示被刊登撤销公告的注册商标即属于此种情形。

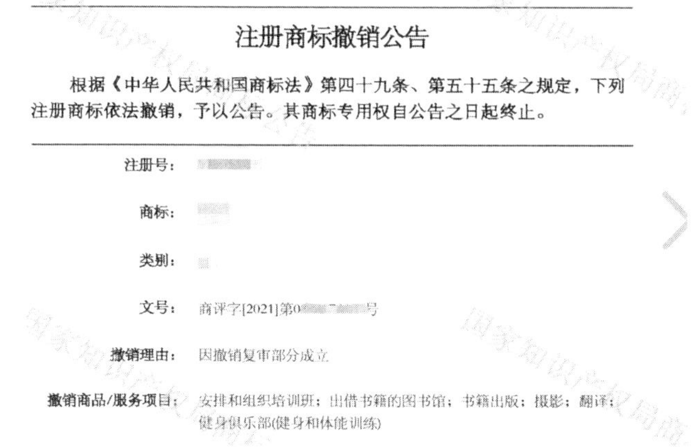
第 1769 期商标公告　　2021年11月27日

注册商标撤销公告

根据《中华人民共和国商标法》第四十九条、第五十五条之规定，下列注册商标依法撤销，予以公告。其商标专用权自公告之日起终止。

注册号：

商标：

类别：

文号：商评字[2021]第0[illegible]号

撤销理由：因撤销复审部分成立

撤销商品/服务项目：安排和组织培训班；出借书籍的图书馆；书籍出版；摄影；翻译；健身俱乐部(健身和体能训练)

图 3-4-8　注册商标在部分商品或服务项目上被撤销的撤销公告

### （四）撤销注册复审申请的提交方式

截至2021年12月31日，撤销注册商标复审申请只能通过纸质方式提交。

### （五）撤销注册复审申请需要提交的文件材料

撤销注册复审申请需要提交的文件材料包括撤销注册商标复审申请书、商标评委委托书、复审申请人身份证明（若是外文，需附中文译文）、关于注册商标连续3年不使用撤销申请的决定及邮寄信封。

### （六）撤销注册商标复审申请的官方费用

撤销注册商标复审申请的官方费用按类别收取，一个类别的费用为750元人民币。

### （七）撤销注册复审申请的审查程序

#### 1. 撤销注册复审申请的提交和受理

商评委收到复审申请书后，经审查，符合受理条件的，予以受理；不符合受理条件的，不予受理，书面通知申请人并说明理由；需要补正的，通知申请人自收到通知之日起30日内补正。经补正仍不符合规定的，商评委不予受理，书面通知申请人并说明理由；期满未补正的，视为撤回申请，商评委书面通知申请人。

#### 2. 被申请人答辩

商评委受理撤销注册复审申请后，向被申请人下发《商标评审案件答辩通知书》，限其自收到答辩通知后30日内答辩。复审申请人放弃质证或未在规定期限内质证的，不影响商评委的评审。

3. 商标评审案件证据交换

商评委收到被申请人的答辩材料后，向复审申请人下发《商标评审案件证据交换通知书》，同时附送被申请人提交的答辩材料副本。复审申请人需要对被申请人的答辩材料进行质证的，自收到答辩材料之日起30日内提交质证材料。复审申请人放弃质证或未在规定期限内质证的，不影响商评委的评审。

4. 撤销注册复审申请的审查及撤销复审决定的作出

《商标法》对撤销注册复审申请案件的审查期限有明文规定，商评委应自收到复审申请之日起9个月内作出决定；有特殊情况需要延长的，可以延长3个月。但文件公告送达的期间、补正文件的期间、商标注册人补充证据的期间不计入审查期限。

商评委审理撤销注册复审案件，针对撤销决定和申请人申请复审所依据的事实、理由及请求进行审理，作出《撤销复审决定书》。在《撤销复审决定书》中，商评委列明被申请人提交的使用证据并分析其是否构成公开、真实、有效的商业使用。对于注册商标在核定注册的商品或服务上构成公开、真实、有效的商业使用的，予以维持；且核定注册的商品或服务若与实际使用的商品或服务属于类似商品或服务的，亦予以维持。而核定注册的与实际使用的核定商品或服务不属于类似商品或服务，且在案证据不足以证明该注册商标在这些不类似的商品或服务上进行了使用的，则注册商标在这些不类似的商品或服务上的注册将被撤销。

当事人如对复审决定不服，可以自收到决定之日起 30 日内向北京知识产权法院起诉。期满不起诉的，该决定生效。对于撤销的商品或者服务，国家知识产权局将在《商标公告》上刊登注册商标撤销公告（见图 3-4-9），其商标专用权自公告之日起终止。

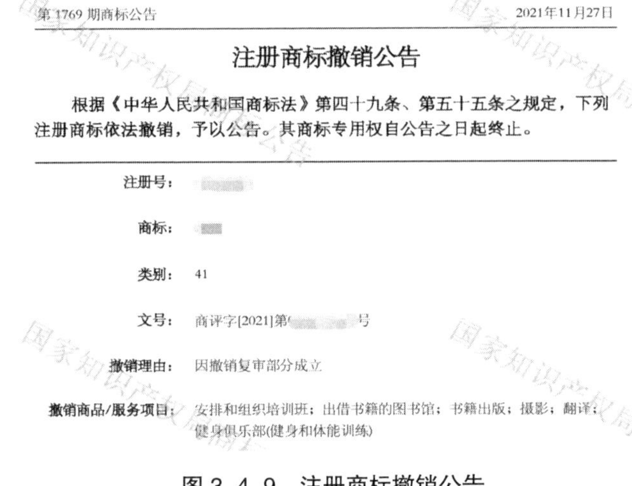

第 1769 期商标公告　　2021年11月27日

**注册商标撤销公告**

根据《中华人民共和国商标法》第四十九条、第五十五条之规定，下列注册商标依法撤销，予以公告。其商标专用权自公告之日起终止。

注册号：

商标：

类别：41

文号：商评字[2021]第　号

撤销理由：因撤销复审部分成立

撤销商品/服务项目：安排和组织培训班；出借书籍的图书馆；书籍出版；摄影；翻译；健身俱乐部(健身和体能训练)

图 3-4-9　注册商标撤销公告

## 四、注册商标无效宣告

### （一）基本概念

注册商标无效宣告，针对的是已经核准注册的商标，即注册商标因违反了《商标法》的相关规定，商标局主动宣告其无效或商评委依申请宣告其无效。注册商标一经被宣告无效，其商标专用权视为自始不存在。

在注册商标无效宣告案件中，被申请宣告无效的注册商标称

“争议商标”，提起无效宣告申请的当事人称“申请人”，争议商标注册人称“被申请人”。

## （二）注册商标无效宣告案件的发生情形及提起的法律依据

注册商标无效宣告申请提起的法律依据是《商标法》第四十四条和第四十五条。

《商标法》第四十四条针对的是争议商标的注册违反了绝对理由条款，具体包括《商标法》第四条、第十条、第十一条、第十二条、第十九条第四款，或者是以欺骗手段或其他不正当手段取得注册的，由商标局宣告无效。此外，其他单位或者个人也可以请求商评委宣告争议商标无效。依据第四十四条提起无效宣告请求的，不受争议商标注册时间的限制，即争议商标注册后的任何时候都可提起。

《商标法》第四十五条针对的是争议商标的注册违反了相对理由条款，具体包括《商标法》第十三条第二款和第三款、第十五条、第十六条第一款、第三十条、第三十一条、第三十二条，在先权利人或者利害关系人可以请求商评委宣告争议商标无效。依据第四十五条提起无效宣告请求的，受到争议商标的注册时间的限制，即自注册之日起 5 年内提起。但对恶意注册的，驰名商标所有人不受 5 年的时间限制。

在商标监测服务中提起注册商标无效宣告案件的主要依据是《商标法》第四十五条，即因争议商标侵犯了在先权利人或者利害关系人的权利而请求宣告其无效。

### （三）商标律师在代理当事人提起无效宣告申请案件中的注意事项

1. 提起注册商标无效宣告申请的时间限制

在对当事人商标监测服务中发现潜在侵权商标而提起注册商标无效宣告申请，主要依据是《商标法》第四十五条，即争议商标侵犯了当事人的在先权利。依据该条提起的无效宣告申请受时间的限制，须在争议商标注册之日起 5 年内提起。虽然《商标法》也作出了“对恶意注册的，驰名商标所有人不受五年的时间限制”的例外规定，但在实际的注册商标无效宣告申请案件中，侵犯驰名商标的案件所占比例还是少数，大多数无效宣告申请案件都受 5 年的时间限制。所以，商标律师在向当事人出具报告意见时，一定要注意监测到的注册商标的注册时间是否在 5 年期限内。

另外，对于争议商标，注册日因是国内商标和马德里国际注册商标而不同，商标律师需要清晰知晓。

（1）国内商标

对于国内商标而言，“自商标注册之日起五年内”是指争议商标注册公告之日的次日起 5 年内，该期间不适用中止、中断等情形，争议商标的注册公告日可在中国商标网的商标档案或者《商标公告》的商标注册公告查得。商标律师在查看商标档案时，一定要区分“注册公告日期”和“专用权期限的起始日期”两个概念。商标注册之日须以“注册公告日期”为准，而不能仅以“专用权期限的起始日期”来确定，否则会发生对注册日确定错误的风险。因为经历过异议程序而最终被准予注册的商标，其专用权的时间自初步审定公告 3 个月期满之日起计算，所以专用权取得日期和注册公告日期是不同的，即商标档案中“专用权期限”处显示的开始日期和注册公告日期不同（见图 3-4-10）。

**图 3-4-10 专用权起始日期与注册公告日期不同的商标档案**

（2）马德里国际注册商标

对马德里国际注册商标申请宣告无效的，应当自该商标国际注册申请的驳回期限届满之日起 5 年内提出；若在驳回期限届满时仍处在驳回复审或者异议相关程序的，应当自商标局或者商评委作出的准予注册决定生效之日起 5 年内提出。

根据《议定书》第五条第（2）款的规定，对于国际注册申请的驳回期限，标准情况下是一年，从国际局把国家注册或后期指定通知被指定缔约方主管局之日起算；但是任何缔约方可以声明，对于指定该缔约方的国际注册，一年的时限由 18 个月代替。又根据《议定书》第九条之六第（1）款（b）项的规定，在受《马德里协定》和《议定书》两部条约约束的国家之间的相关关系上，《议定书》第五条第（2）款（b）和（c）项作出的声明不发生效力。也就是说，如果国际注册的原属局为受两部条约约束的缔约方主管局，指定的缔约方也受两部条约约束，即使被指定的缔约方已作出延长驳回通知期限的声明，驳回通知时限仍为一年。

根据上述《议定书》的规定，在确定马德里国际注册商标的驳回期限时，不仅要考虑中国在加入《议定书》时是否对驳回时限作出了延长的声明，还要考虑该国际注册商标的原属局是否受两部条约约束。中国在加入《议定书》时对驳回时限作出了延长声明，即从国际局把国际注册或后期指定通知中国商标局之日起 18 个月。对于马德里国际注册商标，中国商标网上的信息记录有时并不完整，商标律师需要登录 WIPO 网站马德里体系网页查阅国际局通知中国商标局该国际注册申请或后期指定的日期（见图 3-4-11）。如果马德里国际注册商标的原属局只受一部条约约束，则从国际局把国际注册或后期指定通知中国商标局之日起加 18 个月来计算该领土延伸申请在中国的驳回期限届满日，无效宣告申请须自该驳回期限届满之日起 5 年内提出；如果马德里国际注册商标的原属局受两部条约约束，则从国际局把国际注册或后期指定通知中国商标局之日起加 12 个月来计算该领土延伸申请在中国的驳回期限届满日，无效宣告申请须自该驳回期限届满之日起 5 年内提出。

**581. Date of notification by the International Bureau to the designated Contracting Parties**
25.11.2021

图 3-4-11　WIPO 网站马德里体系网页上显示的国际局通知中国商标局国际注册申请或后期指定日期的记录

另外，如果该国际申请在中国曾经历过驳回复审或异议相关程序，且在驳回期限届满时这些程序未终结，还要查看商标局或商评委相关决定的生效日期，无效宣告申请须自相关决定生效之日起 5 年内提出。

所以，对于马德里国际注册商标，不能只查看中国商标网上的信息记录，以中国商标网上记载的“专用权期限”的起始日期来确定提起宣告无效申请的 5 年期限。此处的“专用权期限”的起始日期实际上是国际注册日期（见图 3-4-12），以此日期起算 5 年的注册期限则是错误的。

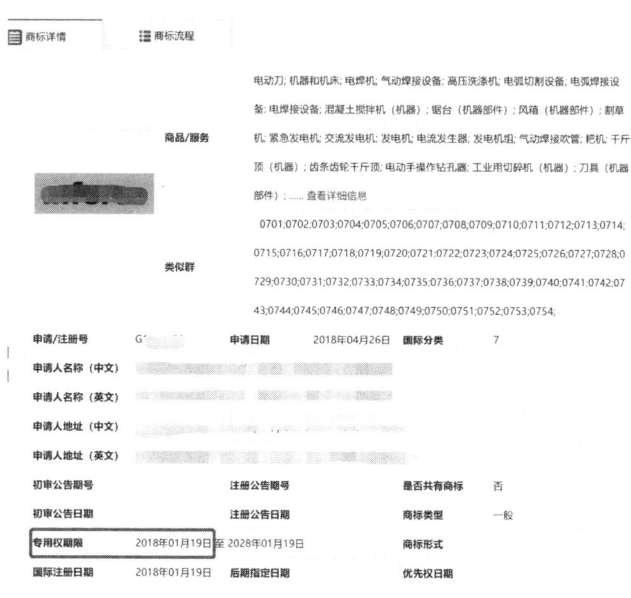

商标详情　商标流程

| | |
|---|---|
| 商品/服务 | 电动刀; 机器和机床; 电焊机; 气动焊接设备; 高压洗涤机; 电弧切割设备; 电弧焊接设备; 电焊接设备; 混凝土搅拌机（机器）; 锯台（机器部件）; 风箱（机器部件）; 割草机; 紧急发电机; 交流发电机; 发电机; 电流发生器; 发电机组; 气动焊接吹管; 耙机; 千斤顶（机器）; 齿条齿轮千斤顶; 电动手操作钻孔器; 工业用切碎机（机器）; 刀具（机器部件）; ...... 查看详细信息 |
| 类似群 | 0701;0702;0703;0704;0705;0706;0707;0708;0709;0710;0711;0712;0713;0714;0715;0716;0717;0718;0719;0720;0721;0722;0723;0724;0725;0726;0727;0728;0729;0730;0731;0732;0733;0734;0735;0736;0737;0738;0739;0740;0741;0742;0743;0744;0745;0746;0747;0748;0749;0750;0751;0752;0753;0754; |

| | | | | | |
|---|---|---|---|---|---|
| 申请/注册号 | G[illegible] | 申请日期 | 2018年04月26日 | 国际分类 | 7 |
| 申请人名称（中文） | | | | | |
| 申请人名称（英文） | | | | | |
| 申请人地址（中文） | | | | | |
| 申请人地址（英文） | | | | | |
| 初审公告期号 | | 注册公告期号 | | 是否共有商标 | 否 |
| 初审公告日期 | | 注册公告日期 | | 商标类型 | 一般 |
| 专用权期限 | 2018年01月19日至 2028年01月19日 | | | 商标形式 | |
| 国际注册日期 | 2018年01月19日 | 后期指定日期 | | 优先权日期 | |

图 3-4-12　中国商标网显示的马德里国际注册商标档案

2. 注册商标无效宣告申请可以针对部分商品或服务

注册商标无效宣告申请不仅可以针对全部商品或服务提出，也可以针对部分商品或服务提出，在评审请求中写明即可。

3. 注册商标无效宣告申请的证据材料可以在申请提交后 3 个月内补充提交

注册商标无效宣告申请提交后，如果需要补充证据材料，可以自首次提交申请之日起 3 个月内补充提交，但需要在首次提交申请时说明“需要提交补充证据材料”。

注册商标无效宣告申请须自争议商标注册之日起 5 年内提起，该 5 年的时间期限相对来说较长。所以，当事人提起注册商标无效宣告申请的前期准备时间相对充足，在当事人希望主管机关快速审结无效宣告申请案件时，一般不建议补充提交证据材料，这样主管机关不会额外等待 3 个月的补充提交证据材料的期限。除非在对争议商标的无效宣告申请提起时，争议商标的注册已临近 5 年期限，此时，在没有充足时间收集证据材料的情况下，可以在无效宣告申请提交后的 3 个月内补充提交。

4. 注册商标无效宣告申请可以和撤三申请并行启动

在对争议商标提起无效宣告申请时，商标律师也可以初步调查争议商标的商业使用情况，如果其注册已满 3 年且存在未予使用可能，可以建议当事人在提起无效宣告申请的同时，对争议商标也提起撤三申请。两个程序并行启动以提高维权的成功概率，只要其中一个程序取得了有利于当事人的结果，目标即实现。图 3-4-13 所示案例即属于此种类型，在对争议商标进行无效宣告申请过程中，又对其提出了撤三申请，最后争议商标在撤三申请程序中被撤销。

WWW.CNIPA.GOV.CN WCJS.SBJ.CNIPA.GOV.CN　帮助　当前数据截至：(2021年12月07日)

商标详情　商标流程

图形
申请/注册号：
国际分类：3

打印

商标流程状态

| 申请/注册号 | 业务名称 | 环节名称 | 结论 | 日期 |
|---|---|---|---|---|
| 20190000093654 | 撤销连续三年停止使用注册商标 | 撤销商标通知发文 | 结束 | 2020年08月22日 |
| 20190000093654 | 撤销连续三年停止使用注册商标 | 提供证明通知发文 | 结束 | 2020年03月04日 |
| 20190000093654 | 撤销连续三年停止使用注册商标 | 受理通知书发文 | 结束 | 2020年02月25日 |
| 20180000031269 | 无效宣告 | 实审裁文发文 | 结束 | 2020年01月08日 |
| 20190000093654 | 撤销连续三年停止使用注册商标 | 申请收文 | 结束 | 2019年12月09日 |
| 20180000031269 | 无效宣告 | 评审分案 | 结束 | 2019年10月09日 |
| 20180000031269 | 无效宣告 | 证据交换发文 | 结束 | 2019年10月09日 |
| 20180000031269 | 无效宣告 | 答辩通知发文 | 结束 | 2019年04月30日 |

图 3-4-13 既被提起无效宣告请求又被提起撤三申请的商标档案记录

## （四）注册商标无效宣告申请的提交方式

注册商标无效宣告申请可以通过纸质形式提交，也可以通过商标网上服务系统以电子方式提交。以纸质方式提交的，后续的相关官方文件（如无效宣告请求裁定书）将以纸质文件下发；以电子方式提交的，后续的相关官方文件将通过商标网上服务系统以电子文件下发，商标律师登录网上服务系统自行下载。

## （五）注册商标无效宣告申请需要提交的文件材料

注册商标无效宣告申请需要提交的文件材料包括注册商标无效宣告申请书（若通过电子方式提交，需在线填写）、商标评审委托书、申请人身份证明（若是外文，需附中文译文）、相关证据材料。

### （六）注册商标无效宣告申请的官方费用

注册商标无效宣告申请的官方费用因提交方式不同而稍有差别。通过纸质方式提交申请的，一个类别的官方费用为750元人民币；通过电子方式提交申请的，一个类别的官方费用为675元人民币。

### （七）注册商标无效宣告申请的审查程序

1. 注册商标无效宣告申请的提交和受理

商评委收到申请书后，经审查，符合受理条件的，予以受理；不符合受理条件的，不予受理，书面通知申请人并说明理由；需要补正的，通知申请人自收到通知之日起30日内补正；经补正仍不符合规定的，商评委不予受理，书面通知申请人并说明理由；期满未补正的，视为撤回申请，商评委书面通知申请人。

2. 被申请人答辩

商评委受理注册商标无效宣告申请后，向被申请人下发《商标无效宣告答辩通知书》，限其自收到答辩通知后30日内答辩，通知附送申请人提交的无效宣告申请材料副本。被申请人放弃答辩或未在规定期限内答辩的，不影响商评委评审。

3. 商标评审案件证据交换

商评委收到被申请人的答辩材料后，向申请人下发《商标评审案件证据交换通知书》，同时附送被申请人提交的答辩材料副本。

申请人需要对被申请人的答辩材料进行质证的，自收到答辩材料之日起 30 内提交质证材料。复审申请人放弃质证或未在规定期限内质证的，不影响商评委的评审。

4. 注册商标无效宣告申请的审查及无效宣告请求裁定的作出

《商标法》对注册商标无效宣告申请案件的审查期限作出了明文规定，依据《商标法》法第四十五条提起的无效宣告请求的，商评委应自收到申请之日起 12 个月内作出裁定；有特殊情况需要延长的，可以延长 6 个月。但文件公告送达的期间、补正文件的期间、当事人补充证据的期间不计入审查期限。

商评委审理请求宣告注册商标无效案件，针对申请人申请和被申请人答辩的事实、理由及请求进行审理，作出《无效宣告请求裁定书》。在裁定书中，商评委列明被申请人的主要理由和提交的证据、被申请人答辩的主要理由和提交的主要证据，商评委查明的事实、审查观点和法律依据，然后作出裁定。对于裁定的结果，可分为如下三种：争议商标予以维持；争议商标予以无效宣告；争议商标在部分商品或服务上予以无效宣告，在其余商品或服务上予以维持。

当事人如对裁定不服，可以自收到裁定之日起 30 日内向北京知识产权法院起诉。期满不起诉的，该裁定生效。对于宣告无效的注册商标，国家知识产权局将在《商标公告》上刊登注册商标宣告无效公告（见图 3–4–14），其商标专用权视为自始不存在。

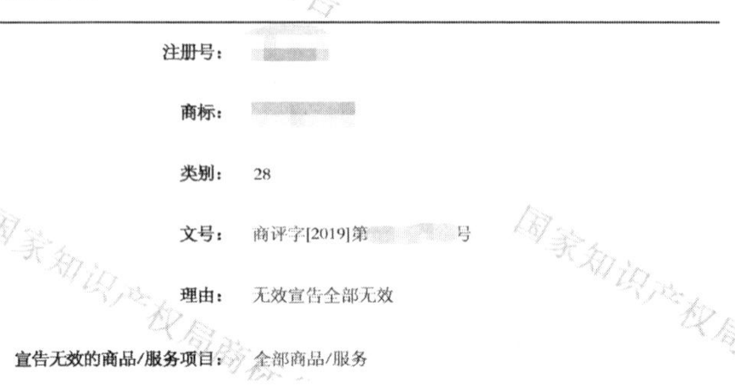
第 1679 期商标公告　　2020年01月13日

注册商标宣告无效公告

根据《中华人民共和国商标法》第四十四条、第四十五条和第四十七条之规定，下列注册商标宣告无效，予以公告。该注册商标专用权视为自始即不存在。

注册号：

商标：

类别：28

文号：商评字[2019]第　　号

理由：无效宣告全部无效

宣告无效的商品/服务项目：全部商品/服务



图 3-4-14　注册商标宣告无效公告（样式）

# 第五节　商标国际注册

知识产权具有地域性，这种地域性可理解为依据某一国家或地区的法律产生的知识产权仅在其本国或地区范围内有效，超出这一范围该项知识产权就不再具有法律效力，其他国家对这种权利也没有保护的义务，也就是说不发生域外效力。这种地域性不仅是指空间范围上的差异，更多的则是指知识产权的法域差异。

商标权作为一种知识产权，自然也具有地域性。例如，中国某企业生产的 A 商标品牌的电脑要销售到美国。A 商标已依照中国《商标法》在中国获得了注册，若该企业希望 A 商标在美国也受到法律保护，则该企业就需要另行将 A 商标在美国进行商标注册。原因在于，该企业在中国取得的 A 商标权是依据中国法律取得的，仅在中国有效，在美国取得的商标权也仅在美国有效。若该企业的 A 商标品牌电脑还要销售到日本、韩国等国家，并希望获得日本、韩国等国家法律的保护，则也都需要分别向日本、韩国等国家的商标主管机关申请商标注册。随着商品和服务全球化销售，这些商品和服务上附着的区分商品或服务来源的标志，如何得到当地国家或地区法律的保护，以及如何被不同国家或地区的消费者认可，都与商标权的获得密不可分。提到商标权的获得，自然就需要进行商标注册。而由于商标权的地域性特点，在一个国家或地区注册的商标只在该国家或地区有效。当商标持有人想在不同国家或地区寻求商标保护，就涉及商标的跨国注册，即商标国际注册。

进行商标国际注册的途径有两种，一种是马德里商标国际注册，另一种是单一国家商标注册。马德里商标国际注册是指根据《商标国际注册马德里协定》《议定书》及《商标国际注册马德里协定及该协定有关议定书的共同实施细则》（以下简称《共同实施细则》）的规定办理的马德里商标国际注册。根据商标国际注册特别联盟大会 2016 年 10 月的决定，《马德里协定》现已不再施行，《议定书》成为马德里体系下国际申请和注册适用的唯一条约。单一国家商标注册是根据各个国家或地区的法律规定，分别向各个国家或地区的商标主管机关申请办理商标注册。

本节围绕马德里商标国际注册和单一国家商标注册的相关业务进行介绍，以对商标律师在为当事人办理商标国际注册业务时有所参考和帮助。

# 一、马德里商标国际注册

## （一）马德里商标国际注册概况

### 1. 马德里体系的历史和发展

马德里体系由设在瑞士日内瓦的国际局进行管理，最初受1891年通过的《马德里协定》的约束。为了给马德里体系带来更多的灵活性，以消除阻碍某些国家和政府组织加入《马德里协定》的困难，后来又制定了《议定书》。《议定书》于1989年通过，1995年12月1日生效。随后，1995年12月至2016年10月，《马德里协定》和《议定书》成为规制马德里体系的两个条约。

凡是《保护工业产权巴黎公约》（以下简称《巴黎公约》）的成员国均可成为《马德里协定》和《议定书》的成员（又称“缔约方”），《马德里协定》和《议定书》的成员构成马德里联盟。《议定书》还接受符合其规定条件的国际政府组织作为其成员。《马德里协定》和《议定书》是两个相互独立的条约，他们有各自的成员，但有的成员同是两个条约的缔约方。根据成员是仅为一个条约的缔约方还是为两个条约的缔约方，可将成员分为三种类型：仅为《马德里协定》成员的国家、仅为《议定书》成员的国家和组织，以及既为《马德里协定》成员也为《议定书》成员的国家或组织。但是在2015年10月31日之后，马德里联盟所有成员都加入了《议定书》。

2016年10月11日，马德里联盟大会决定冻结适用《马德里协定》第14条第1款和第2款（a）项。根据该决定，各国不再只能加入《马德里协定》，但可以同时加入《马德里协定》和《议定书》，在这种情况下将以《议定书》为准。该项决定及2015年10月31日之后马德里联盟所有成员都成为《议定书》成员这一事实，把《议定书》确定为马德里体系下国际申请和注册适用的唯一条约。此后，《马德里协定》下规制国际申请和注册的条款不再施行。

截至2021年12月10日，马德里联盟成员共有109个（见图3-5-1），覆盖125个国家和2个国际政府组织（欧盟和非洲知识产权组织）。

| | | | | | |
|---|---|---|---|---|---|
| 安提瓜和巴布达 | 阿富汗 | 澳大利亚 | 巴林 | 博茨瓦纳 | 巴西 |
| 阿尔巴尼亚 | 阿尔及利亚 | 亚美尼亚 | 奥地利 | 文莱 | 柬埔寨 |
| 阿塞拜疆 | 白俄罗斯 | 比利时 | 不丹 | 加拿大 | 哥伦比亚 |
| 越南 | 保加利亚 | 中国 | 克罗地亚 | 丹麦 | 爱沙尼亚 |
| 古巴 | 塞浦路斯 | 捷克 | 朝鲜 | 欧盟 | 芬兰 |
| 埃及 | 斯威士兰 | 法国 | 德国 | 冈比亚 | 格鲁吉亚 |
| 匈牙利 | 伊朗 | 意大利 | 哈萨克斯坦 | 加纳 | 希腊 |
| 肯尼亚 | 吉尔吉斯斯坦 | 拉脱维亚 | 莱索托 | 冰岛 | 印度 |
| 利比里亚 | 列支敦士登 | 卢森堡 | 摩纳哥 | 印度尼西亚 | 爱尔兰 |
| 蒙古 | 黑山 | 摩洛哥 | 莫桑比克 | 以色列 | 日本 |
| 纳米比亚 | 荷兰挪威 | 北马其顿 | 波兰 | 老挝 | 立陶宛 |
| 葡萄牙 | 摩尔多瓦 | 罗马尼亚 | 俄罗斯 | 马达加斯加 | 马拉维 |
| 圣马力诺 | 塞尔维亚 | 塞拉利昂 | 斯洛伐克 | 马来西亚 | 墨西哥 |
| 斯洛文尼亚 | 西班牙 | 苏丹 | 瑞士 | 新西兰 | 挪威 |
| 塔吉克斯坦 | 乌克兰 | 波斯尼亚-黑塞哥维那 | | 阿曼 | 巴基斯坦 |
| 菲律宾 | 韩国 | 卢旺达 | 萨摩亚 | 新加坡 | 瑞典 |
| 叙利亚 | 泰国 | 英国 | 美国 | 突尼斯 | 土耳其 |
| 圣多美和普林西比 | | 乌兹别克斯坦 | 赞比亚 | 津巴布韦 | 土库曼斯坦 |
| 非洲知识产权组织 | 特立尼达和多巴哥 | | 阿拉伯联合酋长国 | | |

（灰色）《马德里协定》和《议定书》成员　（白色）《议定书》成员

图3-5-1 马德里联盟成员

凡是在《马德里协定》或《议定书》成员的一个国家设有真实有效的工商营业场所或者住所的法律实体或者是该国国民，或者在《议定书》成员的一个政府间组织的领土上设有真实、有效的工商营业场所或者住所的法律实体，或者是该组织一个成员国的国民，均可以适用马德里体系。

现马德里体系的法律框架由《议定书》《商标国际注册马德里协定有关议定书实施细则》（the Regulations，以下简称《实施细则》）和《〈商标国际注册马德里协定有关议定书〉的行政规程》（the Administrative Instructions）组成。其中，《实施细则》是由原《共同实施细则》于2020年2月1日更名而来。

2. 马德里体系的优点

马德里体系为商标申请人在世界范围内注册和管理商标提供了一个方便、具有成本效益的解决方案。其具体优势体现在以下几方面。

（1）申请手续简便

相对于单一国注册来说，马德里商标国际注册手续极为简便。通过单一国注册，申请人需要遵从每个国家或地区的程序规则、使用不同的语言、向每个国家或地区的商标主管机关分别提交申请和缴费。而马德里商标国际注册，申请人只需要通过本国主管局使用一种语言（英语、法语或西班牙语）向国际局提交一份申请和缴纳一套规费，就可以在最多124个国家进行商标注册申请。

（2）后续管理集中、简易

相对于单一国注册来说，马德里商标国际注册对后续的商标管理更为集中、简易。通过单一国取得注册，不同的国家会有不同的注册号和不同的续展日期。后续每件商标的变更、转让、续展等事宜都需要向有关的每个国家或地区的商标主管机关分别登记、缴费，管理起来较为不便。而通过马德里体系注册的商标，不管指定多少个缔约方，一件国际注册只有一个国际注册号、一个续展日期。所以，注册人对于国际注册的后续管理，只需通过一个国际注册号即可实现该商标在多达124个国家的管理，包括变更（如注册人名称或地址变更）、转让、商品或服务删减、续展注册等事宜，可谓一键注册、统一管理。另外，商标注册人只需要面向一个中心主管机关——国际局，来办理这些商标事务和缴纳费用，即可完成在所有指定缔约方的登记并生效。

（3）后期指定帮助扩大保护范围

商标持有人若需要扩大商标保护的地域范围，通过后期指定即可实现而无须另行提交商标注册申请。

（4）节约费用成本

马德里商标国际注册的费用及后续的管理费用相对于单一国商标注册较为低廉，尤其是节省了在各国委托代理机构而产生的大笔服务费用。马德里商标国际注册和单一国商标注册区别如表3-5-1所示。

表 3-5-1 马德里商标国际注册和单一国商标注册对比

| 项目 | | 马德里商标国际申请 | 单一国商标申请 |
|---|---|---|---|
| 注册申请手续 | 面向的商标主管局 | 通过本国商标主管局向国际局提交申请 | 每个国家的商标主管局 |
| | 申请数量 | 一份申请 | 多份申请（申请几个国家就提交几份申请） |
| | 语言 | 一种语言 | 多种不同语言（使用每个国家的官方语言） |
| | 费用 | 一个币种一套费用 | 多个币种多套费用（使用每个国家法定币种、分别向各国缴费） |
| 扩大保护地理范围 | | 后续指定 | 另行提交注册申请 |
| 后续管理（变更、转让、续展等） | | 一个注册号集中管理（只需通过本国商标主管局或国际局办理变更、转让、续展等登记手续） | 多个注册号分别管理（每一个国家有一个注册号，分别向每个国家商标局办理变更、转让、续展等登记手续） |
| 费用成本 | | 低 | 高 |

3. 马德里体系现状

（1）马德里体系的地理范围持续扩大

截至 2021 年 12 月，马德里联盟成员已增至 109 个，覆盖 125 个国家。随着新成员的加入，商标持有人现在可以通过马德里体系在 125 个国家的地理区域内为他们的品牌产品和服务寻得保护。截至 2021 年 12 月 31 日，马德里联盟成员占全球所有国家数量的 64%，拥有近 80% 的世界人口，产生的 GDP 约占全球的 87%[1]，随

[1] 2021 年《马德里年鉴》。

着成员数量继续增长有望进一步扩大。

（2）马德里商标国际注册申请量

2016 年，通过马德里体系提交的国际商标申请量约为 52 550 件，是自马德里体系创建 125 年以来申请量首次突破 50 000 件。在随后的 2017—2019 年，每年也都保持 5% 以上的增长率。2020 年，受疫情影响，通过马德里体系提交的国际商标申请量略微下降（0.6%），为 63 800 件，这是自 2008—2009 年全球金融危机以来的首次下降（见图 3-5-2）。

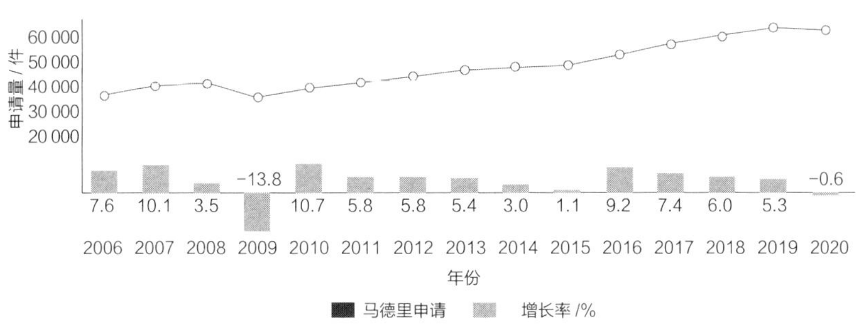


图 3-5-2　2006—2020 年国际申请量趋势

（3）中国申请人的马德里商标国际申请情况

随着中国经济的蓬勃发展，中国企业的商品和服务全球化销售不断扩大，中国申请人利用马德里体系进行商标国际注册的数量也越来越多。就 2016—2020 年的申请情况来看，2016 年中国申请人提交的马德里商标注册申请量跃进第四名，达到 3200 件，较 2015 年增长了 68.6%。2017—2020 年的国际注册申请量持续位居第三名，且保持增长的态势。尤其在 2020 年，在排名前 10 位的原属国中，中国是唯一实现两位数增长的国家，增长率为 16.4%（见表 3-5-2）。[1]

[1] 2021 年《马德里年鉴》。

表 3-5-2　2016—2020 年排名前五位原属国的国际申请量

| 名次 | 项目 | 2016 | 2017 | 2018 | 2019 | 2020 |
|---|---|---|---|---|---|---|
| 1 | 原属国 | 美国 | 美国 | 美国 | 美国 | 美国 |
| | 马德里国际申请量 / 件 | 7 741 | 7 884 | 8 825 | 10 087 | 10 005 |
| | 年增长率 /% | +4.7 | +2.0 | +11.9 | +14.3 | −0.8 |
| 2 | 原属国 | 德国 | 德国 | 德国 | 德国 | 德国 |
| | 马德里国际申请量 / 件 | 7 551 | 7 316 | 7 495 | 7 700 | 7 334 |
| | 年增长率 /% | +10.8 | −3.0 | +2.4 | +2.1 | −4.7 |
| 3 | 原属国 | 法国 | 中国 | 中国 | 中国 | 中国 |
| | 马德里国际申请量 / 件 | 4 132 | 5 230 | 6 900 | 6 339 | 7 075 |
| | 年增长率 /% | −0.4 | 36.3 | +7.9 | +1.1 | +16.4 |
| 4 | 原属国 | 中国 | 法国 | 法国 | 法国 | 法国 |
| | 马德里国际申请量 / 件 | 3 200 | 4 261 | 4 490 | 4 437 | 3 716 |
| | 年增长率 /% | +68.6 | +3.3 | +5.4 | −1.8 | −16.3 |
| 5 | 原属国 | 瑞士 | 英国 | 瑞士 | 瑞士 | 英国 |
| | 马德里国际申请量 / 件 | 3 074 | 3 292 | 3 364 | 3 729 | 3 679 |
| | 年增长率 /% | −2.4 | +9.3 | +2.9 | +10.2 | +5.1 |

根据 WIPO 统计的数据，仅就 2016—2020 年马德里国际申请指定的马德里成员来看，中国申请人所作出的指定也是相对较高的，且呈增长趋势，说明中国申请人要求商标保护的地理范围在不断扩大。2016—2020 年，中国申请人提交的马德里申请，平均每件申请所作出的指定都高于所有原属国提交的马德里申请中作出的平均指定量（7 件）。2017 年，中国申请人平均每件申请所作出的指定量是 9.2 件，其他 4 年都在 10 件以上。在 2020 年，中国

申请人在马德里申请中所做指定的数量共计是 66 728 件[1]，紧跟美国（69 208 件），位居第二（见表 3-5-3）。

表 3-5-3　2016—2020 年指定量排名前五位的原属国

单位：件

| 名次 | 项目 | 2016 | 2017 | 2018 | 2019 | 2020 |
|---|---|---|---|---|---|---|
| 1 | 原属国 | 美国 | 美国 | 中国 | 美国 | 美国 |
| | 指定量 | 50 077 | 50 799 | 59 624 | 69 619 | 69 208 |
| | 平均指定量 | 6.5 | 6.4 | 12.3 | 6.9 | 6.9 |
| 2 | 原属国 | 德国 | 中国 | 美国 | 中国 | 中国 |
| | 指定量 | 47 408 | 49 808 | 57 878 | 58 866 | 66 728 |
| | 平均指定量 | 6.3 | 9.2 | 6.6 | 10.7 | 10.0 |
| 3 | 原属国 | 中国 | 德国 | 德国 | 德国 | 德国 |
| | 指定量 | 39 934 | 43 861 | 46 345 | 43 418 | 44 054 |
| | 平均指定量 | 12.6 | 6.0 | 6.1 | 5.6 | 6.0 |
| 4 | 原属国 | 法国 | 法国 | 法国 | 英国 | 英国 |
| | 指定量 | 25 923 | 27 550 | 30 081 | 29 349 | 34 857 |
| | 平均指定量 | 6.3 | 6.5 | 6.7 | 8.5 | 9.5 |
| 5 | 原属国 | 瑞士 | 瑞士 | 瑞士 | 法国 | 瑞士 |
| | 指定量 | 19 358 | 23 090 | 22 884 | 28 151 | 25 452 |
| | 平均指定量 | 7.4 | 7.1 | 6.8 | 6.3 | 7.3 |

注：数据来源于 2017—2021 年的《马德里年鉴》。

[1] 2021 年《马德里年鉴》。

（4）马德里商标国际注册指定类别

45个《商标注册用商品和服务国际分类》（以下简称“尼斯分类”）中的前34个涉及商品，其余11个类别涉及服务。针对马德里商标国际申请指定的商品和服务类别，自1985年以来，指定最多的类别是第9类，其中包括计算机硬件和软件及其他科学电气或电子设备。服务类在马德里申请指定的所有类别中的占比已越来越大，如第35类、第42类和第41类是近年来被指定最多的服务类。2018—2020年，服务类已连续三年占据1/3以上，反映出全球服务产业的总体增长。[1]

但是中国的服务类别占比相对较低，2017—2021年《马德里年鉴》显示，2016年为18%，2017年为18.1%，2018年为20.2%，2020年为17.7%，远低于马德里申请服务类在所有类别占比的平均值。

## （二）马德里商标国际注册相关业务

本节主要针对中国申请人以中国为原属国的商标国际注册业务。

### 1. 马德里商标国际注册申请

（1）术语

在马德里商标国际注册申请业务中会遇到很多专用术语，这些术语在中国国内的商标注册申请业务中并不涉及。商标律师在办理马德里商标国际注册申请前，需要先熟悉这些术语的含义，以助于

[1] 2021年《马德里年鉴》。

后续业务的办理。

国际申请（Internation alapplication）：马德里体系下的国际注册申请，指在一个或多个马德里联盟成员的法域内寻求商标保护的请求。国际申请必须基于在某个马德里联盟成员内的在先申请或注册的基础商标而提起。

国际局（International bureau）：国际局管理马德里体系，具体负责国际申请的程序性事务和国际注册的后续管理。

国际注册簿（International register）：由国际局保管的注册簿。在国际申请中的商标符合申请条件的将作为国际注册予以登记，国际注册后续的变更也在国际注册簿上予以登记。

国际注册（International registration）：一个商标国际注册申请被准予在国际注册簿登记和在《国际商标公告》上公告。如果国际注册没有遭致被指定的马德里联盟成员的拒绝保护，它将与依据该马德里联盟成员法域内适用的法律注册的本国或本地区的商标具有同样的效力。

申请人（Applicant）：提交申请的自然人或法律实体，在一个申请中可以有多个申请人。

持有人（Holder）：国际注册被登记在其名下的自然人或法律实体。

原属国（Origin）：申请人提交商标申请的国家或地区，该国家或地区是该申请人的国籍国、居住地或成立地。申请人地址所在国家或地区用来确定该申请的原属国。在马德里体系，原属国的主管当局是该马德里联盟成员有权受理国际申请的知识产权局。例如，中国申请人通过国家知识产权局提交国际申请，中国即为原属国。

原属局（Office of origin）：原属国的商标主管机关。例如，以中国为原属国的原属局是国家知识产权局。

基础申请或注册（Basic application/registration）：也称基础商标，指在某个国家或地区的申请或注册，国际申请将以它为基础。例如，中国申请人欲提交一件国际申请，这个国际申请需要以该申请人在中国申请的或已注册的与该国际申请相同的商标为基础才能提起，这个在中国的商标申请或注册即为基础申请或注册。

申请日（Application date）：知识产权主管局收到的符合最低标准形式要求的申请的日期。

类别数（Class count）：在商标申请或注册中指定的类别的数量。在马德里体系，一个申请可以指定一个或多个类别的商品和服务。

指定（Designation）：申请人或注册人在国际申请或注册中的请求，说明他们想寻求商标保护的法域。

《巴黎公约》：签订于1883年3月20日，是最重要的知识产权条约之一。它建立了适用于所有知识产权的普遍性原则，还创建了“优先权”制度，使得知识产权申请人自其在初次申请国提交专利或实用新型申请之日起12个月内，又在其他国家提出相同专利或实用新型申请的；在初次申请国提交商标或工业产权外观设计申请6个月内，又在其他国家提出相同商标或工业产权外观设计申请的，可以基于在先申请要求优先权。

优先权日（Priority date）：作为要求优先权基础的申请日。

《国际商标公告》：马德里体系的官方公告，通过在线形式每周予以发布，内容包含新登记的国际注册、续展、后期指定，以及影响现存国际注册变更的信息。

WIPO：联合国的一个专门机构，致力于促进所有国家在经济、社会和文化发展上的发明和创造。它被授权通过国家间的合作及与其他国际组织的合作来促进全世界的知识产权保护。

马德里监视器：含有国际注册簿中目前有效或者1996年4月1日之后登记、但已失效的国际注册有关信息，可以访问国际局正在审查的国际申请、后期指定和删减的实时状态，还可以查阅《国际商标公告》。

（2）马德里商标国际注册程序及相关注意事项

①提交基础申请。进行国际注册申请的首要工作是申请人需要先拥有基础商标。基础商标可以是申请中的商标（称“基础申请”），也可以是获准注册的商标（称“基础注册”）。如果当事人尚无基础商标，则需要先进行基础商标在中国的注册申请工作。

A. 基础商标的注册申请工作需提前布局。作为当事人，尤其是从未进行过国际商标注册的，对国际申请需以其在国内商标申请或注册为申请基础的规定往往不了解。所以，对于有出口业务或计划有出口业务的当事人，商标律师在为其做商标品牌规划时，一定要提前布局，至少提前一年就做好准备，包括基础商标的选定和基础商标在国内注册申请工作的开展。

B. 基础商标以注册商标为优选方案。国际申请的基础商标可以是申请中的商标，即申请人收到国家知识产权局下发的《商标注册申请受理通知书》后即可进行国际申请。但在实际业务中，以获准注册的商标作为国际申请的基础商标是优选方案。原因是，从国际注册之日起5年内，国际注册给予的保护依附于基础商标。具体意思是，如果自国际注册之日起 5 年内，基础注册或基础申请产生的商标被注销、撤销、宣告无效或失效，或者基础申请被终局决定驳回或被撤回，国际注册不再给予保护。

申请中的商标会存在不予核准注册的风险，可能因为绝对理由或者被引证的在先商标被驳回，或者被提出异议而不予注册。一旦发生这些情况而导致基础申请效力终止，国家知识产权局将会要求国际局注销国际注册。所以，申请人选择申请中的商标为基础商标进行国际注册，将承担因基础申请效力终止而失去保护的风险。

C. 国际注册申请的商标标志需与基础商标相同，指定的商品或服务不能超过基础商标指定的范围。当事人在确定基础商标时，商标律师需提示其注意两点：一是，国际申请的商标标志与基础商标标志要相同；二是，国际申请指定的商品或服务不能超出基础商标指定的商品或服务范围，即国际申请指定的商品或服务范围可以缩小，但不能扩大，也不能含有不同的商品和服务。

还有一点需要说明的是基础商标的数量。国际申请接受一标多类申请，即在一件申请中可以同时指定多个类别。出于节省费用成本等因素考虑，申请人在进行国际申请时也都倾向于采取一标多类申请。但是，中国的大多数商标注册申请采取的是一标一类，如果申请人想在国际申请中指定多个类别，这时一件基础商标就不能满足申请人的需求了。在这种情况下，申请人可以选择多个基础申请或注册作为基础商标。例如，在图 3-5-3 所示的国际注册中，就有 4 件基础商标，其原因就是一件基础商标不能满足申请人注册的类别需要。

511 International Classification of Goods and Services for the Purposes of the Registration of Marks (Nice Classification) - NCL(8)
29 Fruit salads; fruit jellies; prepared nuts; preserved meats; fish fillets; canned fruits; preserved fruits; preserved prunes; plums, pickles, eggs, milk products, edible oils; birds' nests.
30 Coffee-based beverages; tea; sugar; sweetmeats (candy); and sugar candies; oat-based foods; dumplings; flour for food; instant noodles; shrimp-flavored cereal bars; ice creams, sauces (condiments), condiments; bean powder; shrimp-flavored crackers made of starch and shrimp powder; coffees; fruit jellies (confectionery); autumn pear paste; oat flakes; oatmeals; cookies; flour-milling products; muesli; peppermint sweets.
32 Beers, waters (beverages); mineral waters (beverages); sherbets (beverages); fruit nectars (non-alcoholic); tea-based beverages; aerated waters, preparations for making beverages; fruit powder; fruit extracts.

822 Basic registration
CN, 07.04.2001, 15505

822 Basic registration
CN, 14.05.2001, 157121

822 Basic registration
CN, 14.08.2003, 32157

822 Basic registration
CN, 28.03.2001, 15470

**图 3-5-3　马德里国际注册商标档案中源于基础商标的记录**

②提交国际注册申请具体内容如下。

A. 向国家知识产权局提交国际注册申请。在基础商标已经准备妥善后即可提交国际注册申请。根据国际注册申请须通过原属局提交的规定，来自中国的申请人的国际注册申请向国家知识产权局提交即可。

B. 国际注册申请的提交方式。国际申请可以通过纸质形式提交，也可以通过商标网上服务系统以电子形式提交。

C. 国际注册申请需要提交的文件资料：马德里商标国际注册申请书（通过电子形式提交的，需在线填写）；外文申请书（MM2 表格）（通过电子形式提交的，需在线填写）；申请人身份证明复印件（营业执照或身份证件）；代理委托书；MM18 表格（指定美国的需要此表格）。

D. 提交国际注册申请还需要注意以下 4 方面。

一是申请人。对于来自中国港澳台地区的申请人能否进行国际申请这一问题，商标律师需要了解。对于来自中国台湾地区的申请人，可通过国家知识产权局提出国际注册申请；而来自中国香港和澳门地区的申请人，目前还不能通过国家知识产权局提出国际注册申请。

二是对指定国家的商品或服务的限定。在国际注册申请中，可以对指定的国家作出商品或服务及类别的限定，但限定的商品或服务不得超出基础商标所指定的商品或服务的范围。

作出限定的一个原因是，部分国家在加入马德里联盟时，对条约的某些条款做了保留或声明，对马德里国际注册申请的某些要件进行审查时，主要依据本国法律和规定。像美国、日本和韩国对国际注册申请指定的商品和服务，就不完全采纳马德里国际注册通用的尼斯分类，尼斯分类只是作为参考。例如，“服装”是尼斯分类中的标准商品，但美国不接受“服装”这一商品描述，而是要求对“服装”作出具体的描述，如“服装，即衬衫、裤子”。所以，指定这些国家的注册申请，后续经常会遇到因商品或服务描述不符合其要求而遭致被下发审查意见或被驳回的情形，给申请人在申请时间和费用上带来额外成本。在这种情况下就非常依赖于商标律师的经验和专业知识。如果商标律师对这些国家注册申请中指定的商品和服务要求比较了解，在国际注册申请中就会较好地对指定的商品或服务作出限定性的修改，以减少或避免后续因商品或服务不规范而带来的审查意见。

对于如何了解境外这些国家对商品和服务的要求，以下几种方法商标律师可以借鉴。首先，在平时工作中，对去这些境外国家申请注册的商标案件进行整理和总结，包括可被接受的具体商品和服务，日后再申请类似的商品或服务时，可以作为参考。其次，登录这些国家商标主管机关官方网站查看对商标注册用的商品和服务的要求，如美国的《可接受的商品和服务分类手册》（*Acceptable Identification of Goods and Services Manual*）。商标律师可以根据需要有针对性地查看，而无须一次性查看多个类别的商品和服务。最后，登录这些国家商标主管机关官方网站的商标在线查询系统，使用商品或服务名称关键字查询近几年被接受的雷同商品或服务，以先例作为参考对国际注册申请所指定的商品或服务作出限定修改。在先前商标注册中被接受的商品或服务，随后的商标注册申请中相同商品或服务被接受的概率也较大。按照这种方法查找的效率较高，而且按照先例所作出的修改被接受的概率也较大。

三是优先权要求。根据《巴黎公约》的规定，申请人可以在国际注册申请中要求在先申请的优先权。在先申请是基础申请或产生基础注册的申请，但是要求优先权有时间上的限制，即在先申请的申请日不能早于国际注册日 6 个月以上。早于 6 个月以上的，优先权要求将丧失，国际局将不登记优先权数据。

在实际业务中，如果国际注册申请有优先权要求的，在条件允许的情况下，一定要尽早提交国际注册申请，最好不迟于在先申请提交后的 3 个月，而不要等到迫近优先权要求的最后期限（6 个月）再提交，否则可能会出现令商标律师费解的问题，即在提交国际注册申请时明明要求了优先权，而在国际注册簿中却无优先权的信息记录。发生这样的情形实际上和国际注册日有关。

关于国际注册日的确定有两种方式，一种是原属局收到国际注册申请的日期，另一种是国际局收到国际注册申请的日期。以原属局收到国际注册申请的日期作为国际注册日的条件是，国际局需在该日起两个月内收到国际注册申请，否则就以国际局收到国际注册申请的日期作为国际注册日。目前国家知识产权局对国际注册申请的审查和转交国际局的时间，一般都在两个月以上。所以，国际注册日为国际局收到国际注册申请的日期为常态。

例如，一件国际注册申请欲要求优先权，在先申请的申请日是2015年11月20日，为成功要求优先权，国际申请需自2015年11月20日起6个月内提出，即2016年5月20日前。申请人于2016年5月18日向国家知识产权局（原属局）提交了国际注册申请。若优先权要求能被保留住，国际局需在2016年7月18日前收到国家知识产权局转交来的国际注册申请，此时国际注册日即为国家知识产权局收到国际注册申请的日期。如果国际局在超出两个月后收到该国际注册申请，国际注册日则是国际局实际收到国际注册申请的日期，此时在先申请的日期比国际注册日期早6个月以上，优先权要求丧失，国际局将不予登记优先权的信息。

四是国际注册申请规费。国际注册申请的规费缴纳是一项重要内容，因涉及多个指定国家或地区及多个类别，计算起来也就较为复杂。一般在国际注册申请启动前，商标律师就需要向当事人作出预算，并在国际注册申请提交后随即缴纳。商标律师需要对规费的收取项目和数额熟悉、了解，并能正确计算。国际注册申请的规费如表3–5–4所示。

**表3–5–4　国际注册申请的规费**

| 分类 | 费用 |
| --- | --- |
| 基本费 | 基本费的数额取决于商标是否为彩色，而与其他因素（如指定的缔约方数量或指定的类别数量）无关。黑白商标图样653瑞士法郎，彩色商标图样903瑞士法郎 |

续表

| 分类 | 费用 |
| --- | --- |
| 向被指定缔约方缴纳的费用 | 向每一个被指定缔约方缴纳的费用或者是补充费或者是单独规费，取决于指定的缔约方。<br>未声明收取单独规费的缔约方，缴纳 100 瑞士法郎。声明收取单独规费的缔约方，按其要求的数额缴纳。收取单独规费的，不再向其缴纳补充费和附加费，即单独规费代替补充费和附加费 |
| 为商品和服务缴纳的附加费 | 此项费用不是每个国际注册申请都需要缴纳的，取决于指定的商品和服务的类别数，只有在指定的商品和服务的类别超过三个时才需缴纳。三类以上的，每增加一个类别，增加 100 瑞士法郎 |

还需要注意的一点是，有的收取单独规费的缔约方将规费分成两部分收取，如古巴、巴西和日本。第一部分单独规费是在提交国际注册申请时缴纳；第二部分单独规费按有关缔约方的法律规定在后期缴纳，一般是在有关缔约方主管局已完成对该申请商标的所有程序的审查并决定给予该商标保护时。这一要求在提交国际注册申请阶段的实际影响是，应缴数额为第一部分单独规费。需要缴纳第二部分规费时，国际局将依据有关缔约方的告知另行通知注册人。

马德里体系官方网站上有一个规费计算器（见图 3-5-4，https://www.wipo.int/madrid/feescalculator/），可以按指定缔约方和商品与服务类数的所有可能组合（包括对特定缔约方的删减）计算规费。商标律师在做规费计算时，可使用这个计算器帮助计算。

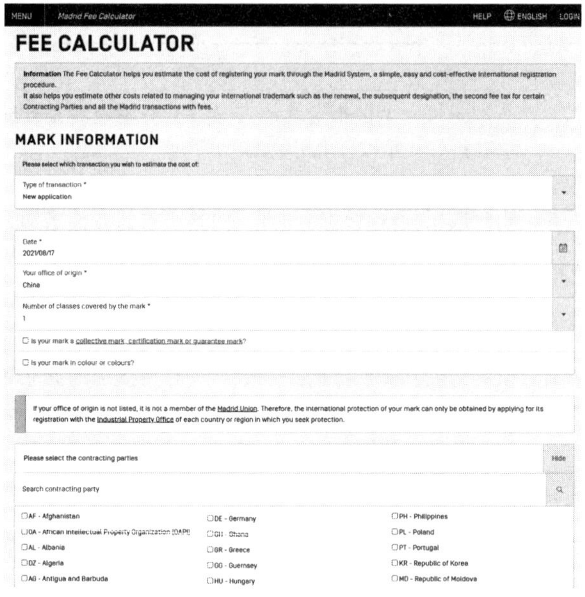


图 3-5-4　规费计算器页面

③国家知识产权局对国际注册申请的形式审查及受理步骤如下。

A. 补正。国家知识产权局收到国际注册申请后，会先进行形式审查。形式审查的内容包括提交的书件是否齐全、指定的商品或服务是否包括在基础商标中、商品或服务的分类是否正确等。如果申请书件不符合形式审查要求的，国家知识产权局将下发补正通知要求申请人补正。

B. 下发收费通知单。国家知识产权局收到手续齐备的申请书件之后，登记收文日期，编定申请号，计算申请人所需缴纳的费用，向申请人的代理人发出《收费通知单》，该通知单上载明规费金额及缴纳期限等事项。

C. 下发受理通知书。国家知识产权局在《收费通知单》上指定的期限内收到如数的规费款项后，向申请人下发《马德里商标国际注册申请受理通知书》，通知书上载明申请人的名称和地址、收文日期、基础商标的申请或注册号、商标名称等信息。

④国家知识产权局将国际注册申请转交国际局。国家知识产权局受理国际注册申请后，即向国际局转交。国际局于 1998 年推出了电子方式提交国际申请。截至 2020 年，约 84% 的国际注册申请是以电子方式提交至国际局的。❶ 国家知识产权局对国际注册申请的提交现在也以电子方式为主。

根据马德里年鉴的信息，国家知识产权局从收到国际注册申请到转交至国际局所需要的时间一般都在两个月以上，但用时呈缩短趋势。2020 年，国家知识产权局在收到国际注册申请的第 2 个月转交至国际局的已超过 50%。❷

2017—2020 年国家知识产权从收到国际申请之日起到转交至国际局的平均时间如图 3-5-5 所示。

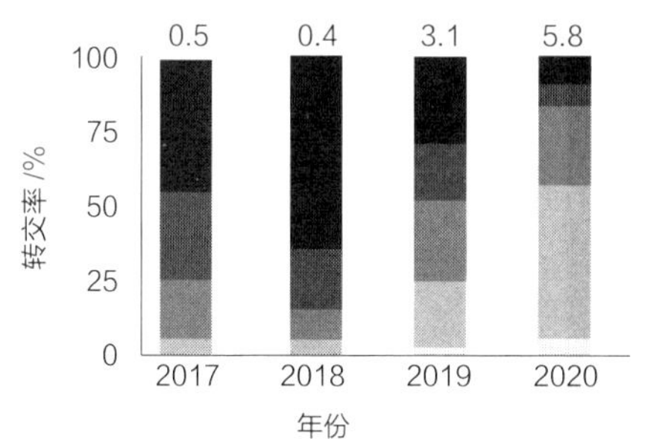


**图 3-5-5 2017—2020 年国家知识产权局从收到国际申请之日起到转交至国际局的平均时间**

数据来源：2018—2021 年《马德里年鉴》。

❶❷ 2021 年《马德里年鉴》。

⑤国际局对国际注册申请的形式审查、登记注册和公告的主要内容如下。

A. 形式审查。国际局收到国际注册申请后，先对国际注册申请进行形式审查。国际局若认为国际注册申请中存在不规范时，将通知原属局和申请人。根据不规范的性质，由原属局或申请人承担补正不规范的责任。

国际注册申请不规范可归纳为三种情形：商品和服务分类不规范、商品和服务名称不规范，以及其他不规范。商品和服务分类不规范，指国际局认为商品和服务未按照国际分类进行正确的分类和归组，或者未冠以类别号，或者类别号不正确。商品和服务名称不规范，指国际局认为商品或服务使用的词语过于模糊、不便分类，费解或者用词不正确，将通知原属局，同时告知申请人。国际局可能提出替代词，也可能建议删除该词。其他不规范包括多种情形，如规费未足额缴纳、优先权要求的信息填写不完整、商标图样不够清晰等。

根据 2021 年《马德里年鉴》，2020 年，58.1% 的马德里注册申请满足所有形式要求，这意味着马德里注册申请总量中有 41.9% 含不规范，其中很大一部分是分类不规范（见图 3–5–6）。自 2010 年起，不规范国际注册申请的占比每年均超过 30%，相对来说还是较大的，所以商标律师在办理国际注册申请时，尽量注意以上提到的各种形式问题，以尽量减少因不规范而导致的补正程序。

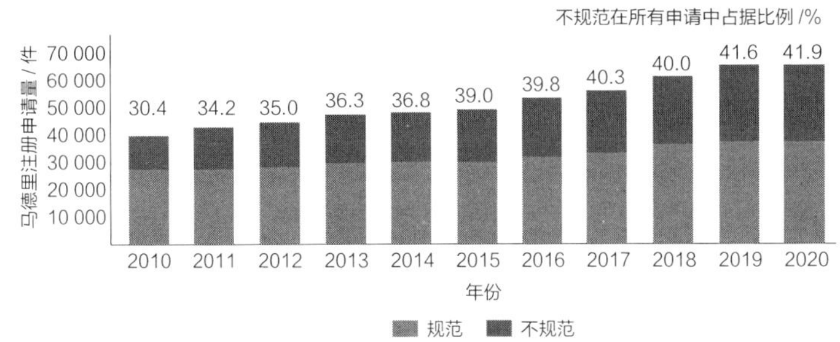


**图 3-5-6　2010—2020 年国际注册申请不规范在所有国际申请中的占比**

B. 注册、通知和公告。国际局认为国际注册申请符合有关要求的，将在国际注册簿上登记注册商标，并通知各个被指定的缔约方的主管局，告知原属局，向注册人下发《国际注册证》，并在《国际商标公告》上发布。该公告可以通过“马德里监视器”查看。

在国际注册簿登记的信息中，国际注册日期是较为重要的内容之一，它不仅是国际注册有效期的起始日，也是该国际注册被缔约方授权保护后受保护的起始日。国际注册日期的确定有两种方式，一种是原属局收到国际注册人申请的日期，另一种是国际局收到国际注册申请的日期。若国际注册的日期是原属局收到国际注册申请的日期，国际局需在该日起两个月内收到原属局转交来的国际注册申请；在此期限内未收到原属局转交来的国际注册申请的，国际注册的日期应为国际局收到所述国际注册申请的日期。

对于《国际注册证》，在原属局没有通知国际局注册证将通过原属局发给注册人的情况下，国际局会向注册人发出《国际注册证》。在电子申请的情况下，国际局会通过邮件的方式发送到注册人代理人提交申请时填写的电子邮箱（见图 3-5-7）。因此，商标律师需要关注该电子邮箱以便及时收取国际局下发的文件。

发件人: e-marks<e-marks@wipo.int>
收件人:
时间: 2021年8月3日 (周二) 13:16
大小: 374 KB

notification.pdf (269 KB)

This email is in English, French and Spanish / Ce courriel est en anglais, français et espagnol / Este correo electrónico es en inglés, francés y español.

--- ENGLISH ---

**图 3-5-7　国际局通过电子邮箱向注册人下发《国际注册证》**

国际局对国际注册申请形式审查的速度，因国际注册申请的具体情况不同而有差异。国际局最快可以在其收到国际注册申请之日起 1 个月内完成审查，慢的则需要 4 个月以上。2020 年，国际局从收到国际注册申请之日起 1 个月内完成形式审查的占比为 45.4%（见图 3-5-8）。[1]

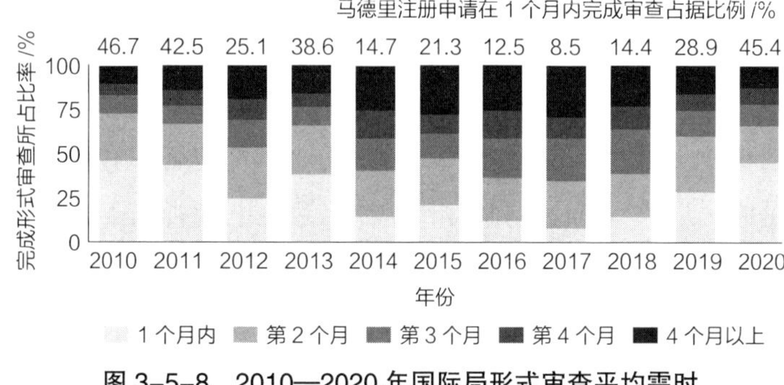


**图 3-5-8　2010—2020 年国际局形式审查平均需时**

⑥被指定缔约方的主管局对国际注册进行审查并作出授权保护或驳回决定。国际局将国际注册通知到各个被指定的缔约方主管局后，各主管局将按照本国或地区法律在规定的审查期限内对国际注册进行审查。国际注册符合被指定缔约方注册条件的，将授权保

[1] 2021 年《马德里年鉴》。

护，效力等同于被指定方的国内注册，不符合的将被驳回。

被指定缔约方主管局在对国际注册进行审查时，商标律师需要对以下事项进行了解和给予特别关注。

A. 驳回时限。根据《议定书》的规定，被指定缔约方需要驳回国际注册的，驳回必须在规定的时限内通知国际局，时限届满后发出的任何驳回将不被国际局认为是驳回。在适用的时限内不必对驳回作出终局决定，只通知所有驳回理由即可。所以，在适用时限内必须发出的，被称为“临时驳回”（Provisional refusal）。

临时驳回的通知时限，标准情况下是一年，从国际局把国际注册通知被指定缔约方主管局之日起算，除非缔约方立法规定的期限短于一年。但是，签订《议定书》的任何缔约方可以声明，指定该缔约方的国际注册的临时驳回期限由 18 个月代替一年；缔约方还可以声明，因异议而导致的驳回，可以在 18 个月届满后通知国际局。但是，如果国际注册的原属局为受《马德里协定》和《议定书》两部条约约束的缔约方的主管局，指定的缔约方也受该两部条约约束，被指定的缔约方的临时驳回通知时限仍为一年。

综上所述，在以下情况下商标律师能在一年结束时知道当事人的商标在某缔约方是否到保护，是否可能被驳回及驳回原因，即被指定缔约方未声明将驳回期限延长至 18 个月，或是被指定缔约方虽然声明将驳回期限延长至 18 个月，但其也为《马德里协定》的成员。除上述情形外，商标律师将在 18 个月结束时才能知道商标是否在该缔约方得到保护。如果该被指定缔约方还作出声明，可能在 18 月之后发出基于异议的临时驳回通知，商标律师将在 18 个月结束时知道以后是否可能有异议。

B. 驳回通知。商标律师应了解驳回通知以下三方面的信息。

一是，驳回通知经由国际局转交注册人。被指定缔约方主管局驳回国际注册的，驳回通知须经由国际局发给注册人，即驳回通知先由缔约方主管局发给国际局，国际局随后向注册人转发该驳回通知的复制件。国际局在国际注册簿中对驳回进行登记，注明发出通知的日期；在《国际商标公告》中公布，注明驳回是全部驳回还是部分驳回，部分驳回的，公布驳回的类别。对于被指定缔约方发出的表示 18 个月时限届满后可能有异议的，国际局也向注册人转发。自 2009 年 1 月 1 日起，国际局在“马德里监视器”上传驳回通知的扫描件（见图 3–5–9）。

图 3–5–9 缔约方的驳回通知

二是，驳回通知的内容。在临时驳回通知里一般包含如下内容：发出通知的主管局；国际注册号、商标名称、申请人名称；临时驳回所基于的理由及法律依据；国际注册商标被认为与在先商标冲突的，该在先商标的所有数据，包括申请日、申请或注册号、注册日、商标图样、商标所有人的名称和地址、指定的商品或服务；说明临时驳回所基于的理由和影响的全部商品和服务；对临时驳回申请复审或上诉，或对异议进行答辩的时限，以及受理复审或上诉的主管机关；复审或上诉申请是否必须通过缔约方的当地代理人提出。

三是，驳回理由。被指定缔约方对国际注册商标的驳回理由可归纳为两类：一类是“依职权的临时驳回”，即主管局认为不能给予保护；另一类是“基于异议的临时驳回”，即国际注册商标被第三人提出了异议而不能给予保护。

实践中，遇到较多的是“依职权的临时驳回”。“依职权的临时驳回”的理由有多种，如国际注册违背绝对理由条款、相对理由条款，商品和服务不规范，未对商标标识进行说明等其他不符合缔约国给予商标注册保护的相关规定。

对于因商品和服务不规范而遭致驳回的，指定美国、日本和韩国时遇到的较多。因为这些国家都有自己的商品和服务规定，尼斯分类中的商品和服务名称对他们只作为参考。但这些国家在作出商品和服务不规范的驳回决定时，一般会在通知书中提供符合要求的规范商品和服务名称的修改建议。

C. 对临时驳回通知的后续处理。注册人对临时驳回通知的后续处理，与向该缔约方主管局直接提交注册申请而遭致驳回的后续处理程序一样，享有相同的权利和救济方式（如复审或诉讼）。对于因违背绝对理由或相对理由条款而遭致驳回的，可以在法定期限内提出复审以争取克服驳回理由；对于因商品或服务不规范等其他理由遭致驳回的，按照驳回通知上提供的建议答复即可。但是对于驳回通知，未按照通知里指定的期限答复的，该商标在指定缔约方的注册视为放弃。

对驳回通知的答复或复审，一般都委托作出驳回通知的缔约方的当地代理人进行处理，即便有的缔约方对此不做强制性要求。因为当地代理人熟悉当地的法律和商标案件的处理程序，相较而言更为稳妥和专业。

在实践中，在接到驳回通知后，商标律师都会先把驳回通知通过电子邮件发送给作出驳回通知的缔约方的当地代理人，询问、委托其进行答复或提出驳回复审的报价、需要的材料、克服驳回的成功概率及进行答复的最后期限等。然后综合当地代理人的意见向当事人出具建议方案，由当事人决定是否继续进行后续处理及选择哪一种处理方案。

D. 国际注册商标在被指定缔约方的终局状态。根据《实施细则》的规定，国际注册中指定的缔约方的主管局，在有关该商标注册保护审查的全部程序完成之后，都应该向国际局发出一份声明，说明该商标在有关缔约方的最终状态。商标状态的终局决定有三种：未发出临时驳回通知而给予保护的声明、临时驳回之后给予保护的声明和确认临时全部驳回。

未发出临时驳回通知而给予保护的声明，是指在条约规定的驳回期限届满前，国际注册指定的缔约方的主管局办理的所有程序已全部完成，没有理由驳回的，该局应在期限届满前向国际局发出给予该国际商标保护的声明。如果国际局在适用的一年或 18 个月时限届满前没有收到有关被指定缔约方的这种声明或临时驳回通知的，该商标将被视为在所有指定商品和服务上受有关缔约方的保护。这种情形被称为“默认接受”原则。例如，图 3-5-10 所示指定拉脱维亚的马德里国际注册，国际局在其驳回期限届满前没有收到拉脱维亚商标主管局向国际局发出的给予保护或临时驳回的通知，该商标视为在拉脱维亚已获得保护。

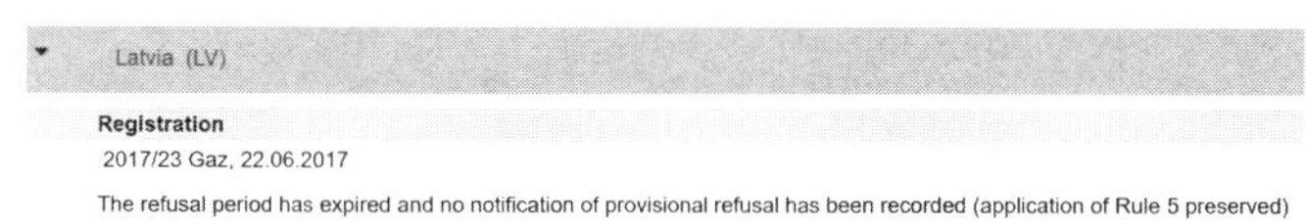


图 3-5-10　马德里国际注册在拉脱维亚视为授予注册保护的商标档案

来源：马德里体系商标数据库

临时驳回之后给予保护的声明，是指国际注册中指定的缔约方的主管局已发出临时驳回通知的，该局有关商标保护的所有程序已全部完成，该局决定撤回临时驳回而对商标在全部商品和服务上给予保护的声明，或关于商标在有关缔约方被给予保护的商品和服务的说明。

确认临时全部驳回的声明，是指国际注册中指定的缔约方的主管局已发出临时全部驳回通知的，该局有关商标保护的所有程序已全部完成，该局决定确认有关缔约方在全部商品和服务上驳回对该商标的保护的，向国际局发出的声明。

国际局收到被指定缔约方对国际注册商标的终局决定声明后，在国际注册簿上登记，通知注册人，并在《国际商标公告》中公布。另外，国际局在“马德里监视器”上也都提供了这些声明的扫描件（见图 3-5-11、图 3-5-12、图 3-5-13）。

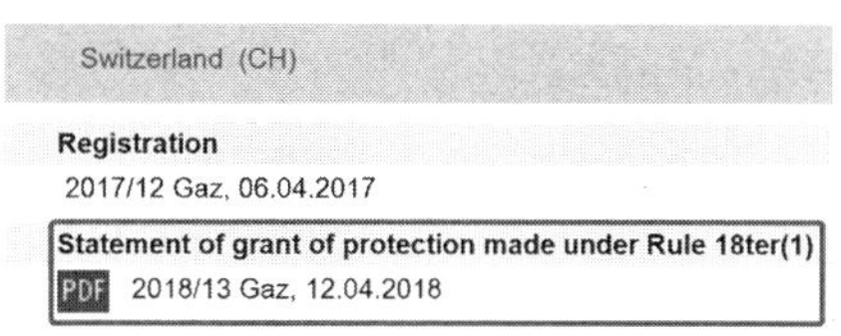


图 3-5-11　未曾发生过临时驳回情形下被指定缔约方作出的给予保护的声明

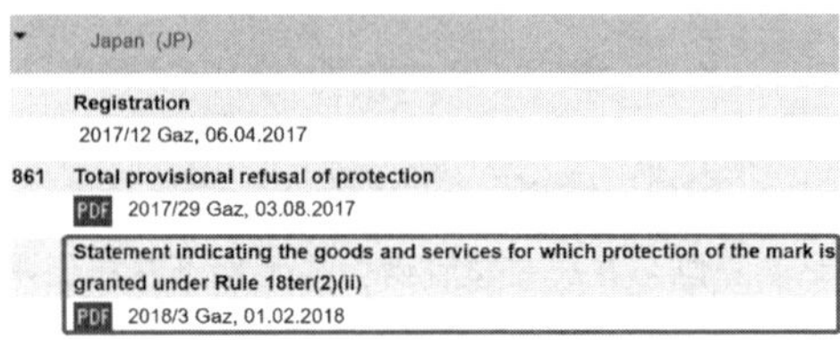


图 3-5-12　被指定缔约方在临时驳回之后作出的给予保护的声明

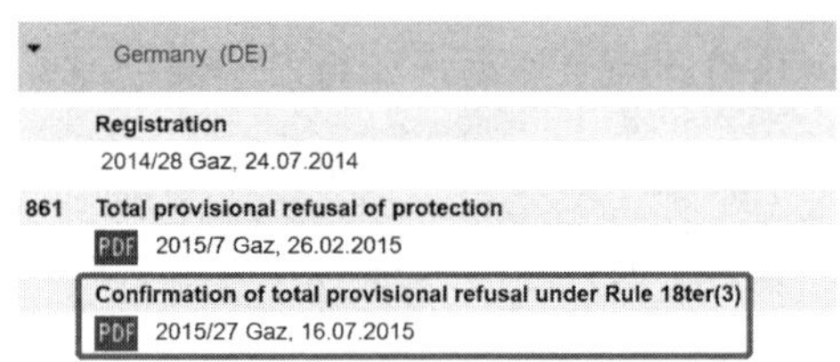


图 3-5-13　被指定缔约方在临时驳回之后作出的确认全部驳回的声明

（3）马德里商标国际注册流程

马德里国际商标注册流程如图 3-5-14 所示。

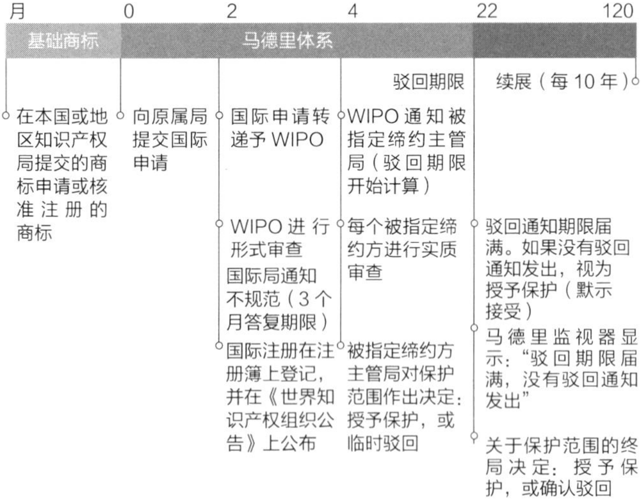

月　0　2　4　22　120

基础商标　马德里体系

驳回期限

续展（每 10 年）

在本国或地区知识产权局提交的商标申请或核准注册的商标

向原属局提交国际申请

国际申请转递予 WIPO

WIPO 进行形式审查

国际局通知不规范（3 个月答复期限）

国际注册在注册簿上登记，并在《世界知识产权组织公告》上公布

WIPO 通知被指定缔约主管局（驳回期限开始计算）

每个被指定缔约方进行实质审查

被指定缔约方主管局对保护范围作出决定：授予保护，或临时驳回

驳回通知期限届满。如果没有驳回通知发出，视为授予保护（默示接受）

马德里监视器显示：“驳回期限届满，没有驳回通知发出”

关于保护范围的终局决定：授予保护，或确认驳回

图 3-5-14　马德里国际商标注册流程

2. 后期指定

（1）概述

后期指定（Subsequent designation）是注册人在现有的国际注册中增加缔约方的一种行为，它实际上是商标持有人为扩大现有马德里注册保护的地理范围所做的请求。

后期指定的发生一般出于两种原因：一种是先前的国际注册在申请时未要求在某缔约方得到保护；另一种是在提交国际注册申请时，有关缔约方还不是马德里联盟成员。

注册人利用已有的国际注册来增加商标保护的国家或地区，既方便商标的管理又节省了较大的费用成本。根据国际局统计，2009—2020 年，全球的后期指定数量已从 35 941 件增长到 55 200 件。[1]

（2）程序

①提交后期指定。下面将从三方面来讲述后期指定的提交。

一是后期指定的提交方式。马德里商标持有人可以直接向国际局提交后期指定，也可以通过各自的主管局向国际局提交。自 2018 年起，马德里体系超过 80% 的后期指定请求是由持有人直接向国际局提交的。[2]

注册人直接向国际局提交的，可以使用指定的表格 MM4 以邮寄或电子方式，或使用 WIPO 网站上的在线后期指定工具“E-Subsequent Designation”（https：//www3.wipo.int/osd/?lang=en）。E-Subsequent Designation 操作较为简单，进入后期指定申请页面后，根据提示在表格中输入国际注册号（见图 3-5-15），点击搜索将显

[1][2] 2021 年《马德里年鉴》。

示可进行后期指定的缔约方名单（见图 3–5–16），注册人可以方便地选择希望指定的缔约方及指定的商品和服务（包括商品和服务清单的删减）。此外，规费将自动计算（见图 3–5–17），可以使用信用卡支付，也可以从与 WIPO 往来的账户中扣除（见图 3–5–18）。

图 3–5–15　后期指定申请

https://www3.wipo.int/osd/selection.xhtml

E-Subsequent Designation

E-Subsequent Designation

13379

Trademark details

IRN 13379

Holder ,Ltd.

Shanghai

CN

Representative IP LAW FIRM

Contracting Parties
AF (Afghanistan)
AG (Antigua and Barbuda)
AL (Albania)
ZW (Zimbabwe)
select all unselect all

Classes 9; 12; 37

options Total Partial

图 3–5–16　选择要指定的缔约方、商品或服务

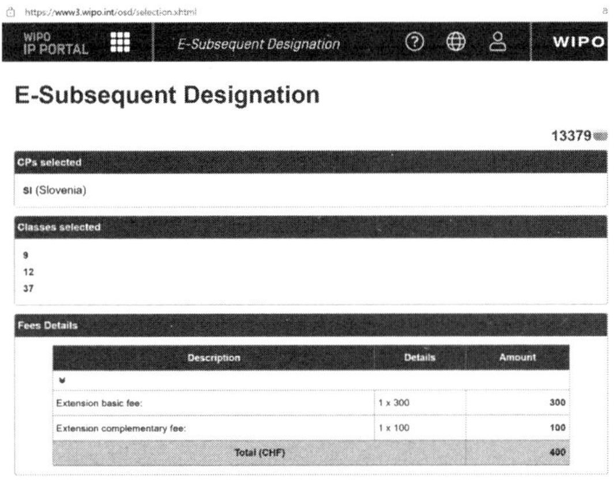


图 3–5–17　自动计算规费

https://www3.wipo.int/madridpay/payment.xhtml?returnUrl=https://www3.wipo.int/osd/payResult.xhtml&lang=en&transactionId=TMFRM...

WIPO IP PORTAL　Madrid E-Payment　WIPO

E-Subsequent Designation

| Transaction ID | TMFRMEX-200220372 |
|---|---|
| Transaction subject | EX |
| Amount to pay | 400.00 CHF |

Your reference (optional, free text box for your own purposes)

E-mail address

Payment Method:

○ Credit card

○ Current account at WIPO

Back　Submit

图 3–5–18　选择支付方式

注册人若通过主管局（此处指国家知识产权局）提交，可通过纸质方式或者商标网上服务系统以电子方式提交。需要向国家知识产权局提交的文件包括外文申请书（MM4）；商标代理委托书；指定美国的，一并提交 MM18 表。

二是后期指定使用的语言。后期指定可以使用英语、法语或西班牙语，由注册人选择，与国际注册所基于的国际申请提交时的语言无关。中国注册人一般都选择使用英语提交，因为相较于另外两个语种，对英语更为熟悉。

三是后期指定的商品和服务。在后期指定中对商品和服务的指定，可以是国际注册簿中登记的全部商品和服务，也可以是部分商品和服务。指定方式有以下三种：在所有被指定缔约方指定国际注册的全部商品或服务；在所有被指定缔约方仅指定国际注册的部分商品或服务，选择此种指定方式时，需要列出后期指定涉及的商品或服务；在部分指定缔约方仅指定国际注册的部分商品或服务，在其他被指定缔约方指定国际注册的全部商品或服务，选择此种指定方式时，需要详细说明有关商品或服务及其对应的被指定缔约方。

四是后期指定的规费。后期指定的规费归纳起来由两部分组成，即基本费和向每一个被指定缔约方缴纳的费用，如表 3-5-5 所示。

**表 3-5-5　后期指定规费**

<table>
<tr><th colspan="2">分类</th><th>费用</th></tr>
<tr><td colspan="2">基本费</td><td>300 瑞士法郎（无论商标图样是黑白的还是彩色的）</td></tr>
<tr><td rowspan="2">向每一个被指定缔约方缴纳的费用</td><td>补充费</td><td>未声明收取单独规费的缔约方，缴纳 100 瑞士法郎</td></tr>
<tr><td>单独规费</td><td>声明收取单独规费的缔约方，按照缔约方要求的数额缴纳（收取单独规费的缔约方，不再向其缴纳补充费）</td></tr>
</table>

商标律师在计算后期指定规费时，可以使用 WIPO 网站马德里

体系网页上的规费计算器。

上述规费适用的时间是有关国际注册已缴纳规费的10年中剩余的时间。换言之，不论后期指定在国际注册续展前有几年有效期，规费数额相同。

②国家知识产权局对后期指定进行形式审查和转递国际局。后期指定若是通过国家知识产权局向国际局转递的，国家知识产权局会先针对注册人提交的书件进行形式审查，若有不符合形式要求的，会要求注册人进行补正。注册人提交的书件符合形式审查要求的，国家知识产权局将要求注册人限期缴纳后期指定规费。国家知识产权局收到注册人缴纳的后期指定规费后，将向国际局转递该后期指定。

③国际局对后期指定进行形式审查及登记、通知和公告。国际局收到后期指定后，将先进行形式审查。国际局认为后期指定不规范时，将通知注册人，要求其限期补正。后期指定若由主管局提交，还将通知主管局。国际局认为后期指定符合有关要求时，将在国际注册簿上登记，并通知各个被指定缔约方的主管局。国际局同时还将告知注册人；后期指定通过主管局提交的，并告知该局。后期指定也在《国际商标公告》中公布。

后期指定日期根据向国际局提交的递交者不同而分为两种确认方式：由注册人直接向国际局提交的，日期为国际局收到的日期；由主管局向国际局提交的，日期为主管局收到的日期，但是需以国际局在该日起两个月内收到为条件，如果国际局在该时限届满后收到，日期为国际局实际收到的日期。

后期指定的保护期与国际注册在同一天届满。也可以说，对于商标国际注册所包含的所有指定，不论指定是在哪一天登记的，国际注册的续展日均为同一天。

④被指定缔约方对后期指定商标的审查及作出授权保护或驳回决定。国际局将后期指定通知被指定的缔约方主管局后，各个主管局即开始对该后期指定商标进行审查。被指定缔约方主管局若认为需驳回对后期指定的保护，所采用的程序与驳回国际注册中的指定相同。也就是说，后期指定的被指定缔约方主管局也要受驳回时限（一年或 18 个月）的约束，其发出驳回通知的时限从国际局将后期指定通知缔约方主管局之日起算。

3. 注册人名称或地址变更登记

（1）概述

注册人名称或地址变更（The recording of a change in the holder's name and/or address）是指注册人的名称和地址中的任意一项发生了变化，而需要向国际局申请办理名称或地址变更登记。

（2）手续

注册人名称或地址变更申请可以直接向国际局提交，也可以通过国家知识产权局（注册人缔约方的主管局）向国际局提交。

注册人直接向国际局提交变更申请的，可以通过 WIPO 网站马德里体系下的“变更注册人信息”工具进行在线提交，也可以向国际局提交纸件变更申请书 MM9 表。在线提交较为快捷方便，是优选的提交方式。

通过国家知识产权局提交的，需要提交中文变更申请书、外文变更申请书（MM9 表）和代理委托书。另外，国内的基础申请或注册需先行办理名称或地址变更手续。现在，向国家知识产权局提交变更申请，可以通过商标网上服务系统提交。国家知识产权局收到变更申请后，认为申请书件符合有关要求的，向注册人下发收费通知单，要求注册人限期缴费。国家知识产权局收到注册人缴纳的规费后即向国际局转交。

国际局收到变更申请后，会进行审查。国际局认为变更申请不符合有关要求时，将通知注册人，要求其限期补正。如果申请是通过主管局提交的，一并通知主管局。变更申请符合有关要求后，国际局将在国际注册簿中登记，通知各被指定缔约方主管局，告知注册人，申请若由主管局提交的，还通知主管局。此外，国际局还在《国际商标公告》中公布。登记日期为国际局收到的符合有关要求的申请之日。

在注册人名称或地址变更申请中，一份申请可以涉及该注册人名下所有的国际注册，也可以在该份申请中指定代理人。

（3）规费

注册人名称或地址变更的收费按照提交的变更申请书（MM9表）的份数收取，而不论申请涉及几项国际注册。一份申请书的规费是150瑞士法郎。

4. 代理人名称或地址变更登记

（1）概述

代理人名称或地址变更登记（The recording of a change in the representative's name and/or address）是指马德里商标国际注册所登记的代理人的名称和（或）地址发生了变更，而向国际局办理的变更登记手续。

在实践中，代理人的名称或地址变更是经常发生的事件，尤其是地址变更更为频繁。代理人为了保证其能收到国际局发送的关于其代理的有关国际注册的通知或文件，在其名称或地址发生变更后，需向国际局办理变更登记手续。另外，随着电子申请的普及和新型冠状病毒的流行，国际局大多通过电子邮件向代理人发送通知或文件。所以，如果代理人的电子邮箱地址发生了变化，也需要向国际局办理变更登记，手续和名称或地址的变更相同。

代理人名称或地址变更是因代理人原因造成的，与注册人无关，所以，代理人向国际局办理名称或地址变更登记是代理人的义务，不需要注册人的委托。

（2）手续

代理人名称或地址变更可以直接向国际局申请办理，也可以通过主管局（此处也是指国家知识产权局）转递国际局。

代理人直接向国际局办理变更手续的，可以通过 WIPO 网站马德里体系下的“代理人管理”工具进行在线提交，也可以向国际局提交 MM10 表。在线提交较为快捷方便，是为优选提交方式。

通过国家知识产权局提交的，需要按照国家知识产权局的要求向其提交外文申请书（MM10 表）。向国家知识产权局提交变更申请，可以通过商标网上服务系统在线提交。

国际局收到变更申请后，会进行审查。国际局认为变更申请不符合有关要求时，将通知注册人，要求其限期补正。如果申请是通过主管局提交的，一并通知主管局。变更申请符合有关要求后，国际局将在国际注册簿中登记，通知各被指定缔约方主管局，告知注册人和提交变更申请的主管局，并在《国际商标公告》中公布。登记日期为国际局收到的符合有关要求的申请之日。

在代理人名称或地址变更申请中，一份申请可以涉及多项国际注册，写明即可。

（3）规费

代理人名称或地址变更登记无须缴纳规费。

5. 指定代理人

（1）概述

指定代理人（Appointment of a representative）是指马德里商标国际注册的注册人原无代理人，但现在委托了代理人；或者原来登记有代理人，但现在希望变更，向国际局申请登记该新代理人的手续。

指定代理人一般都是因注册人更换了代理人，新的代理人在注册人委托下向国际局办理指定代理人申请手续。向国际局申请办理新代理人登记是新代理人的义务，其只有被登记为当事人国际注册的代理人，国际局才会向其发送关于该国际注册的后续通知或文件。所以，在商标律师接受了当事人关于商标案件的委托后，除了要对其国内的商标办理代理人变更手续外，也需要对其国际商标办理代理人变更手续，以善尽代理职责。

（2）手续

注册人可直接向国际局申请指定代理人，也可以通过国家知识产权局转递国际局。

代理人直接向国际局办理指定代理人手续的，可以通过WIPO网站马德里体系下的“代理人管理”工具进行在线提交，也可以使用

MM12 表向国际局提交。在线提交较为快捷方便，是为优选提交方式。

通过国家知识产权局提交的，需按照国家知识产权局的要求向其提交外文申请书 MM12 表和商标代理委托书。通过国家知识产权局提交时，可以通过商标网上服务系统在线提交。

国际局收到指定代理人申请后，会进行审查。国际局认为申请不符合有关要求时，将通知注册人，要求其限期补正。如果申请是通过主管局提交的，一并通知主管局。申请符合有关要求后，国际局将在国际注册簿中登记，通知各被指定缔约方主管局，告知注册人和提交变更申请的主管局，并在《国际商标公告》中公布（见图 3-5-19）。登记日期为国际局收到的符合有关要求的申请之日。

在指定代理人申请中，一份申请可以涉及多项国际注册，写明即可。

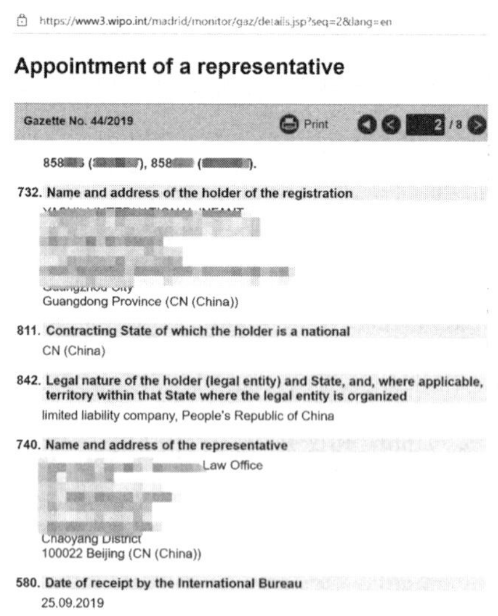
https://www3.wipo.int/madrid/monitor/gaz/details.jsp?seq=2&lang=en

**Appointment of a representative**

Gazette No. 44/2019　Print　2 / 8

**732. Name and address of the holder of the registration**

Guangdong Province (CN (China))

**811. Contracting State of which the holder is a national**

CN (China)

**842. Legal nature of the holder (legal entity) and State, and, where applicable, territory within that State where the legal entity is organized**

limited liability company, People's Republic of China

**740. Name and address of the representative**

Law Office

Chaoyang District

100022 Beijing (CN (China))

**580. Date of receipt by the International Bureau**

25.09.2019

图 3-5-19　指定代理人公告（样式）

（3）规费

指定代理人无须缴纳规费。

6. 删减

（1）概述

删减（Limitation）是指对国际局已登记的国际注册，注册人向国际局申请在全部或部分被指定缔约方删减商品或服务。

注册人进行删减登记发生较多的原因是，该国际注册商标在某个被指定缔约方遭致临时驳回，驳回理由是与在先商标相冲突。注册人为克服该临时驳回通知，与在先商标持有人达成和解（或称“共存协议”），但在共存协议中，在先商标持有人同意该国际注册商标只在部分商品或服务上注册，而其他商品或服务上的国际注册需要删除，注册人为了获得在被同意的部分商品或服务上的注册，就需要针对该国际注册在该被指定缔约方指定的部分商品或服务上向国际局提出删减申请。国际局对该删减进行登记后，注册人即可在临时驳回的后续复审程序中通过递交共存协议及国际局的删减通知而获得在其他剩余商品或服务上的注册保护。

对于删减登记，国际局不将删除的商品和服务从国际注册簿中删除，即仍保留在国际注册的主清单中。删减的效力是，在删减所涉及的地域内，国际注册在有关商品和服务上不再受保护。

（2）手续

对于删减申请，注册人可以直接向国际局提交，也可以通过国家知识产权局（注册人缔约方的主管局）向国际局转递。

注册人直接向国际局办理删减手续的，可以通过 WIPO 网站马德里体系下的“删减”工具进行在线提交，也可以使用MM6表向国际局提交。在线提交删减登记较为简单：进入删减申请页面后，输入国际注册号，就会清楚地显示出目前在每个被指定缔约方登记的商品和服务清单，这时可以很方便地对这些商品和服务进行修改，也可以删除整类以反映删减。删减信息填写完后，直接可以在线支付，包括信用卡或从WIPO账户中扣除所需金额。

通过国家知识产权局提交的，需要向国家知识产权局提交删减中文申请书、外文申请书MM6表和商标代理委托书。通过国家知识产权局转递的，可以通过国家知识产权局的商标网上服务系统在线提交。国家知识产权局收到删减申请后，认为申请书件符合有关要求的，向注册人下发收费通知单，要求注册人限期缴费。国家知识产权局收到注册人缴纳的规费后即向国际局转交。

国际局收到删减申请后，会进行审查。删减申请不符合有关要求时，国际局将通知注册人，要求其限期补正。如果申请是通过主管局提交的，一并通知主管局。删减申请符合有关要求后，国际局将在国际注册簿中登记，通知各被指定缔约方主管局，告知注册人和提交删减申请的主管局（若申请通过主管局提交），并在《国际商标公告》中公布。登记日期为国际局收到符合有关要求的申请之日。

在删减申请中，一份申请可以涉及多项国际注册。另外，注册人在删减申请中还可以指定代理人。

（3）规费

删减登记的规费是每个国际注册号177瑞士法郎。

7. 放弃

（1）概述

放弃（Renunciation）是指注册人放弃部分被指定缔约方对全部商品或服务上的保护。放弃的效力是，国际注册的保护将不再适用于被放弃的缔约方。但是，放弃保护的缔约方，以后还可以再次指定。

（2）手续

放弃申请可以由注册人直接向国际局提交，也可以通过国家知识产权局（注册人缔约方的主管局）向国际局提交。注册人直接向国际局办理放弃申请的，可以通过 WIPO 网站马德里体系下的“放弃”工具进行在线提交，也可以直接向国际局提交注销申请书 MM7 表。通过国家知识产权局提交的，需要向国家知识产权局提交中文放弃申请书、英文放弃申请书（MM7 表）和商标代理委托书。通过国家知识产权局提交时，可以通过商标网上服务系统在线提交。

国际局收到放弃申请后，会进行审查。放弃申请不符合有关要求时，国际局将通知注册人并要求其限期补正。如果申请是通过主管局提交的，一并通知主管局。放弃申请符合有关要求后，国际局将在国际注册簿中登记，通知各有关被指定缔约方的主管局，告知注册人，申请若由主管局提交的，还通知主管局。此外，国际局还在《国际商标公告》中公布。登记日期为国际局收到符合有关要求的申请之日。

在放弃申请中，注册人还可以同时指定代理人。

（3）规费

放弃申请无须缴纳规费。

8. 注销

（1）概述

注销（Cancellation）是指注册人在全部被指定缔约方对部分或全部商品和服务进行注销。注销国际注册时，商品和服务从国际注册簿上国际注册的主清单中永久删除。如果注销全部商品和服务，则注册簿上不再保留任何记录。其后果是，以后不能再进行后期指定，因为国际注册已不存在。部分注销的，注销的商品或服务从国际注册簿上删除。原注册人如果希望商标再次得到保护，必须提交新的国际注册申请。部分注销的，注销的商品或服务从国际注册簿上删除，和全部注销一样，注册人不能再对国际注册已注销的商品或服务要求任何后期指定。注册人如果希望商标再次在这些商品和服务上得到保护，只能提交新的国际申请。

（2）手续

注销申请可以由注册人直接向国际局递交，也可以通过国家知识产权局（注册人缔约方的主管局）向国际局提交。

注册人直接向国际局办理注销申请的，向国际局提交注销申请书 MM8 表即可。

通过国家知识产权局提交的，需向国家知识产权局提交中文注销申请书、英文注销申请书（MM8 表）和商标代理委托书。通过国家知识产权局提交时，可以通过国家知识产权局的商标网上服务系统在线提交。

在注销申请中，注册人还可以同时指定代理人。

国际局收到注销申请后，会进行审查。注销申请不符合有关要求时，国际局将通知注册人并要求其限期补正。如果申请是通过主管局提交的，一并通知主管局。注销申请符合有关要求后，国际局将在国际注册簿中登记，通知全部被指定缔约方的主管局，告知注册人，申请若由主管局提交的，还通知主管局。此外，国际局还在《国际商标公告》中公布。登记日期为国际局收到符合有关要求的申请之日。

（3）规费

注销申请无须缴纳规费。

9. 转让

（1）概述

转让（Change in ownership），也称“所有权变更”，是指国际注册所有人将其国际注册商标专用权让与他人的法律行为。

在实践中，国际注册的所有权变更的原因有很多，如商标转让、一家或多家公司合并、法院裁决等。此类变更必须在国际注册簿上将新所有人登记为国际注册的新持有人。

国际注册转让可以针对国际注册的全部商品和服务，也可以针对部分商品和服务；对于转让的地域，可以是全部被指定缔约方，也可以是部分被指定缔约方；对于具体的转让范围，需在转让申请中予以说明。

在办理国际注册转让之前，必须确保受让人满足持有国际注册必备的要求，即受让人应当在某个缔约方境内设有真实有效的工商营业场所，或者有住所，或者是缔约方国民。

在转让申请中，可以同时指定代理人。

（2）办理程序

转让申请可以由转让人直接向国际局提交，也可以通过国家知识产权局（转让人或受让人缔约方的主管局）提交。

转让人直接向国际局提交的，只需提交由国际局制作的英文转让申请书 MM5 表即可，无须转让协议等证明所有权发生变更的文件。注册人可通过邮寄或以 WIPO 网站的在线申请方式予以提交。注册人在线提交的，可通过 WIPO 网站的马德里在线服务板块进入申请页面。

通过国家知识产权局提交的，需提供中文转让申请书、英文转让申请书（MM5 表）、转让和受让双方的身份证明复印件和商标代理委托书。通过国家知识产权局提交时，可以使用商标网上服务系统在线提交。国家知识产权局收到转让申请后，认为符合有关要求的，向注册人下发收费通知单，要求注册人限期缴费，国家知识产权局收到注册人缴纳的规费后即向国际局转交。国际局收到转让申请后，会进行审查。转让申请不符合有关要求时，国际局将通知注册人并要求其限期补正。如果申请是通过主管局提交的，一并通知主管局。转让申请符合有关要求后，国际局将在国际注册簿中登记，通知国际注册转让涉及的各个被指定缔约方的主管局，告知原注册人和新注册人。申请若由主管局提交的，还要通知主管局。此外，国际局还要在《国际商标公告》中公布。转让登记日期一般为国际局收到符合有关要求的申请之日。

国际注册的转让若仅涉及部分商品或服务，或者部分被指定缔约方的，转让将在国际注册簿上有关国际注册的注册号下登记。被转让部分将作为另一项国际注册登记，注册号为被部分转让的国际注册的注册号加上一个大写字母。《国际商标公告》中公布的内容为国际注册被转让的部分（包括商标、商品和服务清单及有关被指定缔约方）（见图 3-5-20）。

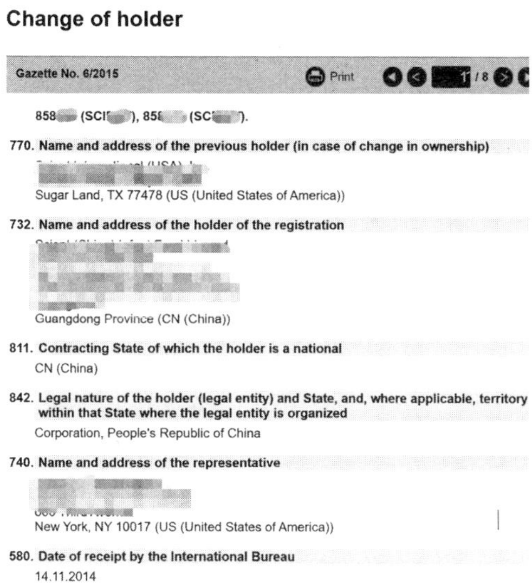

**Change of holder**

Gazette No. 6/2015　Print　1/8

858 (SCI ), 858 (SC ).

**770. Name and address of the previous holder (in case of change in ownership)**
Sugar Land, TX 77478 (US (United States of America))

**732. Name and address of the holder of the registration**
Guangdong Province (CN (China))

**811. Contracting State of which the holder is a national**
CN (China)

**842. Legal nature of the holder (legal entity) and State, and, where applicable, territory within that State where the legal entity is organized**
Corporation, People's Republic of China

**740. Name and address of the representative**
New York, NY 10017 (US (United States of America))

**580. Date of receipt by the International Bureau**
14.11.2014

图 3-5-20　转让公告（样式）

（3）规费

国际注册转让按照申请中填写的转让的国际注册号数量收取，每个国际注册号的转让规费为 177 瑞士法郎。

10. 续展

（1）概述

续展（Renewal）是指在国际注册有效期届满时，注册人想使该国际注册继续有效而向国际局提出的延长保护期的请求。国际注册的有效期为 10 年，自国际注册日起算，之后可以缴纳规费续展，每 10 年续展一次。

对于国际注册所包含的所有指定，不论在哪一天登记，国际注册的续展日均为同一天。所以，对于后期指定的缔约方，亦需要一同办理续展。注册人可以选择对部分被指定缔约方不续展国际注册，对于在部分被指定缔约方已不受保护的商标（如被驳回、放弃、被无效宣告），亦无须进行续展。

国际局在国际注册的每个 10 年有效期届满前 6 个月将发出非正式通知（见图 3-5-21），提醒注册人及其代理人（如果有）有关续展事宜，包括有效期届满日期。如果注册人未能在有效期届满日前申请续展，国际局会给予 6 个月的宽展期。在宽展期内仍未申请续展的，国际局将注销该国际注册。

WIPO
WORLD
INTELLECTUAL PROPERTY
ORGANIZATION

ORGANISATION MONDIALE
DE LA PROPRIÉTÉ INTELLECTUELLE
Chemin des Colombettes 34
1211 GENÈVE 20

**NOTICE CONCERNING THE POSSIBILITY TO RENEW AN INTERNATIONAL REGISTRATION (ARTICLE 7(3) OF THE MADRID PROTOCOL)**

International Registration No: 8795
Holder's ref.:

Geneva, 4 May 2015

Dear Sir or Madam,

We are pleased to remind you that international registration No. 879 (PAT PE) will expire on 27 December 2015.

You may renew the international registration by paying the required amounts of the renewal fees, in full, no later than the abovementioned date. You may also renew it by paying those amounts within a grace period of six-months following the said date, with a surcharge.

Before renewing the international registration, you may consider bringing it up-to-date by requesting the recording of changes or cancellations so the international registration is renewed according to the holder's current interests and reflecting the holder's current information. Please, present these requests as early as possible, bearing in mind that these changes or cancellations must be already recorded by the time you renew your international registration so they can be taken into account.

When you are ready to renew the international registration, we invite you to use our electronic renewal system for payment by credit card or with a WIPO current account (E-Renewal). E-Renewal allows users to select the designated Contracting Parties in respect of which to renew the international registration, it presents a statement with the required amounts and provides for a secure online payment platform. Please, be aware that E-Renewal is only available as from three months before the date on which the international registration will expire. E-Renewal is also available during the six-month grace period, but, in this case, it will automatically require the payment of a surcharge.

You may also renew the international registration by transferring the required amounts, in full, to a WIPO postal account or bank account. In this case, you are requested to send your renewal instructions and detailed transfer information using the official form MM11, which will expedite the processing of your payment. Please, take into account that transfer of funds may take time and that some banks may deduct charges from the transferred amount.

You can find further information on how to calculate the renewal fees and how to renew an international registration as well as links to E-Renewal, the official form MM11, the Schedule of fees and the Fee Calculator at: http://www.wipo.int/madrid/en/how_to/manage/renewal.html.

Yours faithfully,

The International Bureau of the
World Intellectual Property Organization
(WIPO)

图 3-5-21 国际局的非正式通知（样式）

（2）办理程序

续展申请可以由注册人直接向国际局提交，也可以通过国家知识产权局向国际局提交。

注册人直接向国际局提交续展申请的，可向国际局提交外文续展申请书 MM11 表，也可以在 WIPO 网站在线提交续展申请。

注册人通过国家知识产权局向国际局提交续展申请的，需要提供中文续展申请书、外文续展申请书 MM11 表和商标代理委托书。通过国家知识产权局提交时，可以使用商标网上服务系统在线提交。国家知识产权局收到续展申请后，认为申请书件符合有关要求的，向注册人下发收费通知单，要求注册人限期缴费。国家知识产权局收到注册人缴纳的规费后即向国际局转交。续展申请符合有关要求后，国际局把国际注册的续展在国际注册簿中登记，日期为应续展日。国际注册中的所有指定不论在国际注册簿中登记的日期如何，续展生效日期均为同一天。国际注册续展后，国际局通知有关被指定缔约方的主管局，并发送给注册人一份证明。如果国际注册在某被指定缔约方未续展，国际局会通知注册人、代理人（如果有）和有关主管局。此外，国际局将续展的有关数据在《国际商标公告》中公布。

国际注册未续展的，将通知注册人、代理人（如果有）和各被指定缔约方的主管局并在《国际商标公告》中公布。公告内容仅有国际注册号和应续展日。通知和公告在应续展日起 6 个月期限届满之后进行。

（3）规费

国际注册续展应缴纳的规费包括基本费、向有关被指定缔约方主管局缴纳的费用（包括补充费和单独规费，向每一个被指定缔约方缴纳的费用是补充费还是单独规费，取决于指定的缔约方）和为超出三类以上的商品和服务缴纳的费用（称"附加费"，此项费用不是每个续展都需要缴纳，取决于指定的商品和服务的类别数，只有在续展的商品和服务的类别超过三个时才需缴纳），详见表3-5-6。

**表 3-5-6　国际续展规费**

| 分类 | | 费用 |
|---|---|---|
| 基本费 | | 653 瑞士法郎（若在宽展期提交的，加收 326.5 瑞士法郎） |
| 向被指定缔约方缴纳的费用 | 补充费 | 未声明收取单独规费的缔约方，缴纳 100 瑞士法郎 |
| | 单独规费 | 声明收取单独规费的缔约方，按照缔约方要求的数额缴纳（收取单独规费的缔约方，不再向其缴纳补充费，即单独规费代替补充费和附加费） |
| 为商品和服务缴纳的附加费 | | 超出 3 个类别的，每增加一个类别，增加 100 瑞士法郎 |

11. 国际注册转变为国家或地区申请

（1）概述

国际注册转变为国家或地区申请，简称"转变"（Transformation），与国际注册依附于基础商标有关。要了解转变程序，需要先了解国际注册对基础商标的依附。

从国际注册之日起 5 年内，国际注册给予的保护依附于原属国的基础商标。如果在该 5 年期内，基础商标效力终止。例如，基础注册被撤销，或者基础申请被终局决定驳回或被撤回，注册人不得再要求国际注册给予保护。这种因基础商标效力终止而使国际注册在所有受保护的国家或地区失去效力的过程，被称为“中心打击”。根据《议定书》的规定，国际注册因为基础商标效力终止而被注销的，注册人仍有机会继续在被指定缔约方取得保护。这种机会就是注册人从国际注册在国际注册簿中登记注销之日起 3 个月内，向国际注册曾经有效的所有缔约方的主管局直接申请保护同一商标，即“转变”。通过这种“转变”程序提出的国家申请或地区申请视为在原国际注册的注册日或后期指定日提交。基础商标效力的终止仅涉及国际注册部分商品和服务的，国际注册的保护相应缩小。

后期指定没有单独的依附关系，从国际注册日开始的依附期是唯一的依附期。

（2）基础商标效力终止和国际注册注销登记

《议定书》规定的基础商标效力终止的原因有以下几种：被撤回，失效，被放弃，驳回、撤销、注销或宣告无效的终局决定被作出。

基础商标效力终止的时间为国际注册之日起 5 年期限届满。但是在 5 年期限届满前开始的程序而在 5 年期限届满后终止保护的，也适用于该规定。例如，以下所列情形在 5 年期届满后导致对基础申请、基础申请产生的注册或基础注册的驳回、撤销或宣告无效的终局决定；或者基础申请被注册人撤回，或基础注册被注册人放弃，具体包括 5 年期内对驳回基础申请效力的决定提出上诉，5 年期内开始的要求撤销、注销或宣告基础申请产生的注册或基础注册无效的程序，或者 5 年期内对基础申请提出的异议。

基础商标在 5 年依附期内效力终止的，原属局将把相关事实和决定通知国际局。国际局把通知在国际注册簿中登记，并把通知复制件转发给注册人和各被指定缔约方的主管局。根据通知的注销要求，国际局将注销国际注册，并进行公告和登记。

（3）程序

将国际注册转变为国家或地区申请，必须要在国际注册簿中登记注销之日起 3 个月内向被指定缔约方的主管局提出。对被指定缔约方提出申请的条件是国际注册在其领土上有效，即未被全部驳回、宣告无效或被放弃。

被申请的缔约方主管局将把申请作为在国际注册之日提交的申请处理，若该缔约方是后期指定的，将作为在后期指定之日提交的申请处理。国际注册要求优先权的，国家或地区申请同样可以要求优先权。除了申请日期上有特别规定以外，由转变产生的申请在效力上是普通的国家或地区申请，但需符合向其主管局提交的国家或者地区申请所适用的要求，即不再适用《议定书》的相关规定，国际局也不再参与。

在实践中，一旦发生需要转变的国际注册，商标律师的通常做法是直接致函被指定缔约方的当地商标代理机构或律师事务所，询问报价及办理转变的相关程序，并委托其代理该转变。

## 二、单一国注册

### （一）单一国注册概况

单一国注册是商标国际注册的另一种途径，即申请人直接向目标国家或地区的商标主管机关提出商标注册申请，以寻求申请商标在该国家或地区的法律保护。

1. 单一国注册的优势和劣势

与马德里商标国际注册相比，单一国注册有其独特的优势。单一国注册的优势至少可从以下几点显现出来。

①单一国注册受到的约束少。首先，单一国注册不需要以申请人在本国拥有商标注册或申请为条件。申请人想去某个国家或地区申请商标，随时可以启动，尤其是临时决定要在一两个国家或地区申请的情况下。这种即决定即执行的风格，比较适合现今快速发展的商业模式。其次，单一国注册不受申请人在本国商标标识和指定的商品或服务的限制。申请人可以根据目标国家或地区对商标保护的标准，定制适合当地的商标标识设计和商品或服务项目。例如，有的国家对普通书写体的文字商标的保护范围可以覆盖相同文字的不同设计字体，在这种情况下，申请人申请普通书写体的文字商标即为优选方案。再次，单一国注册的地理范围不受限制，申请人可以在全球任何国家或地区进行商标注册，包括不能成为或尚未成为马德里联盟成员的那些国家或地区，如中国香港地区、中国澳门地区。最后，单一国商标注册仅受目标国家或地区的法律约束，而不受国际条约等其他法律的约束。

②申请人直接面对目标国家或地区的商标主管机关，无须通过中间机构转递申请，在时间上更为快捷。

③在商标注册申请提交前，可以通过查询等方式来评估商标注册前景。对于注册前景不乐观的，可以对商标进行修改或更换，以此降低申请提交后的驳回概率。通过单一国注册的，在商标申请前，申请人即可与目标国家或地区的代理人建立联系。类似于在中国提交商标注册申请一样，在申请前委托代理人对商标进行查询，以便于对商标的可注册性作出评估。对于注册前景较好的，提交商标注册申请；对于注册前景不好的，申请人可以对商标进行修改或更换，以避免将来遭致驳回而又难以克服时造成的时间和费用上的成本损失。

④在商标注册申请提交前，申请人可以要求目标国家或地区的商标代理人对指定商品和服务项目名称按照当地国家或地区的标准提出修改建议，以避免后续因商品和服务项目名称不规范而遭致审查意见的下发。境外国家或地区代理人一般按照在审查意见的报告和答复上花费的时间收取服务费用，即常说的按“小时收费”，尤其是欧美国家的代理人。所以，一旦下发官方审查意见，申请人在处理审查意见上也需要花费不低的费用。

⑤关于申请商标的任何问题，申请人可以实现与目标国家或地区代理人的实时沟通，提高工作效率。

正是因为单一国注册存在以上马德里商标国际注册无法比拟的优势，所以一直以来被商标申请人所青睐。但是，由于单一国注册涵盖的优点几乎能满足申请人的大多需要，所以其在费用上较马德里商标国际注册相对会高一些，尤其在注册的国家或地区数量较多的情况下，费用差距会更为明显。另外，通过单一国注册，申请人需要遵从每个国家或地区的程序规则，使用不同的语言，向每个国家或地区的商标主管机关分别提交申请、分别缴费，所以在申请手续上较为复杂。而且，申请人的商标在各个国家或地区会有不同的注册号和不同的续展日期，后续每件商标的变更、转让、续展等事宜都需要向每个国家或地区的商标主管机关登记、缴费，管理起来较为不便。

所以，申请人在进行商标国际注册时，选择哪种方式，需要综合费用预算、时效性、申请的国家或地区数量等实际情况进行考虑。申请人如果只计划在境外两三个以内的国家或地区申请，单一国注册也是较好的方案。

2. 与境外代理人的合作及注意事项

单一国注册一般都是委托目标国家或地区的商标代理人办理，一来这是大多数国家的法律对境外申请人的强制要求；二来当地代理人熟悉当地语言、法律、商标主管机关及其工作程序，不管在注册申请的代理工作上，还是与当地商标主管机关的沟通上更为专业和稳妥。可以说，中国商标律师是很难不通过境外代理人来处理商标工作的，因为仅与当地主管机关的书件往来就难以实现。所以，商标律师在接到当事人委托单一国商标注册业务时，都是通过与有关国家或地区的代理人进行合作来完成这一事宜。

商标律师平时也需要注意积攒一些境外国家或地区的代理人信息，以便在需要时就能与他们取得联系。对于境外代理人的信息，可以通过多种渠道获得。例如，有些国家或地区的知识产权局网站上会提供当地代理人信息，当商标律师需要哪个国家的代理人信息时，可以登录这些网站查找；国际商标协会（INTA）每年都会举办商标年会，世界不同地区的知识产权组织也会不定期举办与商标有关的会议，来自世界各地的商标代理人和律师都可以参加这些会议，通过参加会议聚集在一起商谈商标业务合作，商标律师可以关注相关信息并可以通过参加这些会议来结识境外代理人；另外，领英（Linkedin）网站的用户里有较多的境外商标代理人，商标律师可以注册领英用户从而结识境外的代理人。

在与境外代理人的合作上，中国律师需要了解和尊重当地代理人的行业惯例，不能用中国式的服务思维来期待和评价他们的服务。尤其在服务费的收取上，商标律师在其费用报价和工作实践中就能感觉到很大区别，尤其是欧美国家。

欧美国家的代理人，服务费用除了在商标注册申请提交、商标续展、商标转让等具体事务是按照商标件数收费（即计件收费），其他事务往往都是按照小时收费，如转达官方审查意见或驳回通知、答复中国商标律师关于答复审查意见或驳回通知的咨询、因被要求而报告审查进展、转达商标公告、转达商标注册证等事宜。所以，商标律师需要提前了解并及时告知当事人境外代理人的服务收费惯例，以避免因当事人不理解而导致在费用收取上发生分歧。

另外，商标律师在咨询境外代理人时，尽量在一封信函里把想问的问题都列举齐全，尽量避免分多个邮件多次咨询，因为境外代理人回复每个邮件的工作可能都包含在开给你的账单里。所以，商标律师在与境外代理人合作时，需要注意为当事人节省成本，以避免当事人因境外花费的费用太高而对你的代理工作产生意见。

商标律师为了保证对将来发生的费用有所预期和得到当事人的同意，应在委托时即告知境外代理人。在商标申请过程中，若有环节的处理牵涉费用，需要提前在邮件中告知报价，得到当事人指示后再行处理。

商标律师在委托境外代理人时，还可以提出自己的要求。例如，除了《商标注册证》外，其他文件（包括账单）均须通过电子邮件发送。因为境外代理人打印、复印、邮寄文件的费用也都会涵盖在开给当事人的账单里，而这些文件的电子件在已能满足处理需要时无须再索要纸质文件。

### （二）常涉国家或地区的商标注册申请业务介绍

对时效性追求较高的企业，且其商品或服务在境外销售区域尚不广泛，如仅涉及一两个区域的；或者在境外生产，产品最终返回中国销售的，但为遵守当地国家法律而需要在当地进行商标注册的，较多都会选择单一国注册的方式。另外，对于中国香港、澳门、台湾地区，在商标保护上都适用当地的法律，而非《商标法》，如果企业的商品或服务销售到这些地区，商标就需要在这些地区进行注册以取得保护。所以，在实践中，企业出口到境外的国家或地区的产品数量不多，且又不愿意受马德里体系众多条件限制的，一般都会选择单一国注册。

商标律师在代当事人进行单一国商标注册申请时，也都会和目标国家或地区的代理人合作，与商标注册和保护有关的问题也会及时从境外代理人处获得答案。所以，本章不一一对各个国家的商标注册申请业务进行陈述，仅就实践中经常涉及的部分国家或地区的商标注册申请业务中的要点部分做简单的介绍，以便商标律师在办理相关国家或地区的商标注册申请业务前有初步了解，以及在急需时有所参考。

1. 中国香港地区

（1）商标注册申请的相关规定和要求

在香港申请商标注册，商标律师需要了解和注意以下特别事项。

①接受以中文或英文提交的商标注册申请。在语言使用上，香港的商标注册申请接受以中文（繁体）或英文提交的申请。如果注册申请是以英文提交的，将来颁发的《商标注册证》上显示的信息也是英文；如果注册申请是以中文提交的，将来颁发的《商标注册证》上显示的信息就是中文。在语言使用上，商标律师需要与当事人沟通，根据当事人在香港的实际商业使用情况来确定是以英文提交还是中文提交。

②接受系列商标申请。系列商标申请是指两个以上在实质性细节上彼此相似，只在非实质性影响商标显著性的特征上有所区别的商标，可以作为同一件商标申请的图样进行申请，共享一个商标注册号。例如，仅字母大小写差异（A–a）、仅颜色差异（黑白 – 彩色）（见图 3–5–22）、仅中文简繁体差异（见图 3–5–23）。相比于只注册一个实际使用的商标图样，或者将可能使用到的各种近似商标图样逐个进行注册，系列商标可以帮助权利人最大限度地节省商标费用，实现以最小的成本保护更多的商标图样及获得更大的权利范围。

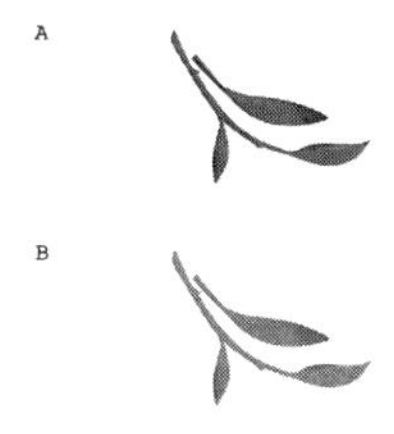

A

小鐵

B

小铁

图 3-5-22　系列商标示例 1　　图 3-5-23　系列商标示例 2

③接受一标多类申请。在一件商标注册申请中，申请人可以指定多个商品和服务类别。

④尼斯分类中的商品和服务名称仅供参考适用。在香港的商标注册申请中，尼斯分类中的商品和服务名称，商标审查机关只作为参考性资料使用。所以，申请人在商标注册申请中按照尼斯分类中的商品和服务名称指定商品或服务并不会被接受。香港商标审查主管机关，即香港知识产权署官方网站上提供有“商品和服务的常用描述及其类别编号”指引。商标律师在辅助当事人选取指定的商品和服务时，可以从该指引中选取需要的商品和服务名称，或者要求香港代理人对申请人拟申请的商品和服务名称提供修改建议。

（2）商标注册申请需要的信息和文件

在香港提交商标注册申请，不需要提交文件资料，只提供以下信息，包括申请人名称和地址、商标电子版图样、商品或服务的类别及名称、优先权信息或文件（要求优先权时需要提供）。

（3）商标注册申请的审查程序

在香港进行商标注册申请，若申请过程中没有官方审查意见和异议发生，从提交申请到顺利获准注册需时约 5 个月。商标注册申请在提交后，会依次经历商标主管机关的审查、公告和核准注册阶段，详述如下。

①商标主管机关的审查。香港的商标主管机关称“知识产权署”，其对商标注册申请的审查包括形式审查和实质审查。

知识产权署收到商标注册申请后，大约在 2 个月内进行形式审查。形式审查的内容包括审查申请人填写的申请信息是否符合相关规定、指定的商品和服务名称是否规范。若有不符合有关要求的，将下发审查意见要求申请人限期作出补正；商标申请信息若符合形式要求的，进入实质审查阶段。

在实质审查阶段，知识产权署将对是否给予商标注册保护作出决定。如果申请商标符合注册条件，知识产权署将作出初步审定决定，并书面通知商标申请人（如果申请是由代理人提交的，通知代理人）。如果申请商标不符合注册条件，知识产权署将作出驳回决定，并书面通知商标申请人（如果申请是由代理人提交的，通知代理人）。在驳回通知里，知识产权署将说明驳回理由、对驳回通知的答复期限、不予答复驳回通知的后果等信息，如果驳回理由是因为与在先商标构成相同或类似商品上的相同或近似商标的，同时附送在先商标的详细信息。申请人如果对驳回决定不服，可以在法定期限内申请复审。

②初步审定公告。申请商标通过审查被初步审定的，将在《香港知识产权公报》上公布。公告期为自公布之日起 3 个月，但是经第三人申请，该公告期可延长 2 个月。在公告期间，第三人可对申请商标提出异议。公告期满，若无人提出异议，申请商标将被核准注册。

③给予注册保护。申请商标将被核准注册后，知识产权署向申

请人颁发《商标注册证》( 见图 3–5–24 )。注册商标的有效期为 10 年，自申请之日起计算。

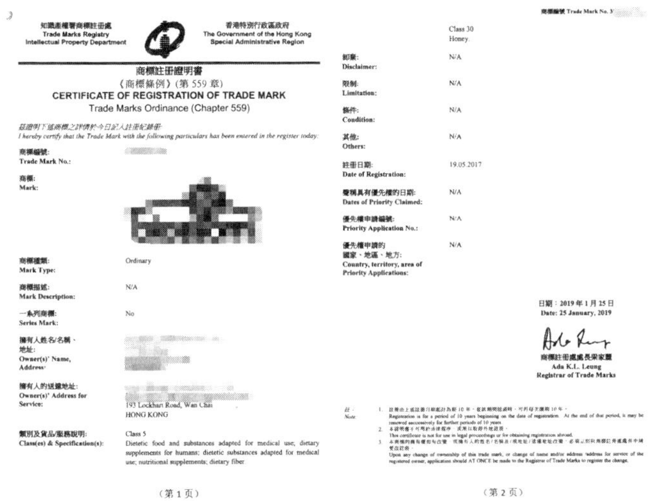

知識產權署商標註冊處
Trade Marks Registry
Intellectual Property Department

香港特別行政區政府
The Government of the Hong Kong
Special Administrative Region

商標註冊證明書
《商標條例》(第 559 章)
CERTIFICATE OF REGISTRATION OF TRADE MARK
Trade Marks Ordinance (Chapter 559)

*I hereby certify that the Trade Mark with the following particulars has been entered in the register today:*

商標編號: Trade Mark No.:

商標: Mark:

商標種類: Mark Type: Ordinary

商標描述: Mark Description: N/A

一系列商標: Series Mark: No

擁有人姓名/名稱、地址: Owner(s)' Name, Address:

擁有人的送達地址: Owner(s)' Address for Service:
193 Lockhart Road, Wan Chai
HONG KONG

類別及貨品/服務說明: Class(es) & Specification(s):
Class 5
Dietetic food and substances adapted for medical use; dietary supplements for humans; dietetic substances adapted for medical use; nutritional supplements; dietary fiber

（第 1 页）

商標編號 Trade Mark No. 3

Class 30
Honey.

卸棄: Disclaimer: N/A

限制: Limitation: N/A

條件: Condition: N/A

其他: Others: N/A

註冊日期: Date of Registration: 19.05.2017

聲稱具有優先權的日期: Dates of Priority Claimed: N/A

優先權申請編號: Priority Application No.: N/A

優先權申請的國家、地區、地方: Country, territory, area of Priority Applications: N/A

日期：2019 年 1 月 25 日
Date: 25 January, 2019

Ada K.L. Leung
Registrar of Trade Marks

Note
1. Registration is for a period of 10 years beginning on the date of registration. At the end of that period, it may be renewed successively for further periods of 10 years.
2. This certificate is not for use in legal proceedings or for obtaining registration abroad.
3. Upon any change of ownership of this trade mark, or change of name and/or address /address for service of the registered owner, application should AT ONCE be made to the Registrar of Trade Marks to register the change.

（第 2 页）

图 3–5–24　香港《商标注册证》( 样式 )

（4）注册商标的后续管理

商标核准注册后，仍需要对其进行管理和维护，以避免因不合规使用或错过相关程序而被撤销或失效。商标律师在商标核准注册后应将以下事宜告知当事人，以便于其知晓和引起重视。

①续展注册。注册商标有效期届满，注册人若有继续使用需要的，可以向知识产权署申请办理续展注册。注册人可在有效期届满前的 6 个月内办理续展注册。注册商标经续展后，有效期再延续 10 年。

②注册人名称和地址变更登记。注册人的名称或地址若发生了变更，需向知识产权署办理变更登记。

③连续三年不使用撤销。商标注册后如果连续三年以上不使用的，任何第三人可对其提出撤销申请。

④知识产权署的官方商标查询网址。香港知识产权署的商标注册数据库对外公开，注册人可登录知识产权署网站（https：//esearch.ipd.gov.hk）查阅在香港注册的商标，包括已注册的商标和已提出商标注册申请的基本资料（见图 3-5-25）。

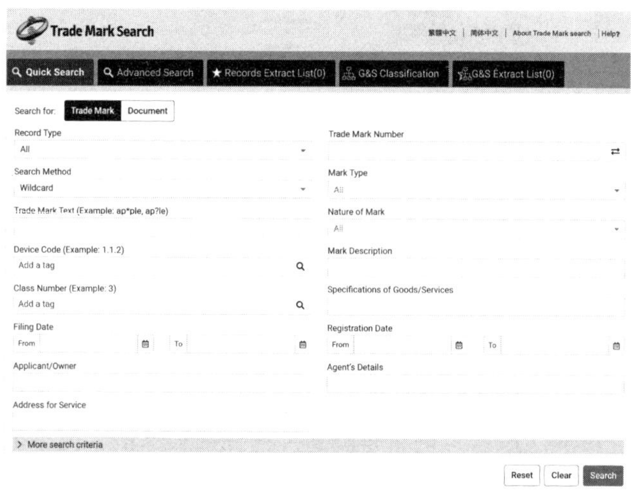


图 3-5-25　香港知识产权署网站商标在线查询窗口

2. 中国澳门地区

（1）商标注册申请的相关要求和注意事项

在澳门申请商标注册，有以下特别事项商标律师需要了解和注意。

①接受以中文或葡萄牙文提交的申请。在语言使用上，澳门的商标注册申请接受以中文（繁体）或葡萄牙文提交的申请。中国申

请人在澳门申请商标，一般都建议当事人使用中文提交申请。

②申请人委托当地代理人的授权委托书需要办理公证手续。申请人在注册申请中提交的授权委托书需要在公证处（申请人所在地公证处即可）办理公证，公证委托书上的签名属实。申请人若使用中文提交注册申请，公证书上的语言文字和申请人的签名也建议使用中文，否则，在提交申请时还需要提供在澳门当地经证明和宣誓的中文翻译文本。翻译和办理证明宣誓手续都会产生费用。如果申请人有多件商标注册申请，可以只办理一份经公证的委托书原件。

③注册申请只接受“一标一类”申请。在一件商标注册申请中，申请人只可指定一个类别的商品或服务，即“一标一类”申请，而不接受“一标多类”申请。

④对于商品和服务描述，接受尼斯分类中的商品和服务名称。商标注册申请中指定的商品和服务项目名称，申请人按照尼斯分类中的商品和服务名称申请即可。

⑤指定了颜色的商标，使用时限于指定的颜色；不指定颜色的商标（以黑白色提交），将来使用时不受颜色限制。如果当事人的商标标识带有颜色，但当事人又不确定将来会不会对颜色作出调整，则在商标申请时建议不指定颜色，即以黑白色提交。不指定颜色的商标，日后在使用时不受颜色限制，且实际使用的任何颜色都会得到保护。

（2）商标注册申请需要的信息和文件

澳门商标注册申请需要的信息和文件包括申请人名称和地址（中文）、商标电子版图样、商品和服务的类别和项目名称、商标代理委托书原件（经公证）、优先权证明文件（如果要求优先权需要提供）。

（3）商标注册申请的审查程序

在澳门进行商标注册申请，若申请过程中没有官方审查意见和异议发生，从提交申请到顺利获准注册需时为8~12个月。商标注册申请在提交后，会依次经历商标主管机关的审查、公告和核准注册程序。

①商标主管机关的审查。澳门的商标主管机关为“经济局知识产权厅”（以下简称“经济局”）。经济局对商标的审查包括形式审查和实质审查。经济局收到申请后，先进行形式审查。形式审查的内容包括审查申请人填写的申请信息是否符合相关规定、指定的商品和服务名称是否规范。若有不符合有关要求的，将下发审查意见要求申请人限期作出补正；商标申请信息符合形式要求的，进入实质审查阶段。在实质审查阶段，经济局将对是否给予商标注册保护作出决定。申请商标符合注册条件的，将刊登在《澳门特别行政区公报》上；申请商标不符合注册条件的，经济局将作出驳回决定，书面通知商标申请人（如果申请是由代理人提交的，通知代理人）。在驳回通知里，经济局将说明驳回理由、对驳回通知的答复期限、不予答复驳回通知的后果等信息。如果驳回理由是因为与在先商标构成相同或类似商品上的相同或近似商标的，同时附送在先商标的详细信息。申请人对驳回决定不服的，可以在法定期限内提出复审。

②初步审定公告。申请商标经审查符合注册条件的，将在《澳门特别行政区公报》上刊登。公告期为自刊登之日起两个月。在公告期间，第三人均可对申请商标提出异议。公告期满，若无人提出

异议，申请商标将被核准注册。

③给予注册保护。申请商标核准注册后，经济局向申请人颁发《商标注册证》（见图 3–5–26）。注册商标的有效期为 7 年，自批准日起计算。

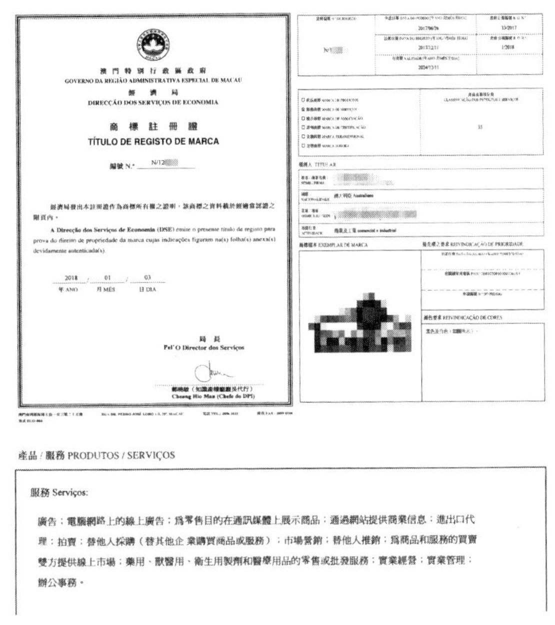

澳門特別行政區政府
GOVERNO DA REGIÃO ADMINISTRATIVA ESPECIAL DE MACAU
經濟局
DIRECÇÃO DOS SERVIÇOS DE ECONOMIA

商標註冊證
TÍTULO DE REGISTO DE MARCA

編號 N.º N/12

經濟局發出本註冊證作為商標所有權之證明，該商標之資料載於經適當認證之附頁內。

A Direcção dos Serviços de Economia (DSE) emite o presente título de registo para prova do direito de propriedade da marca cujas indicações figuram na(s) folha(s) anexa(s) devidamente autenticada(s).

2018 / 01 / 03
年 ANO　月 MÊS　日 DIA

局長
Pel'O Director dos Serviços

（知識產權廳廳長代行）
Cheang Hio Man (Chefe do DPI)

產品 / 服務 PRODUTOS / SERVIÇOS

服務 Serviços:

廣告；電腦網路上的線上廣告；爲零售目的在通訊媒體上展示商品；通過網站提供商業信息；進出口代理；拍賣；替他人採購（替其他企 業購買商品或服務）；市場營銷；替他人推銷；爲商品和服務的買賣雙方提供線上市場；藥用、獸醫用、衛生用製劑和醫療用品的零售或批發服務；實業經營；實業管理；辦公事務。

图 3–5–26　澳门《商标注册证》（样式）

（4）注册商标的后续商标管理

商标核准注册后，仍需要对其进行管理和维护，以避免因不合规使用或错过相关程序而被撤销或失效。商标律师在商标核准注册后应将以下事宜告知当事人，以便于其知晓和引起重视。

①续展注册。注册商标有效期届满，注册人若有继续使用需要的，可向经济局申请办理续展注册。注册人可在有效期届满前的 6

个月内办理续展注册。注册商标经续展后，有效期再延续 7 年。

②注册人名称和地址变更登记。注册人名称和地址若有发生变更的，需向经济局办理变更登记。

③澳门经济局官方商标查询网址。澳门经济局的商标注册数据库对外公开，注册人可登录经济局网站（http：//www.economia.gov.mo）查阅在澳门注册的商标，包括已注册的商标和已提出注册申请的商标基本资料（见图 3–5–27）。

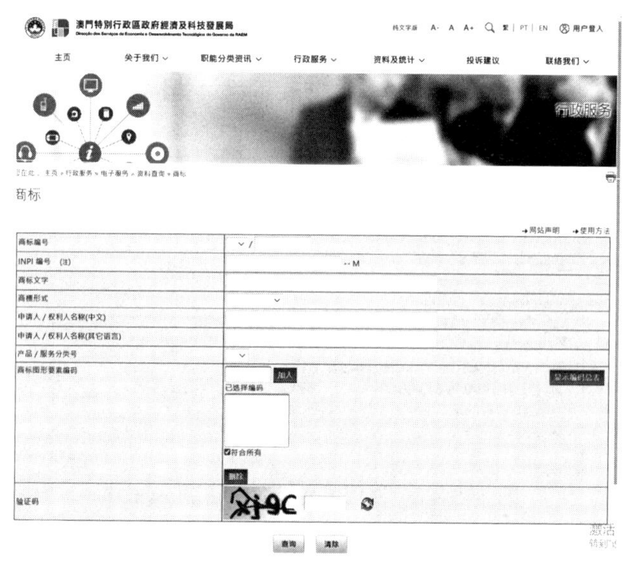


图 3–5–27　经济局网站商标在线查询窗口

3. 中国台湾地区

（1）商标注册申请的相关要求和注意事项

在台湾申请商标注册，有以下特别事项，商标律师需要了解和注意。

①提交商标注册申请的语言为中文。在语言使用上，台湾的商标注册申请接受以中文（繁体）提交的申请。

②注册申请接受“一标多类”申请。在一件商标注册申请中，可同时指定多个类别的商品和服务，即商标注册申请接受“一标多类”申请。

③台湾有自己的商品和服务分类表，商标申请指定的商品和服务需使用其分类表中的名称。商标律师在辅助当事人选定商品和服务时，可以参考尼斯分类中的商品和服务名称，但在委托台湾代理人提交申请时，可以要求台湾代理人按照当地规范的商品和服务名称修改后再行提交。

④在台湾进行商标注册申请的官方费用，商标主管机关先后分两部分收取。第一部分称“审查费”，在提交申请时缴纳；第二部分称“登记费”或“注册费”，在商标主管机关作出核准审定后缴纳。

⑤每个类别指定的商品或服务个数超过20项的，增收官费。商标律师在辅助当事人选取指定的商品和服务时，对于商品和服务个数，每个类别尽量控制在20项以内。一般情况下，20项以内的商品和服务都能满足企业的商业使用需求。超过20项的部分，每项商品或服务加收的超项费约为50元人民币。

（2）商标注册申请需要的信息和文件

台湾商标注册申请需要的信息和文件包括申请人名称和地址、商标电子版图样、商品和服务的类别和项目名称、申请人身份证明、商标代理委托书。

（3）商标注册申请的审查程序

在台湾进行商标注册申请，若申请过程中没有官方审查意见和异议发生，从提交申请到顺利获准注册需时约12个月。商标注册申请在提交后，会依次经历商标主管机关的审查和核准注册程序。

①商标主管机关的审查。台湾的商标主管机关为“经济部智慧财产局”（以下简称“智慧局”）。智慧局对商标的审查包括形式审查和实质审查。

智慧局收到申请后，先进行形式审查。形式审查的内容包括审查申请人填写的申请信息是否符合相关规定、提交的书件是否齐备、指定的商品和服务名称是否规范等。若有不符合有关要求的，将下发审查意见要求申请人限期作出补正；商标申请信息符合形式要求的，进入实质审查阶段。

在实质审查阶段，智慧局将对是否给予商标注册保护作出决定。如果申请商标符合注册规定，智慧局将向申请人发送核准审定书（注册申请如果是由代理人提交的，发送给代理人），并要求申请人在收到审定书后两个月内缴纳注册费。申请人在缴费期限内缴纳注册费后，申请商标将被发布注册公告，智慧局向申请人颁发《商标注册证》；申请人在缴费期限内未缴纳注册费的，不予发布注册公告，申请商标视为放弃注册，原核准审定失效。

如果申请商标不符合注册规定，智慧局将作出先行驳回决定，向申请人或其代理人发送《核驳理由先行通知书》（以下简称《先行驳回通知》）。在《先行驳回通知》里，智慧局将详细说明驳回理由，并就申请人如何答复《先行驳回通知》提供说明和建议方案（见图3-5-28），同时告知答复期限和逾期不答复的后果等信息。

如果驳回理由是因为与在先商标构成相同或类似商品上的相同或近似商标，同时附送在先商标的详细信息。申请人在指定期限内不答复《先行驳回通知》的，智慧局将对申请商标作出最终驳回决定，并通知申请人或其代理人。

三、貴公司於意見書中可為下列之說明：

（一）具體說明本件商標如何使用（或實際使用）之態樣。

（二）無使相關消費者混淆誤認之虞之具體事證。

（三）**申請減縮「空氣淨化製劑」商品。**本案經減縮類似商品後，倘已無不得註冊事由，得予核准審定。

（四）**或**經該註冊商標之商標所有人同意申請之證明文件。

（五）如不欲減縮商品，為避免所指定使用之商品全部核駁，得備具分割申請書及規費，申請分割為2個以上之註冊申請案，分割後無衝突部分之商品將先行核准審定；有衝突部分之商品如欲取得註冊，請於分割後依期限陳述意見，若經核駁審定者，請另行提起行政救濟。

图 3-5-28　智慧局为申请人答复先行驳回通知提出的建议方案

②给予注册保护。申请商标核准注册后，智慧局向申请人颁发《商标注册证》。注册商标的有效期为 10 年，自注册公告日起计算。

（4）注册商标的后续管理和维护

商标核准注册后，仍需要对其进行管理和维护，以避免因不合规使用或错过相关程序而被撤销或失效。商标律师在商标核准注册后应将以下事宜告知当事人，以便其知晓和引起重视。

①续展注册。注册商标有效期届满，注册人若有继续使用需要的，可向智慧局申请办理续展注册。注册人可在有效期届满前的 6 个月内办理续展注册。注册商标经续展后，有效期再延续 10 年。

②注册人名称或地址变更登记。注册人名称或地址若有发生变更的，需向智慧局办理变更登记。

4. 韩国

（1）商标注册申请的相关要求和注意事项

在韩国申请商标注册，商标律师需要了解和注意以下特别事项。

①接受“一标多类”申请。在一件商标注册申请中，申请人可同时指定多个类别的商品和服务，即商标注册申请接受“一标多类”申请。

②韩国有自己的商品和服务分类表，尼斯分类只作为参考使用。商标注册申请指定的商品或服务项目名称只有符合韩国自己分类表中的名称时才被视为规范商品或服务，所以，商标律师在委托韩国代理人提交申请前，务必要求其对商品或服务提供修改建议，以避免因商品或服务不规范而遭致官方审查意见的下发。另外，每个类别指定的商品或服务项目超过 20 个的，需要额外缴纳官方费用，即对于超出部分，按照商品或服务项目个数加收费用。

③商标注册申请规费分先后两部分缴纳。韩国商标注册申请的官方费用，分两部分先后收取。第一部分是在注册申请提交时缴纳，称“申请费”；第二部分是在商标授予注册后颁发注册证之前缴纳，称“注册费”。鉴于此种缴费规定，商标律师在向当事人报价时，建议向当事人说明关于官方两次收费的规定。商标律师在向当事人收取费用时一般也按照先后两部分收取，即对于注册费，可在商标主管机关要求缴纳时再行收取。申请商标一旦遭致驳回不能注册，无须缴纳注册费。

（2）商标注册申请需要的信息和文件

韩国商标注册申请需要的信息和文件包括申请人名称和地址、

商标电子版图样、商品或服务的类别及名称、优先权证明文件（要求优先权时需要提供）。

（3）商标注册申请的审查程序

在韩国进行商标注册，若申请过程中没有官方审查意见下发和异议，从提交申请到顺利获准注册的需时约 10~12 个月。商标注册申请提交后，会依次经历商标主管机关审查、公告和注册阶段。

①商标主管机关的审查。韩国负责商标注册申请审查的机关称“知识产权局”，其对申请商标的审查分为形式审查和实质审查。

形式审查主要审查申报的申请商标的相关信息是否符合形式要件的规定，诸如申请信息是否有缺失。如果申请商标不符合形式要件要求的，知识产权局会向申请人下发补正通知，要求申请人限期补正。

实质审查主要审查申请商标是否符合授予注册的相关规定，如申请商标是否具有显著性、是否和他人的在先权利相冲突等。申请商标在提交申请后，大约 5 个月进入实质审查程序。知识产权局若认为申请商标不符合注册的相关规定，将向申请人发出驳回通知，申请人可在指定期间内作出答复以克服驳回理由；知识产权局若认为申请商标符合注册规定，将作出公告决定，并向申请人发出公告决定通知。

②公告。申请商标通过审查的，知识产权局将向申请人发出公告决定通知，申请商标在《商标公告》上公布。申请商标从公告之日起即进入 60 天的异议期。在异议期内，第三人如果对申请商标的注册存有异议的，可以向知识产权局提出异议申请。

③核准注册。申请商标在异议期内未被提出异议的，知识产权局将向申请人发出授予注册决定，并要求申请人在指定期限内缴纳注册

费。知识产权收到申请人缴纳的注册费用后，向申请人颁发《商标注册证》(见图 3-5-29)。注册商标有效期为 10 年，从注册日起算。

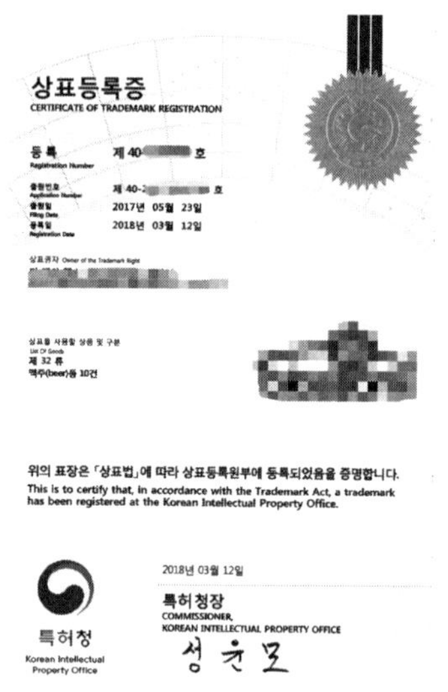

상표등록증
CERTIFICATE OF TRADEMARK REGISTRATION

등록 제 40-[illegible] 호
Registration Number
제 40-[illegible] 호
Application Number
2017년 05월 23일
Filing Date
2018년 03월 12일
Registration Date

상표권자 Owner of the Trademark Right

List Of Goods
제 32 류
맥주(beer)등 10건

위의 표장은 「상표법」에 따라 상표등록원부에 등록되었음을 증명합니다.
This is to certify that, in accordance with the Trademark Act, a trademark has been registered at the Korean Intellectual Property Office.

특허청
Korean Intellectual Property Office

2018년 03월 12일
특허청장
COMMISSIONER,
KOREAN INTELLECTUAL PROPERTY OFFICE
성윤모

图 3-5-29　韩国《商标注册证》(样式)

(4) 注册商标的后续管理和维护

①续展注册。注册商标有效期届满，注册人若有继续使用需要的，可向知识产权局申请续展注册。注册人可在有效期届满前的 1 年内办理续展注册。注册商标经续展后，有效期再延续 10 年。

②注册人名称或地址变更登记。注册人名称或地址发生了变更，需向韩国专利局办理变更登记。

③韩国知识产权局官方商标查询网址。韩国知识产权局的商标数据库对外公开，注册人可登录韩国知识产权局网站（http://engdtj.kipris.or.kr/engdtj/searchLogina.do?method=loginTM）查阅在韩国注册的商标，包括已注册的商标和已提出注册申请的商标的基本

资料（见图 3-5-30）。

图 3-5-30　韩国知识产权局商标在线查询窗口

5. 日本

（1）商标注册申请相关注意事项

①接受“一标多类”申请。在一件商标注册申请中，申请人可同时指定多个类别的商品和服务，即商标注册申请接受“一标多类”申请。

②日本制定有自己的商品和服务分类表，尼斯分类的商品和服务名称只作为参考使用。商标注册申请指定的商品服务只有符合日本自己分类表中的名称才被视为规范商品或服务而不下发审查意见。所以，商标律师在委托日本代理人提交申请前，务必要求其对商品或服务提供修改建议，以避免因商品或服务不规范而遭致官方审查意见。另外，每类指定的商品或服务项目超过 8 个类似群组的，商标主管机关可能会要求申请人提供申请商标在这些商品上的使用证据或意图使用的声明。所以，为避免遭致官方审查意见的下发，尽量将每类中指定的商品或服务控制在 8 个类似群组以内。商标律师在委托日本当事人提交申请前，可以要求其帮助处理。

③商标注册申请规费分两部分缴纳。第一部分是在申请时缴纳，称“申请费”；第二部分是在商标核准注册时缴纳，称“注册费”。鉴于此种缴费规定，商标律师在向当事人报价时，建议向当事人说明官方两次缴费的规定。商标律师在向当事人收取费用时一般也按照两部分收取，即“注册费”可在商标主管机关要求缴纳时再行收取。申请商标一旦遭致驳回而不能注册的情形下，无须再缴纳注册费。

（2）商标注册申请需要的信息和文件

商标注册申请需要的信息和文件包括申请人名称和地址、商标电子版图样、商品或服务类别及项目名称、优先权证明文件（要求优先权时需要）。

（3）商标注册申请的审查程序

在日本进行商标注册，若申请过程中没有官方审查意见和异议发生，从提交申请到顺利获准注册需时为9~12个月。商标注册申请提交后，会依次经历商标主管机关审查、注册和公告阶段。

①商标主管机关的审查。日本的商标主管机关称“特许厅”。特许厅对申请商标的审查分为形式审查和实质审查。

形式审查的内容为审查申报的申请商标的相关信息是否符合形式要件的相关要求，诸如申请信息填写是否正确、提交的书件是否齐备等；若有缺失的，将要求申请人限期作出补正。申请商标通过形式审查后将进入实质审查阶段。

实质审查内容是关于申请商标是否符合授予注册的相关规定，如申请商标是否与他人的在先权利冲突、是否具有显著性等。

申请商标自提交后大约一年的时间，特许厅会作出接受申请商标注册或驳回的审查决定，并向申请人发送。如果特许厅作出授予申请商标注册的决定，申请人须缴纳注册费，特许厅在收到注册费后约 1 个月将向申请人颁发《商标注册证》。特许厅作出驳回注册的审查意见的，申请人可在规定期限内提交意见陈述书或修改书以克服驳回理由。特许厅根据申请人的答复再行作出是否接受申请商标注册的决定；如果特许厅依然作出驳回决定，申请人可以提起复审。

②授予注册。特许厅对申请商标作出授予注册决定的，在申请人缴纳注册费后，申请商标将被核准注册，颁发《商标注册证》（见图 3-5-31）。注册商标的有效期为 10 年，自注册日起算。

商標登録証
(CERTIFICATE OF TRADEMARK REGISTRATION)

登録第６０８４　　号
(REGISTRATION NUMBER)

商標
(THE MARK)

指定商品又は指定役務並びに商品及び役務の区分
(LIST OF GOODS AND SERVICES)

第　３類　洗浄剤（煙突用化学洗浄剤を除く。），口内洗浄剤（医療用のものを除く。），歯磨き，口臭消臭スプレー
その他別紙記載

商標権者
(OWNER OF THE TRADEMARK RIGHT)
オーストラリア国，ビクトリア州　３０３２　マリビアノング，ホワイト　ストリート　１５
国籍　オーストラリア連邦
ディー　ジェー　ヘルス　グループ　プロプリエタリー　リミテッド

出願番号
(APPLICATION NUMBER)
商願２０１７－０７００９１

出願日
(FILING DATE)
平成２９年　５月２４日(May 24,2017)

登録日
(REGISTRATION DATE)
平成３０年　９月２８日(September 28,2018)

この商標は，登録するものと確定し，商標原簿に登録されたことを証する。
(THIS IS TO CERTIFY THAT THE TRADEMARK IS REGISTERED ON THE REGISTER OF THE JAPAN PATENT OFFICE.)

平成３０年　９月２８日(September 28,2018)

特許庁長官
(COMMISSIONER, JAPAN PATENT OFFICE)
宗像直子

**图 3-5-31　日本《商标注册证》（样式）**

③公告。经核准注册的商标，将在《商标公报》上公布。第三

人如果对该商标的注册有异议的，可以在公告之日起两个月内向特许厅提出异议申请。

（4）注册商标的后续管理和维护

①续展注册。注册商标有效期届满，注册人若有继续使用需要的，可以向日本特许厅申请续展注册。注册人可在有效期届满前的6个月内办理续展注册。注册商标经续展后，有效期再延续10年。

②注册人名称和地址变更登记。注册人名称和地址如果发生了变更，需要向特许厅办理变更登记。

③日本特许厅官方商标查询网址。日本特许厅的商标数据库对外公开，注册人可登录特许厅网站（http：//www.jpo.go.jp）查阅在日本的商标注册，包括已注册的商标和已提出注册申请的商标的基本信息（见图3–5–32）。

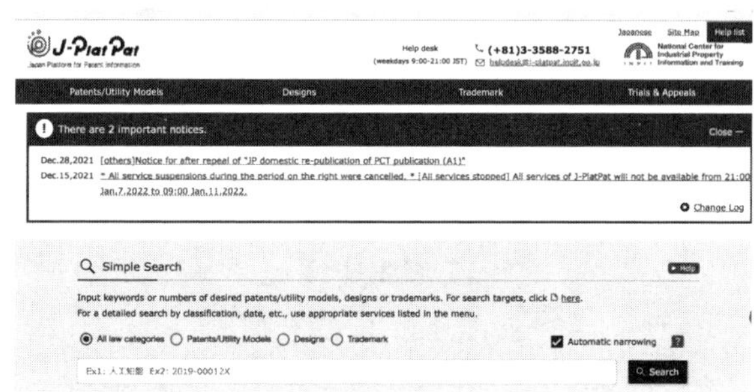


图3–5–32　日本特许厅网站商标在线查询窗口

6. 新加坡

（1）商标注册申请的相关注意事项

①接受“一标多类”申请。在一件商标注册申请中，申请人可以同时指定多个类别的商品和服务，即商标注册申请接受“一标多

类”申请。

②新加坡有自己的商品和服务分类表，部分商品和服务名称与尼斯分类中的会有所不同，通过优惠收取官费方式鼓励申请人使用。申请商标指定的商品或服务项目如果与新加坡商品和服务分类表中的名称一致的，商标申请的官方费用将低于指定的商品或服务项目不在该分类表中的商标申请的官方收费。新加坡知识产权局官方网站上提供其商品和服务分类数据库（https：//ip2sg.ipos.gov.sg/RPS/WP/CM/SearchSimple/ClassificationGS.aspx）供申请人查阅、选取商品和服务使用。商标律师在辅助当事人选取商品和服务项目时，可以登录该数据库查阅和选取。

示例：假设当事人的产品涉及奶粉，登录商品和服务分类数据库，在检索框内输入关键词“milk powder”，选中45个类别（见图3-5-33），然后提交检索。检索的结果是各个类别中与“milk powder”相关的商品和服务名称均会列举出来（见图3-5-34）。商标律师在这些检索结果中选取需要的商品和服务名称即可。

| Class No. | All | All Goods | All Services | | |
|---|---|---|---|---|---|
| | 01 | 02 | 03 | 04 | 05 |
| | 06 | 07 | 08 | 09 | 10 |
| | 11 | 12 | 13 | 14 | 15 |
| | 16 | 17 | 18 | 19 | 20 |
| | 21 | 22 | 23 | 24 | 25 |
| | 26 | 27 | 28 | 29 | 30 |
| | 31 | 32 | 33 | 34 | 35 |
| | 36 | 37 | 38 | 39 | 40 |
| | 41 | 42 | 43 | 44 | 45 |
| Source | All<br>ASEAN TMclass<br>Nice Classification | | | IPOS List<br>TM5 ID List | |
| Search Criteria | milk powder | | | | |

图 3-5-33　检索关键词（milk powder）和类别（45 个类别）

**Search Result**

4 class(es) found

**Class 05 - Number of Matches : 8**

| Goods/Services | Class No. | Source |
| --- | --- | --- |
| Dried milk powder being food for babies | 05 | IPOS List |
| Milk powder for alimentary purposes for babies | 05 | IPOS List |
| Milk powder for babies | 05 | IPOS List |
| Milk powder for foodstuffs for babies | 05 | IPOS List |
| Milk powder for nutritional purposes for babies | 05 | IPOS List |
| Milk powders [foodstuff for babies] | 05 | IPOS List |
| Powdered milk foods for infants | 05 | IPOS List |
| Powdered milk for babies | 05 | ASEAN TMclass , TM5 ID List , IPOS List , Nice Classification |

**Class 07 - Number of Matches : 1**

| Goods/Services | Class No. | Source |
| --- | --- | --- |
| Powdered milk making machines | 07 | ASEAN TMclass , TM5 ID List |

**Class 29 - Number of Matches : 10**

| Goods/Services | Class No. | Source |
| --- | --- | --- |
| Coconut milk powder | 29 | ASEAN TMclass |
| Dried milk powder | 29 | TM5 ID List , IPOS List |
| Flavoured milk powder for making drinks | 29 | IPOS List |

图 3-5-34　检索结果

③接受系列商标申请。新加坡接受系列商标申请。所以，当事人拥有的相同设计的商标，在实际使用中如果涉及诸如中文简体和繁体、大写和小写、黑白色和彩色等同时使用情况的，可以申请系列商标。

④非英文商标需要进行含义说明。如果申请商标中包含非英文文字的，需要对其做英文翻译，并由英文翻译人出具证明或提供字典释义作为证据。对于英文翻译的证明文本，新加坡代理人一般都会有模板，在委托其代理商标注册申请时一旦涉及此项事宜的，可以向其索要英文翻译的证明模板。中国当事人作为申请人时，由熟练使用英语的中国商标律师出具英文翻译证明一般可以被商标审查机关接受。

（2）商标注册申请需要的信息和文件

商标注册申请需要的信息和文件包括申请人名称和地址、商标电子版图样、商品或服务的类别及名称、非英语商标的含义说明（商标中含有非英语文字时需要提供）、优先权证明文件（要求优先权时需要提供）。

（3）商标注册申请的审查程序

在新加坡进行商标注册，若申请期间没有官方审查意见下发和异议发生，从提交申请到顺利获准注册需时为8~12个月。商标注册申请在提交后，会依次经历商标主管机关审查、公告和注册阶段。

①商标主管机关的审查。新加坡商标主管机关称“知识产权局”。知识产权局对申请商标的审查包括形式审查和实质审查。

在形式审查阶段，知识产权局审查申请人提交的申请信息和书件是否符合有关形式要件要求。如果不符合，将要求申请人限期作出补正。

在实质审查阶段，知识产权局审查申请商标是否符合注册的相关规定，如申请商标是否具备显著性（绝对理由）和是否与在先权利冲突（相对理由）。

知识产权局如果认为申请商标不符合注册规定的，一般会在申请提交后的1~3个月内下发驳回的审查意见。如果申请商标不存在驳回理由的，将予以初审公告，即在《商标公告》上发布。

②公告。申请商标经审查符合注册规定的或经答复审查意见后符合注册规定的，知识产权局将向申请人发送公告通知，并在《商标公告》上公布申请商标信息。申请商标从公告之日起即进入两个月的异议期。在异议期内，第三人如果对申请商标的注册存有异议的，可以向知识产权局提出异议申请。异议期届满无人提出异议

的，申请商标将被核准注册。

③核准注册。申请商标在异议期内未被异议的，知识产权局将核准注册，向申请人颁发《商标注册证》（仅颁发电子证，见图3-5-35）。注册商标有效期为10年，自申请日起算。

REPUBLIC OF SINGAPORE
TRADE MARKS ACT (CHAPTER 332)

REGISTRATION CERTIFICATE

ISSUED UNDER SECTION 15(3)

TRADE MARK NUMBER :

NAME OF PROPRIETOR(S) :

*I HEREBY CERTIFY that under the provisions of the Trade Marks Act 1998, the above trademark has been registered as from 17 May 2017 in respect of the goods and/or services in Class 05, 29, 30, 32 and 35 as referred to in the Schedule.*

Daren Tang Heng Shim
Registrar of Trade Marks
Singapore

Registration is for a period of 10 years and may be renewed at the expiration of this period and upon the expiration of each succeeding period of 10 years.

第1页

**The trademark is registered for the following goods and/or services:**

Class 05
Vitamin preparations; cod liver oil; tonics [medicines]; medicines for human purposes; dietary fiber; digestives for pharmaceutical purposes; disinfectants; candy for medical purposes; dietetic substances adapted for medical use; nutritional supplements; food for babies; infant formula; milk powder for babies; air purifying preparations; antiparasitic collars for animals; insect repellents; sanitary towels; babies' napkin-pants; breast-nursing pads; preparations to facilitate teething.

Class 29
Ham, fish, not live; fruits, tinned; fruit-based snack food; vegetables, preserved; eggs, milk; yogurt; milk products; milk beverages, milk predominating; powdered milk; soya milk [milk substitute]; edible oils; fruit jellies; tofu.

Class 30
Chocolate beverages with milk; tea; tea-based beverages; sugar; honey; oat-based food; pastries; Chinese steamed dumplings; Chinese stuffed dumplings; cereal preparations; noodles; cereal-based snack food; rice-based snack food; ice cream; condiments.

Class 32
Beer; whey beverages; fruit juices; waters [beverages]; non-alcoholic beverages; protein-enriched sports beverages; smoothies; rice-based beverages, other than milk substitutes; lemonades; soya-based beverages, other than milk substitutes.

Class 35
Advertising; on-line advertising on a computer network; presentation of goods on communication media, for retail purposes; providing business information via a web site; import-export agency services; auctioneering; procurement services for others [purchasing goods and services for other businesses]; marketing; provision of an on-line marketplace for buyers and sellers of goods and services; retail or wholesale services including for pharmaceutical, veterinary and sanitary preparations and medical supplies.

第2页

**图3-5-35　新加坡《商标注册证》（样本）**

（4）注册商标的后续管理和维护

①续展注册。注册商标有效期届满，注册人若有继续使用需要的，可以向知识产权局申请续展注册。注册人可在有效期届满前的3个月内办理续展注册。注册商标经续展后，有效期再延续10年。

②注册人名称和地址变更登记。注册人名称和地址如果发生了变更，需要向知识产权局办理变更登记。

③连续5年不使用撤销。商标注册后如果存在连续5年不使用情况的，第三人可以对其提出不使用撤销申请。为避免商标被撤

销，建议注册人积极进行使用。

④新加坡知识产权局官方商标查询网址。新加坡知识产权局的商标数据库对外公开，注册人可以登录知识产权局网站（https：//www.ipos.gov.sg）查阅在新加坡注册的商标，包括已注册的商标和已提出申请的商标基本信息（见图 3-5-36）。

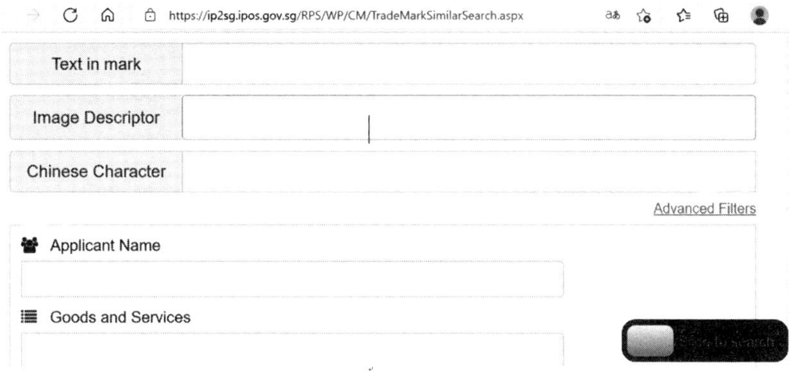

图 3-5-36　新加坡知识产权局网站在线商标查询窗口

7. 马来西亚

（1）商标注册申请的相关注意事项

①接受“一标多类”申请。在一件商标注册申请中，申请人可同时指定多个类别的商品和服务，即商标注册申请接受“一标多类”申请。所以，在一件申请中，申请人可以同时指定多个商品和服务类别。

②接受尼斯分类中的商品和服务名称。所以，申请人在指定商品和服务时，直接使用尼斯分类中的商品和服务名称即可。

③非英文商标需要进行含义说明。申请商标中如果包含非英文

文字的，需要对该文字的含义作出翻译；如果非英文文字没有字典含义，说明无含义。

④商标注册申请规费先后分两部分缴纳。商标注册申请的规费分两部分收取，第一部分是在提交申请时缴纳，称“申请费”；第二部分是在通过审查后刊登公告前缴纳，称“公告费”。

鉴于此种缴费规定，商标律师在向当事人报价时，建议向当事人说明关于官方两次收缴官费的规定。商标律师在向当事人收取费用时一般也按照先后两部分收取，即对于公告费可在商标主管机关要求缴纳时再行收取。在申请商标一旦遭致驳回而不被公告的情形下，申请人无须再缴纳公告费。

⑤商标所有权声明书。申请人在提交商标注册申请时，需要提交经公证的商标所有权声明书，内容主要是声明申请人是申请商标的真实持有人。申请人需要在权属声明书上签字，并由公证处公证签字属实。对于该声明书，商标律师在委托马来西亚代理人办理商标申请时可向其索要模板。

（2）商标注册申请需要的信息和文件

商标注册申请需要的信息和文件包括申请人名称和地址、商标电子版图样、商品或服务的类别和名称、商标所有权声明书（需要公证）、非英文商标的含义说明（商标中含有非英语文字时需要提供）、优先权证明文件（在要求优先权时需要提供）。

（3）商标注册申请的审查程序

在马来西亚进行商标注册，若申请期间没有官方审查意见下发和异议发生，从提交申请到顺利获准注册需时为12~14个月。商标注册申请在提交后，依次需要经历商标主管机关审查、公告和注册阶段。

①商标主管机关的审查。马来西亚的商标主管机关称“知识产权局”。知识产权局对申请商标的审查包括形式审查和实质审查。

形式审查的内容为审查申请人提交的申请信息和书件是否符合有关形式要件的要求；若有不符合有关要求的，将要求申请人限期作出补正。

实质审查的内容为审查申请商标是否符合授予注册的相关规定，具体来说是否存在违背绝对理由条款和相对理由条款的规定，如申请商标是否容易误导或欺骗公众（绝对理由）、是否含有诽谤或冒犯性要素（绝对理由）、是否含有民族歧视性要素（绝对理由）、是否与他人在先权利相冲突（相对理由）。申请商标若存在不符合授予注册的相关规定的，予以驳回。知识产权局一般会在收到申请后约 5 个月时间作出驳回决定并通知申请人。申请人可以在指定期限内作出答复意见来克服驳回理由。申请商标如果符合注册规定的，知识产权局将向申请人发送授予注册通知，并限期缴纳公告费。

②公告。知识产权局收到申请人缴纳的公告费后，将在《商标公告》上刊登申请商标的相关信息。申请商标从公告公布之日起，开始进入 2 个月的异议期。在异议期内，第三人如果对申请商标的注册存有异议的，可以向知识产权局提出异议申请。

③核准注册。申请商标的异议期届满，无人提出异议的，申请商标将被核准注册。公告期满后约 4 个月，知识产权局将向申请人颁发《商标注册证》（见图 3–5–37）。注册商标有效期为 10 年，从申请日起算。

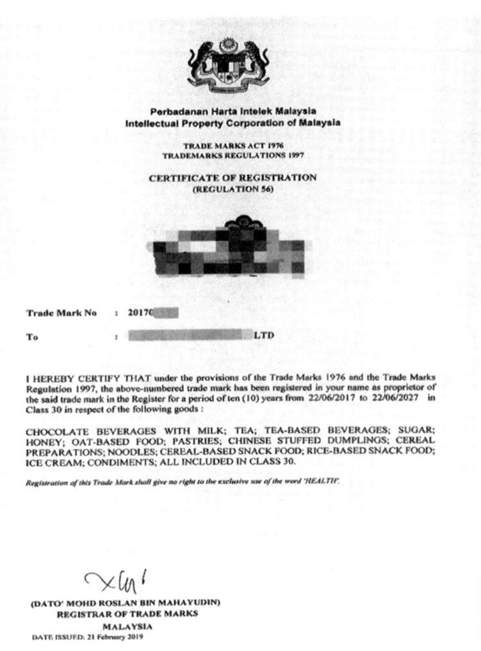

Perbadanan Harta Intelek Malaysia
Intellectual Property Corporation of Malaysia

TRADE MARKS ACT 1976
TRADEMARKS REGULATIONS 1997

CERTIFICATE OF REGISTRATION
(REGULATION 56)

Trade Mark No : 20170

To : LTD

I HEREBY CERTIFY THAT under the provisions of the Trade Marks 1976 and the Trade Marks Regulation 1997, the above-numbered trade mark has been registered in your name as proprietor of the said trade mark in the Register for a period of ten (10) years from 22/06/2017 to 22/06/2027 in Class 30 in respect of the following goods :

CHOCOLATE BEVERAGES WITH MILK; TEA; TEA-BASED BEVERAGES; SUGAR; HONEY; OAT-BASED FOOD; PASTRIES; CHINESE STUFFED DUMPLINGS; CEREAL PREPARATIONS; NOODLES; CEREAL-BASED SNACK FOOD; RICE-BASED SNACK FOOD; ICE CREAM; CONDIMENTS; ALL INCLUDED IN CLASS 30.

*Registration of this Trade Mark shall give no right to the exclusive use of the word 'HEALTH'.*

(DATO' MOHD ROSLAN BIN MAHAYUDIN)
REGISTRAR OF TRADE MARKS
MALAYSIA
DATE ISSUED: 21 February 2019

图 3–5–37　马来西亚《商标注册证》

（4）注册商标的后续管理和维护

①续展注册。注册商标有效期届满，注册人若有继续使用需要的，可向马来西亚知识产权局申请续展注册。注册人可在有效期届满前的 6 个月内办理续展注册。注册商标经续展后，有效期再延续 10 年。

②注册人名称和地址变更登记。注册人名称和地址如果发生了变更，需要向知识产权局办理变更登记

③连续三年不使用撤销。商标注册后如果存在连续三年不使用情形的，第三人可以对其提出撤销申请。所以，商标注册后，建议注册人积极使用注册商标。

④马来西亚知识产权局官方商标查询网址。马来西亚知识产权局的商标数据库对外公开，注册人可以登录知识产权局网站（https：//www.myipo.gov.my）查阅在马来西亚注册的商标，包括已注册的商标和已提出申请的商标的基本信息（见图 3-5-38）。

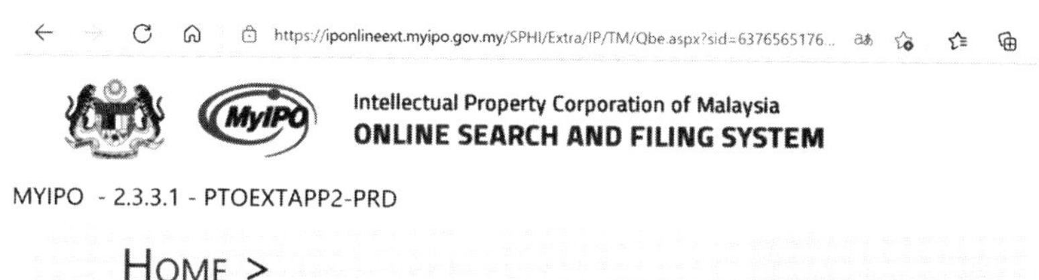

图 3-5-38　马来西亚知识产权局网站在线商标查询窗口

8. 印度尼西亚

（1）商标注册申请的相关注意事项

①接受“一标多类”申请。印度尼西亚接受“一标多类”申请，即在一件商标注册申请中，申请人可以同时指定多个类别的商品和服务。所以，申请人在进行商标注册申请时，对多个类别的商品和服务有注册需要的，可以在同一件商标申请进行申请。

②接受尼斯分类中的商品和服务。所以，商标律师在辅助申

请人选取商品和服务时，按照尼斯分类中的商品和服务项目选取即可。

③申请人需要提交商标所有权声明书。申请人在提交商标注册申请时，需要提交商标所有权声明书。该声明书的内容主要是声明申请人是申请商标的真实所有人，以及申请商标不是对他人商标的复制或摹仿。商标律师在委托印度尼西亚代理人办理商标注册申请时可以向其索要该声明书模板。

在提交商标注册申请时，可以先行提交声明书复印件，原件在申请日后的2个月内补充提交。但补充提交原件的，需要额外缴纳官方费用。为避免发生额外官费，商标律师可以要求印度尼西亚代理人在收到声明书原件后再行提交商标注册申请。

（2）商标注册申请需要的信息和文件

商标注册申请需要的信息和文件包括申请人名称和地址、商标电子版图样、商品或服务的类别及名称、商标代理委托书（可在申请提交后2个月内补交，但发生额外官费）、商标所有权声明书（可在申请提交后2个月内补交，但发生额外官费）。

（3）商标注册申请的审查程序

在印度尼西亚进行商标注册，若申请过程中没有官方审查意见下发和异议发生，从提交申请到顺利获准注册需时为2年。商标注册申请提交后，依次需要经历商标主管机关的形式审查、公告、实质审查和注册阶段。

①商标主管机关对申请商标的形式审查。印度尼西亚的商标主管机关称“知识产权局”。知识产权局收到申请后，先对申请商标进行形式审查。形式审查的审理期限为15日。形式审查审查的是

申请人提交的书件是否满足形式要件规定，诸如委托书、声明书是否提交。如果书件不齐全，申请人须在2个月内补充提交。申请商标满足形式要件规定的，申请日予以保留。

②公告。申请商标通过形式审查后，即刊登在《商标公告》予以公布。申请商标从公告发布之日起，进入2个月的异议期。在异议期内，第三人如果对申请商标的注册存有异议的，可以向知识产权局提出异议。

③商标主管机关对申请商标的实质审查。申请商标的异议期届满，无人提出异议的，知识产权局便开始对申请商标进行实质审查。知识产权局进行实质审查的需时一般在150个工作日内。实质审查的内容是审查申请商标是否符合注册的相关规定，即是否违反绝对理由和相对理由条款的规定。绝对理由条款的审查包括申请商标是否缺乏显著性，是否违背国家意识形态、法律、道德、宗教或公序良俗，是否具有欺骗性引起公众误认的，是否与国家和国际组织的名称或标志相近似等。相对理由条款的审查主要是申请商标是否与他人在先权利相冲突。

如果知识产权局认为申请商标有不符合注册规定的，将驳回其注册申请并通知申请人，申请人可以在收到驳回通知后30日内作出答复。如果知识产权局认为申请商标符合注册规定的，将予以核准注册。

④核准注册。商标核准注册后，知识产权局向申请人颁发《商标注册证》(见图3-5-39)。注册商标有效期为10年，自申请日起算。

REPUBLIK INDONESIA
KEMENTERIAN HUKUM DAN HAK ASASI MANUSIA

SERTIFIKAT MEREK

Menteri Hukum dan Hak Asasi Manusia atas nama Negara Republik Indonesia berdasarkan Undang-undang Nomor 20 Tahun 2016 Tentang Merek, memberikan hak Merek kepada:

Nama dan alamat Pemegang Merek : Store Co., Ltd
Berkedudukan di:
China

Tanggal Penerimaan : 12 Oktober 2017

Nomor Pendaftaran : IDM00074

Etiket Merek

Perlindungan hak atas Merek tersebut diberikan untuk jangka waktu 10 (sepuluh) tahun terhitung sejak tanggal penerimaan sampai dengan tanggal 12 Oktober 2027, dan jangka waktu perlindungan itu dapat diperpanjang. (Pasal 35)

Sertifikat merek ini dilampiri dengan contoh merek dan jenis barang/jasa yang tidak terpisahkan dari sertifikat ini.

a.n. MENTERI HUKUM DAN HAK ASASI MANUSIA
DIREKTUR JENDERAL KEKAYAAN INTELEKTUAL

Dr. Freddy Harris, S.H., LL.M., ACCS.
NIP: 196611181994031001

**图 3-5-39　印度尼西亚《商标注册证》(样式)**

（4）注册商标的后续管理和维护

①续展注册。注册商标有效期届满，注册人若有继续使用需要的，可以向知识产权局申请续展注册。注册人可在有效期届满前的6个月内办理续展注册。注册商标经续展后，有效期再延续10年。

②注册人名称和地址变更登记。注册人名称和地址如果发生了变更，需要向知识产权局办理变更登记

③印度尼西亚知识产权局官方商标查询网址。印度尼西亚知识产权局的商标数据库对外公开，注册人可以登录知识产权局网站（https：//www.dgip.go.id）查阅在印度尼西亚注册的商标，包括已注册的商标和已提出注册申请的商标的基本信息（见图 3-5-40）。

图 3-5-40　印度尼西亚知识产权局网站在线商标查询窗口

9. 泰国

（1）商标注册申请的相关注意事项

①接受“一标多类”申请。泰国的商标注册接受“一标多类”申请，即在一件注册申请中可以同时指定多个商品和服务类别。但是，一标多类申请的商标，日后不能进行分割，即不能将一个类别的申请从原申请中分割出来。这种情况的不利影响是某个类别上的申请一旦遭致官方下发审查意见将会延后其他类别的注册进程。所以，实践中，申请人更愿意选择“一标一类”申请。

②对商品和服务的描述需要具体，尼斯分类中的商品和服务名称只作参考。泰国商标主管机关参考适用尼斯分类中的商品和服务，对商品和服务的描述要求具体细化，需要详细说明其功能、材料、用途等特点。例如，尼斯分类中第 17 类的“密封环”，需要对其材料进行细化，如具体细化为“金属制密封环”或“橡胶制密封环”；尼斯分类第 5 类的“人用药”，需要对其疗效进行细化，如具体细化为“人用感冒药”；尼斯分类第 25 类的“服装”，需要细化为“裤子”等。审查员在审查中若认为指定的商品或服务描述过于宽泛或模糊，将下发审查意见要求申请人作出更为具体和细化的

描述。

商标律师在辅助当事人选取商品和服务时，可先行参照尼斯分类中的商品和服务名称选取，然后在提交申请前，要求泰国代理人提供修改建议。

③商标中部分缺乏显著性的组成要素需要声明放弃专用权。申请商标整体不违反显著性规定，但部分组成要素使用在指定的商品或服务上缺乏显著性时，且申请人未对该部分要素声明放弃专用权的，审查员在审查时，一般会下发审查意见要求申请人对该部分作出放弃专用权声明，如申请商标中含有通用行业术语（“技术”）、表示商品品质的词（“健康”），或者未经设计的普通英文字母（MJY）或数字的。对于这样的商标，商标审查机关一般都会下发审查意见，要求申请人对缺乏显著性的部分作出放弃专用权声明。所以，当事人商标中如果含有明显的缺乏显著性的构成要素时，商标律师最好建议对该部分构成要素声明放弃专用权，以免遭致官方审查意见的下发。

④商标注册申请规费先后分两部分缴纳。商标注册申请的规费分两部分收取，第一部分是在提交注册申请时缴纳，称“申请费”；第二部分是在商标主管机关颁发注册证之前缴纳，称“注册费”。鉴于此种缴费规定，商标律师在向当事人报价时，建议向当事人说明关于官方两次收缴官费的规定。商标律师在向当事人收取费用时一般也按照先后两部分进行收取，即对于注册费可在商标主管机关要求缴纳时再行收取。申请商标一旦遭致异议而不予注册的情形下，无须再缴纳注册费。

⑤商标注册申请规费按照指定的商品服务个数收取。泰国商标

注册申请的规费按照每个类别指定的商品或服务个数收取，在每个类别下，指定 5 个以内的，每个商品或服务的申请费约为 30 美元，注册费约 18 美元；超过 5 个的，包干收取申请费约 270 美元，包干收取注册费约 162 美元。

⑥商标代理委托书。在泰国申请注册商标需要提交经公证的代理委托书原件，即由公证处公证委托书上申请人的签字属实。如果申请人同时申请多件注册申请，准备一份公证委托书原件即可。如果合作的泰国代理人曾经代理过该申请人的商标注册事宜且其仍留存有委托书的，可以不用再办理委托书公证。

⑦中文商标需要提供英文翻译。在泰国申请中文商标，需要对每个中文文字的含义提供英文翻译。商标审查机关在审查中文商标时，一般是对每个中文文字进行逐字翻译审查，而很少考虑整体组合的含义。如果中文文字的一种含义与指定的商品或服务有关，如有描述产品质量特点的，即便整体组合为臆造词，申请商标被认为缺乏显著性而予以驳回的概率也较高，如“美佳”作为申请商标遭致驳回的概率就比较高。所以，商标律师在代理当事人申请注册中文商标时，需要注意中文商标的文字含义，以便提供合适的建议方案。

（2）商标注册申请需要的信息和文件

商标注册申请需要的信息和文件包括申请人名称和地址、商标电子版图样、商品或服务的类别及名称、商标代理委托书（需公证，原件可以在申请后 90 日补充提交）、优先权证明文件（要求优先权时需要提供）。

（3）商标注册申请的审查程序

在泰国进行商标注册，若申请过程中没有官方审查意见下发和异议发生，从提交申请到顺利获准注册需时为14个月。商标注册申请在提交后，会依次经历商标主管机关的审查、公告和注册阶段。

①商标主管机关对申请商标的审查。泰国负责商标注册申请审查的主管机关称“知识产权局”。知识产权局对申请商标的审查分为形式审查和实质审查。

形式审查是对申请商标是否符合有关形式要求的规定作出审查，如提交的申请信息和书件是否齐备。如果有不符合有关要求的，将要求申请人限期补正。

实质审查是对申请商标是否符合有关注册要求的规定作出审查。例如，申请商标是否有违背绝对理由条款的，如与国家或国际组织标志近似的、违反公共秩序或道德的等；以及是否有违背相对理由条款的，如与他人的在先权利冲突的。知识产权局如果认为申请商标有不符合注册规定的，将下发审查意见。审查意见一般会在申请提交后的12~14个月内下发。申请人需在收到审查意见后的2个月内作出答复，逾期不答复的，申请商标将视为放弃。申请商标经审查符合注册规定的，将进入公告程序。

②公告。申请商标经审查符合注册规定的，将在《商标公告》上公布。从公告发布之日起，开始进入60天的异议期。在异议期内，第三人若对申请商标的注册存有异议的，可向知识产权局提出异议申请。

③核准注册。申请商标在异议期间未被提出异议的，知识产权局将向申请人发送缴费通知，要求限期缴纳注册费。知识产权局收到申请人缴纳的注册费后，将对申请商标核准注册，颁发《商标

注册证》（见图 3–5–41）。注册商标有效期为 10 年，从注册日起算（注册日为申请日）。

ค.ม.1

ทะเบียนเลขที่ 201

คำขอเลขที่ 170

หนังสือสำคัญแสดงการจดทะเบียนเครื่องหมายการค้า เครื่องหมายบริการ

ออกให้แก่

เพื่อแสดงว่าเครื่องหมายนี้ได้จดทะเบียนไว้แล้ว ตามพระราชบัญญัติเครื่องหมายการค้า พ.ศ. 2534 แก้ไขเพิ่มเติมโดยพระราชบัญญัติเครื่องหมายการค้า (ฉบับที่ 2) พ.ศ. 2543 และพระราชบัญญัติเครื่องหมายการค้า (ฉบับที่ 3) พ.ศ. 2559

จำพวกสินค้าและรายการสินค้าตามแนบ

การจดทะเบียนเครื่องหมายการค้านี้ มีอายุ 10 ปี นับแต่วันที่จดทะเบียน และอาจต่ออายุได้ทุก ๆ 10 ปี

จดทะเบียน ณ วันที่ 20 ตุลาคม พ.ศ. 2560

ออกให้ ณ วันที่ 30 มกราคม พ.ศ. 2563

นายทะเบียน

กองเครื่องหมายการค้า

กรมทรัพย์สินทางปัญญา

หมายเหตุ

การต่ออายุการจดทะเบียน สามารถยื่นขอได้ภายในสามเดือนก่อนวันสิ้นอายุ หรือภายในหกเดือนนับแต่วันสิ้นอายุ กรณียื่นขอต่ออายุภายหลังวันสิ้นอายุผู้ขอจะต้องชำระค่าธรรมเนียมเพิ่มร้อยละยี่สิบของจำนวนค่าธรรมเนียมการต่ออายุ (สิ้นสุด ณ วันที่ 19 ตุลาคม พ.ศ. 2570)



图 3–5–41　泰国《商标注册证》（样式）

（4）注册商标的后续管理和维护

①续展注册。注册商标有效期届满，注册人若有继续使用需要的，可向知识产权局申请续展注册。注册人可以在有效期届满前的 3 个月内办理续展注册。注册商标经续展后，有效期再延续 10 年。

②注册人名称和地址变更登记。注册人名称和地址如果发生了

变更，需要向知识产权办理变更登记。

③连续三年不使用撤销。商标注册后若存在连续三年不使用情形的，第三人可以对其提出撤销申请。所以，商标注册后，建议注册人对其予以使用。

④泰国知识产权局官方商标查询网址。泰国知识产权局的网址为 http：//www.ipthailand.go.th/en/，用户可登录查询相关的商标注册信息，但是需要先行注册，使用用户名和密码登录。

10. 越南

（1）商标注册申请的相关注意事项

①接受“一标多类”申请。越南接受“一标多类”申请，即在同一件申请中，申请人可以同时指定多个商品和服务类别。

②接受尼斯分类中的商品和服务项目。所以，商标律师在辅助当事人选取商品和服务时，直接从尼斯分类中选取商品和服务项目即可。

③商标注册申请规费先后分两部分缴纳。商标注册申请的规费先后分两部分收取，第一部分是在提交申请时缴纳，称“申请费”；第二部分是在授予注册颁发注册证之前，称“注册费”。鉴于此种缴费规定，商标律师在向当事人报价时，建议向当事人说明关于官方两次收缴官费的规定。商标律师在向当事人收取费用时一般也按照先后两部分收取，即注册费可在商标主管机关要求缴纳时再行收取。申请商标一旦遭致驳回而不予注册，无须再缴纳注册费。

④每类指定的商品或服务个数超过 6 项的，收取超项费。每类指定的商品或服务个数不超过 6 项的，按照正常标准收取“申请

费”；超过 6 项的，对于超过部分，每项加收超项费约 9 美元。

⑤需要委托书原件。在越南提交商标注册申请，需要提交委托书。委托书原件可以在申请提交后 1 个月内补充提交。同一个申请人在同一时期提交数件申请的，可以只使用一份委托书原件。

⑥中文商标一般被视为缺乏显著性而不予核准注册。根据越南《知识产权法》的规定，非常见语言的简单形状和几何图形、数字或字母缺乏显著性，除非这种标识已经过广泛使用获得了显著性。中文商标在审查中一般被视为非常见语言而被判定为缺乏显著性。如果当事人欲申请中文商标，建议增加英文或图形要素进行组合申请，且在申请时，对中文文字声明放弃专用权。如果申请人不声明放弃专用权，知识产权局在审查中较大概率会下发审查意见，要求申请人对中文文字声明放弃专用权。

（2）商标注册申请需要的信息和文件

商标注册申请需要的信息和文件包括申请人名称和地址、商标电子版图样、商品或服务的类别及名称、代理委托书（原件可在申请提交后 1 个月补充提交）、优先权证明文件（在要求优先权时需要提交）。

（3）商标注册申请的审查程序

在越南进行商标注册，若申请过程中没有下发审查意见和异议提出，申请商标从提交申请到顺利获准注册需时间为 18~20 个月。商标注册申请提交后，依次需要经历商标主管机关形式审查、公告、实质审查和注册阶段。

①商标主管机关对申请商标的形式审查。越南负责商标注册申请的机关称“知识产权局”。根据越南《知识产权法》的规定，知

识产权局对申请商标的形式审查须在申请提交后的1个月内完成，但实际中的需时为1~2个月。形式审查的内容是审查申请人提交的申请信息和书件是否符合有关形式要件的规定。如果不符合有关形式要求，知识产权局将要求申请人限期作出补正；如果符合有关形式要件规定，知识产权局将向申请人发出受理通知书。

②公告。申请商标通过形式审查后，自受理通知作出后2个月内将被刊登在《工业产权公报》上进行公告。申请商标自公告之日起即进入异议期。申请商标进入异议期直到授予注册前，任何组织和个人如果对申请商标的注册存有异议的，可以向知识产权局提出异议申请。

③商标主管机关对申请商标的实质审查。申请商标自公告之日起，同时也进入实质审查程序。越南《知识产权法》规定，知识产权局的实质审查需在公告之日起9个月内完成，但在实践中，通常会延迟数个月。

实质审查的内容是申请商标是否符合注册的相关规定，如申请商标是否与国家或国际组织名称或标志近似、申请商标是否具有显著性、申请商标是否与他人在先权利相冲突等。如果申请商标有不符合注册规定情形的，将被驳回。申请人可以在指定期间内作出答复。

④核准注册。申请商标经实质审查符合注册规定的，知识产权局将作出授予注册的决定，并通知申请人在指定期限内缴纳注册费。知识产权局收到申请人缴纳的注册费用后颁发《商标注册证》（见图3-5-42）。注册商标有效期为10年，自申请日起算。

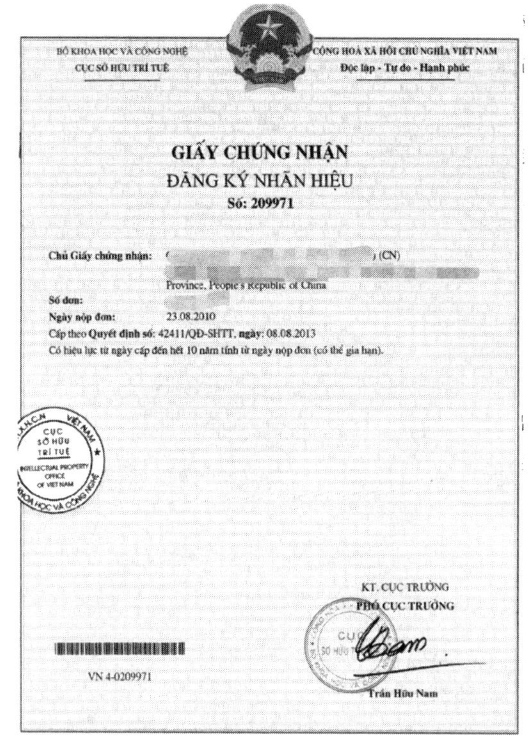

BỘ KHOA HỌC VÀ CÔNG NGHỆ
CỤC SỞ HỮU TRÍ TUỆ

CỘNG HOÀ XÃ HỘI CHỦ NGHĨA VIỆT NAM
Độc lập - Tự do - Hạnh phúc

**GIẤY CHỨNG NHẬN**
ĐĂNG KÝ NHÃN HIỆU
**Số: 209971**

**Chủ Giấy chứng nhận:** (CN)
Province, People's Republic of China
**Số đơn:**
**Ngày nộp đơn:** 23.08.2010
Cấp theo **Quyết định số:** 42411/QĐ-SHTT, **ngày:** 08.08.2013
Có hiệu lực từ ngày cấp đến hết 10 năm tính từ ngày nộp đơn (có thể gia hạn).

CỤC SỞ HỮU TRÍ TUỆ INTELLECTUAL PROPERTY OFFICE OF VIETNAM

KT. CỤC TRƯỞNG
PHÓ CỤC TRƯỞNG

Trần Hữu Nam

VN 4-0209971

图 3-5-42 越南《商标注册证》(样式)

（4）注册商标的后续管理和维护

①续展注册。注册商标有效期届满，注册人若有继续使用需要的，可向知识产权局申请续展注册。注册人可以在有效期届满前的 6 个月内办理续展注册。注册商标经续展后，有效期再延续 10 年。

②注册人名称和地址变更登记。注册人名称和地址如果发生了变更，需要向知识产权局办理变更登记

③连续五年不使用撤销。商标注册后若存在连续五年不使用情形的，第三人可以提出撤销申请。

11. 澳大利亚

（1）商标注册申请的相关注意事项

①接受“一标多类”申请。澳大利亚接受“一标多类”申请，即在同一件申请中，申请人可以同时指定多个商品和服务类别。“一标多类”申请的商标日后也可以按照类别进行分割。所以，申请人可以根据需要，进行“一标多类”申请。

②基本接受尼斯分类中的商品和服务。另外，澳大利亚知识产权局网站上提供可接受的商品和服务分类数据库（https：//tmgns.search.ipaustralia.gov.au/）供申请人选择。所以，商标律师在辅助当事人选取商品时，也可以从该数据库中选取需要的商品和服务（见图 3-5-43）。

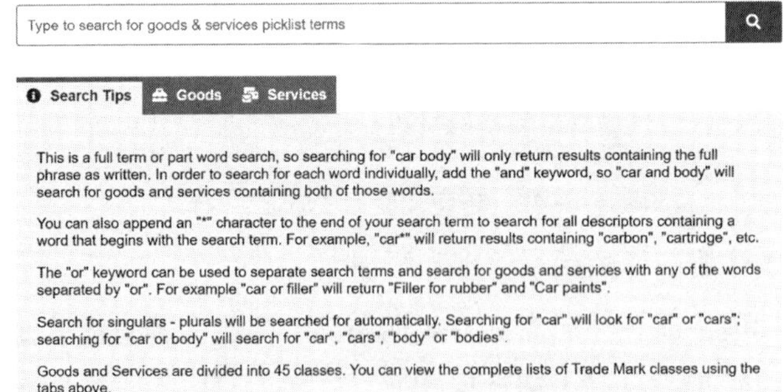


**图 3-5-43　澳大利亚知识产权局网站上的商品和服务分类数据库查询窗口**

（2）商标注册申请需要的信息和文件

商标注册申请需要的信息和文件包括申请人名称和地址、商标电子版图样、商品或服务的类别及名称、优先权证明文件（要求优先权时需要提供）。

（3）商标注册申请的审查程序

在澳大利亚进行商标注册，若申请过程中没有下发官方审查意见和异议提出，申请商标从提交申请到顺利获准注册需时为7~9个月。商标注册申请提交后，会依次经历商标主管机关的审查、公告和注册阶段。

①商标主管机关对申请商标的审查。澳大利亚负责商标注册申请审查的机关称“知识产权局”。知识产权局收到商标申请后，4~6个月完成审查。审查内容包括提交的申请信息是否正确和是否符合注册规定。

如果申请商标不符合注册相关规定，知识产权局将下发审查意见，如申请商标指定的商品或服务不规范、申请商标缺乏显著性、申请商标与他人的在先商标构成冲突等。申请商标如果不符合注册规定，在被初步审定前，知识产权局一般会下发一次审查意见，列明所有阻碍注册的理由。针对申请商标存在的部分问题，知识产权局也会在意见书中提供建议方案供申请人选择。申请人需在审查意见作出后15个月内（实践中需在14个月内提交答复意见，另一个月留给审查员审查答复意见）提交答复意见以克服驳回。如果知识产权局认为申请商标符合注册规定，将会初步审定，并通知申请人。

②公告。申请商标通过审查被初步审定后，将在《商标公告》上予以公布。申请商标从公告发布之日起，进入2个月的异议期。在异议期内，第三人如果对申请商标的注册存有异议，可以向知识产权局提出异议申请。

③核准注册。申请商标在异议期内未被提出异议的，将被核准

注册。知识产权局向申请人颁发《商标注册证》（仅电子证，见图3-5-44）。注册商标有效期为10年，自申请日起算。

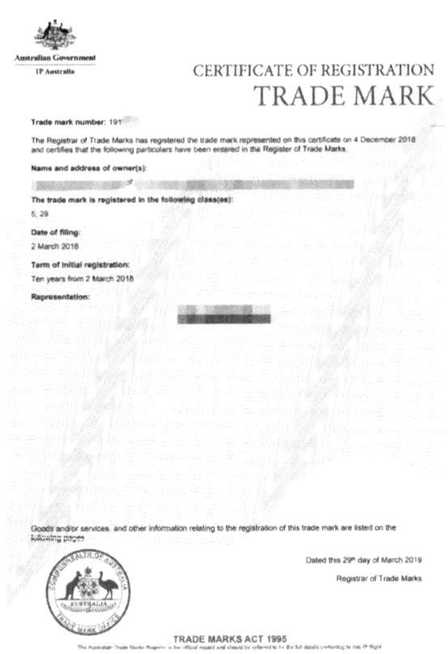

Australian Government
IP Australia

CERTIFICATE OF REGISTRATION
TRADE MARK

**Trade mark number:** 191

The Registrar of Trade Marks has registered the trade mark represented on this certificate on 4 December 2018 and certifies that the following particulars have been entered in the Register of Trade Marks.

**Name and address of owner(s):**

of

**The trade mark is registered in the following class(es):**

5; 29

**Date of filing:**

2 March 2018

**Term of initial registration:**

Ten years from 2 March 2018

**Representation:**

Goods and/or services, and other information relating to the registration of this trade mark are listed on the following pages

Dated this 29th day of March 2019

Registrar of Trade Marks



TRADE MARKS ACT 1995

图3-5-44　澳大利亚《商标注册证》（样式）

（4）注册商标的后续管理和维护

①续展注册。注册商标有效期届满，注册人若有继续使用需要的，可向知识产权局申请续展注册。注册商标经续展后，有效期再延续10年。

②注册人名称和地址变更登记。注册人名称和地址如果发生了变更，需要向知识产权局办理变更登记。

③连续三年不使用撤销。商标注册后如果存在连续三年不使用情形的，第三人可于该商标在注册簿上登记注册满5年后对其提起撤销申请。所以，商标核准注册后，建议当事人积极予以使用。

④澳大利亚知识产权局官方商标查询网址。澳大利亚知识产

权局的商标数据库对外公开，注册人可登录查阅在澳大利亚知识产权局网站（https：//search.ipaustralia.gov.au/trademarks/search/quick），查询在澳大利亚注册的商标，包括已注册的商标和已提出申请的商标的基本信息（见图 3-5-45）。

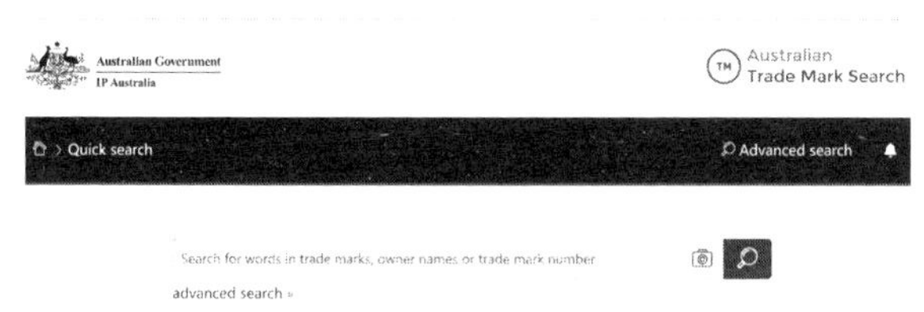


图 3-5-45　澳大利亚知识产权局网站在线商标查询窗口

12. 新西兰

（1）商标注册申请的相关注意事项

①接受“一标多类”申请。新西兰接受“一标多类”申请，即在一件注册申请中，申请人可以同时指定多个商品和服务类别。“一标多类”申请的商标日后也可以按照类别进行分割。所以，申请人可以根据需要进行“一标多类”申请。

②接受尼斯分类中的商品和服务名称。所以，商标律师在辅助当事人选取商品时，直接从尼斯分类中选取商品和服务即可。

（2）商标注册申请需要的信息和文件

商标注册申请需要的信息和文件包括申请人名称和地址、商标电子版图样、商品或服务的类别及名称、优先权证明文件（要求优先权时需要提供）。

（3）商标注册申请的审查程序

在新西兰的商标注册申请，若申请过程中没有下发官方审查意见和异议提出下，从提交申请到顺利获准注册需时为6~9个月。商标注册申请提交后，会依次经历商标主管机关的审查、公告和注册阶段。

①商标主管机关对申请商标的审查。新西兰负责商标注册申请审查的机关称“知识产权局”。知识产权局收到商标申请后，在3~4个月内进行审查。审查内容包括申请商标是否符合有关形式要件的要求和是否符合注册的规定。是否符合注册规定，主要是指申请商标是否违背绝对理由和相对理由情形。

绝对理由审查是基于商标本身性质和公共政策考虑申请商标能否被作为商标注册，如存在欺骗或误导公众情形不能被审查通过。相对理由审查的是申请商标是否与他人在先权利相冲突，如申请商标与他人在先已注册的商标构成类似商品上的近似商标的。

如果知识产权局认为申请商标不符合注册相关规定的，将向申请人下发审查意见，并要求限期作出答复。申请人在指定期限内不答复的，申请商标将被视为放弃。审查意见中会列明申请商标不予接受注册的理由，并提供建议方案供申请人选择。如果知识产权局认为申请商标符合注册规定的，将向申请人发出接受通知。在通知里，知识产权局会告知申请商标的公告日期，并对异议及后续注册程序予以说明。

②公告。申请商标通过审查被初步审定后，将在《商标公告》上予以公布。申请商标从公告发布之日起，进入3个月的异议期。在异议期内，第三人如果对申请商标的注册存有异议的，可以向知识产权局提出异议申请。

③核准注册。申请商标在异议期间未被提出异议的，将被核准

注册。知识产权局向申请人颁发《商标注册证》(仅电子版，见图 3-5-46)。注册商标有效期为 10 年，从申请日起算。

NEW ZEALAND
INTELLECTUAL
PROPERTY OFFICE

CERTIFICATE OF REGISTRATION
**TRADE MARK**

TRADE MARK REGISTRATION NUMBER: 11

In accordance with the Trade Marks Act 2002 this trade mark was entered on the register of trade marks on 2 March 2021 with a deemed registration date of 28 August 2020. The details of registration are:

Owner(s):

In respect of the goods and services that follow:

Ross van der Schyff
Commissioner of Trade Marks

Issued on 2 March 2021



图 3-5-46　新西兰《商标注册证》(样式)

(4)注册商标的后续管理和维护

①续展注册。注册商标有效期届满，注册人若有继续使用需要的，可以向知识产权局申请办理续展注册。注册人可在有效期届满前的 1 年内办理续展注册。注册商标经续展后，有效期再延续 10 年。

②注册人名称和地址变更登记。注册人名称和地址如果发生了变更，需要向知识产权局办理变更登记。

③连续三年不使用撤销。商标注册后如果存在连续三年不使用情形的，第三人可以对其提出撤销申请。所以，商标核准注册后，

建议当事人积极予以使用。

④新西兰知识产权局官方商标查询网址。新西兰知识产权局的商标数据库对外公开，注册人可登录知识产权局网站（https：//app.iponz.govt.nz/app/Extra/IP/TM/Qbe.aspx?sid=637658378598458973）查阅在新西兰注册的商标，包括已注册的商标和已提出申请的商标基本信息（见图 3-5-47）。

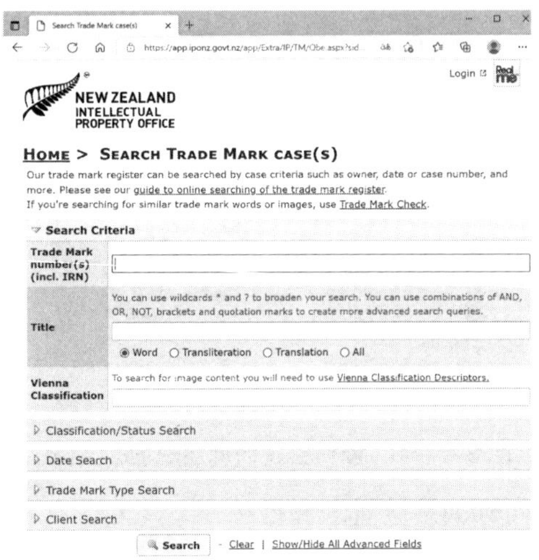


图 3-5-47　新西兰知识产权局网站在线商标查询窗口

13. 美国

（1）商标注册申请的相关注意事项

①需要申请基础。在美国提交商标注册申请需要有申请基础，包括以下所列三种。申请人在提交商标注册申请时，需要以任意一种为申请基础。A. 意向使用（Intent to use），指申请商标尚未在美国使用，但已有使用的计划。在商标注册申请通过审查后，申请人

需要向美国专利商标局提交已经使用的证据。B. 本国注册（Home country registration），指与申请商标相同的商标已在申请人所在的国家获准注册。在提交商标注册申请时，提供商标注册证复印件即可。但以“本国注册”作为申请基础时，申请商标指定的商品或服务范围不能超过其本国商标核定注册的商品或服务范围。C. 实际使用（Actual use），指申请商标已经在美国进行了商业使用。在提交商标注册申请时，申请人需要提供已在美国使用的证据材料。

对于来自中国的商标申请人，在美国进行商标注册申请时，一般都尚未开始在美国使用。所以，以“意向使用”和“本国注册”作为申请基础的为多数。而对于这两种申请基础，如果与申请商标标识相同的商标已经在中国获准了注册，而且在美国的注册申请指定的商品或服务也没有超出在中国核定的商品或服务范围的，建议优先选择“本国注册”作为申请基础。因为这样选择的话，申请人后期无须向商标主管机关提交申请商标在美国的使用证据，既节省了时间，又节省了成本。如果与申请商标标识相同的商标已经在中国提交了注册申请但尚未核准注册，在美国的注册申请指定的商品或服务也没有超出在中国指定的商品或服务范围的，在美国提交商标注册申请时，可以同时以“意向使用”和“本国注册”作为申请基础。在申请过程中，若申请人在中国的注册获准，则删除“意向使用”并同时向美国商标主管机关提交中国的《商标注册证》复印件；如果美国的商标申请是在中国商标申请提交后的 6 个月内提交的，还可以基于中国注册申请要求优先权。

②“一标多类”申请。在一件商标注册申请中，申请人可同时指定多个类别的商品和服务，即商标注册申请接受“一标多类”申请。

③尼斯分类中的商品和服务只作为参考。对于商品和服务名称，美国并不完全接受尼斯分类中的商品和服务名称，尼斯分类只作为参考。美国商标主管机关也不像中国的商标主管机关那样发布供商标注册用的标准《区分表》，但是美国商标主管机关在其网站上提供了《可接受的商品和服务分类手册》（https：//idm-tmng.uspto.gov/id-master-list-public.html），供申请人在做商品和服务名称描述时参考（见图 3-5-48）。

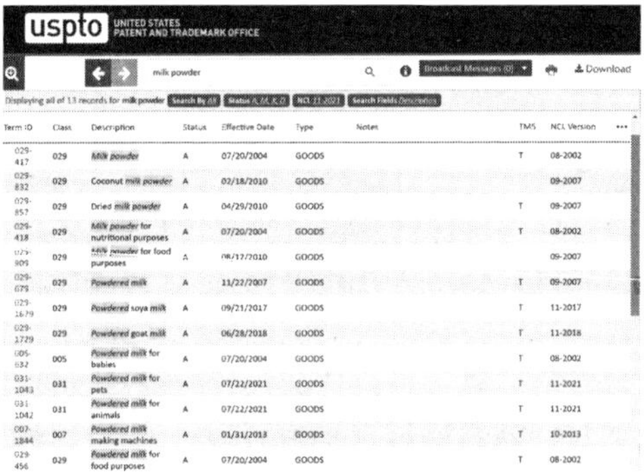

uspto UNITED STATES PATENT AND TRADEMARK OFFICE

milk powder　Download

Displaying all of 13 records for milk powder

| Term ID | Class | Description | Status | Effective Date | Type | Notes | TMS | NCL Version |
|---|---|---|---|---|---|---|---|---|
| 029-417 | 029 | Milk powder | A | 07/20/2004 | GOODS | | T | 08-2002 |
| 029-832 | 029 | Coconut milk powder | A | 02/18/2010 | GOODS | | | 09-2007 |
| 029-857 | 029 | Dried milk powder | A | 04/29/2010 | GOODS | | T | 09-2007 |
| 029-418 | 029 | Milk powder for nutritional purposes | A | 07/20/2004 | GOODS | | T | 08-2002 |
| 029-909 | 029 | Milk powder for food purposes | A | 08/12/2010 | GOODS | | | 09-2007 |
| 029-679 | 029 | Powdered milk | A | 11/22/2007 | GOODS | | T | 09-2007 |
| 029-1679 | 029 | Powdered soya milk | A | 09/21/2017 | GOODS | | T | 11-2017 |
| 029-1729 | 029 | Powdered goat milk | A | 06/28/2018 | GOODS | | T | 11-2018 |
| 005-632 | 005 | Powdered milk for babies | A | 07/20/2004 | GOODS | | T | 08-2002 |
| 031-1043 | 031 | Powdered milk for pets | A | 07/22/2021 | GOODS | | T | 11-2021 |
| 031-1042 | 031 | Powdered milk for animals | A | 07/22/2021 | GOODS | | T | 11-2021 |
| 007-1844 | 007 | Powdered milk making machines | A | 01/31/2013 | GOODS | | T | 10-2013 |
| 029-456 | 029 | Powdered milk for food purposes | A | 07/20/2004 | GOODS | | T | 08-2002 |

**图 3-5-48　利用《可接受的商品和服务分类手册》查找“milk powder”商品的结果**

商标律师在辅助当事人选取商品和服务时，把握一个标准：商品尽量具体明确，缩小范围。例如，当事人要在服装上申请商标，商品名称不能是“服装”，而需用更具体细化为“衬衫”“裤子”等。在委托美国代理人提交申请时，最好要求其在提交申请前针对指定的商品或服务名称给出修改建议，以尽量避免或减少因商品或服务名称不规范而遭致官方审查意见的下发。

（2）商标申请需要提交的信息和文件

①以“意图使用”为申请基础的，需要提交申请人名称和地

址、申请人国籍、商标电子版图样、商品或服务的类别及名称、先权证明文件（要求优先权时需要提供）。

②以“本国注册”为申请基础的，需要提交申请人名称和地址、申请人国籍、商标电子版图样、商品或服务的类别和名称、申请人本国的《商标注册证》复印件（可以在注册申请提交后补充提交）、优先权证明文件（要求优先权时需要提供）。

③以“实际使用”为申请基础的，需要提交申请人名称和地址、申请人国籍、商标电子版图样、商品或服务的类别和名称、商标使用证据、优先权证明文件（要求优先权时需要提供）。

（3）商标注册申请的审查程序

在美国的商标注册申请，若申请过程中如果没有下发官方审查意见和异议提出，从提交申请到顺利获准注册需时一般不低于 12 个月。商标注册申请在提交后，会依次经历商标主管机关的审查、公告、核准注册、提交使用证据（以“意向使用”为申请基础）、颁发注册证程序，详述如下。

①商标主管机关的审查。美国的商标主管机关称“专利商标局”。专利商标局在对申请商标审查时，不将形式审查和实质审查分开进行，而是同时进行。在申请商标提交后至公告前，如果申请商标有不符合注册规定的，专利商标局一般只下发一次审查意见，列明申请商标存在的所有不符合注册规定的问题。

如果牵涉审查意见，按照专利商标局以往的审查需时，一般在商标申请提交后约 3 个月向申请人发出审查意见。美国已完全实现了电子申请，所以审查意见也都是通过电子邮件方式发送给申请人，有代理人的直接发送给代理人。答复审查意见的期限为审查意见下发之日起 6 个月。申请人逾期不答复的，申请商标视为放弃。

审查意见中涉及的申请商标不符合注册规定的一般包括但不限于以下内容：A. 申请信息填写不齐全。例如，未对申请商标含义作出说明；未对没有显著性的文字声明放弃专用权，如“health”；商标申请书没有申请人的签字。B. 书件不齐备。例如，以本国商标注册为申请基础而未提交商标注册证。C. 商品和服务名称不规范。D. 违反商标注册的绝对理由或相对理由。例如，申请商标与在先商标构成相同或类似商品上近似商标而容易导致混淆误认。

申请人在指定期限内提交的答复意见经审查符合注册规定的，申请商标将进入公告程序。申请商标如果符合注册规定的，专利商标局将不下发审查意见，申请商标直接进入公告程序。

②公告。申请商标经审查后符合注册规定的，即进入公告程序，被刊登在《商标公报》上。在申请商标公告前，专利商标局会向申请人发出通知（见图 3-5-49），告知申请商标的公告时间，以及查阅公告的网址。

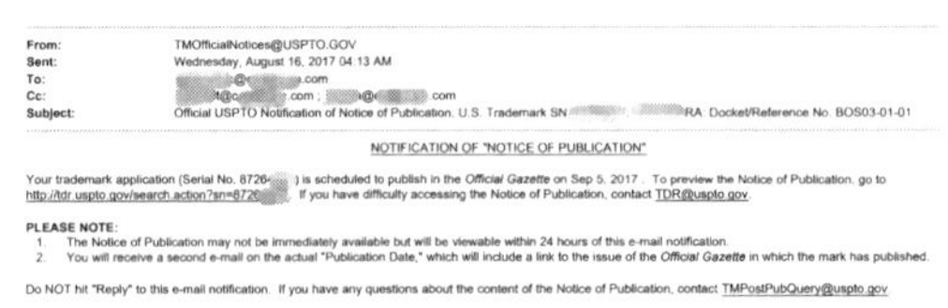

**From:** TMOfficialNotices@USPTO.GOV
**Sent:** Wednesday, August 16, 2017 04:13 AM
**To:** [illegible]@[illegible].com
**Cc:** [illegible]@[illegible].com ; [illegible]@[illegible].com
**Subject:** Official USPTO Notification of Notice of Publication: U.S. Trademark SN [illegible]; [illegible]RA: Docket/Reference No. BOS03-01-01

NOTIFICATION OF "NOTICE OF PUBLICATION"

Your trademark application (Serial No. 8726[illegible]) is scheduled to publish in the *Official Gazette* on Sep 5, 2017. To preview the Notice of Publication, go to http://tdr.uspto.gov/search.action?sn=8726[illegible]. If you have difficulty accessing the Notice of Publication, contact TDR@uspto.gov.

**PLEASE NOTE:**

1. The Notice of Publication may not be immediately available but will be viewable within 24 hours of this e-mail notification.
2. You will receive a second e-mail on the actual "Publication Date," which will include a link to the issue of the *Official Gazette* in which the mark has published.

Do NOT hit "Reply" to this e-mail notification. If you have any questions about the content of the Notice of Publication, contact TMPostPubQuery@uspto.gov

图 3-5-49　专利商标局向申请人发送的关于申请商标将予以公告的通知

在申请商标的实际公告日，专利商标局会再次向申请人发送关于申请商标的公告通知（见图 3-5-50）。在通知里，专利商标局会说明公告时间；查阅公告的网址；第三人可以在公告之日起 30 天内对申请商标提出异议，公告期满如果无人异议的，商标将在公告日后 11 周被核准注册（但需要提交使用证据的，须在核准注册日后 6 个月内提交使用证据或提出延期请求，否则申请商标视为放弃。）

**From:** TMOfficialNotices@USPTO.GOV
**Sent:** Tuesday, September 5, 2017 00:50 AM
**To:** k@c .com
**Cc:** uet@c .com ; a@c .com
**Subject:** Official USPTO Notice of Publication Confirmation: U.S. Trademark SN 8726 : CH : Docket/Reference No. BOS03-01-01

**_TRADEMARK OFFICIAL GAZETTE_ PUBLICATION CONFIRMATION**

**U.S. Serial Number:** 8726
**Mark:** TE
**International Class(es):** 003, 035
**Owner:**
**Docket/Reference Number:** BOS03-01-01

The mark identified above has been published in the Trademark Official Gazette (TMOG) on Sep 05, 2017.

**To Review the Mark in the TMOG:**

Click on the following link or paste the URL into an internet browser: https://tmog.uspto.gov/#issueDate=2017-09-05&serialNumber=87

On the publication date or shortly thereafter, the applicant should carefully review the information that appears in the TMOG for accuracy. For corrections or amendments after publication, please use the Post-Approval/Publication/Post-Notice of Allowance (NOA) Amendment Form, accessible at https://teas.uspto.gov/office/ppe. For general information about this notice, please contact the Trademark Assistance Center at 1-800-786-9199.

**Significance of Publication for Opposition:**

- Any party who believes it will be damaged by the registration of the mark may file a notice of opposition (or extension of time therefor) with the Trademark Trial and Appeal Board. If no party files an opposition or extension request within thirty (30) days after the publication date, then eleven (11) weeks after the publication date a certificate of registration should issue.

To check the status of the application, go to https://tsdr.uspto.gov/#caseNumber=87264027&caseType=SERIAL_NO&searchType=statusSearch or contact the Trademark Assistance Center at 1-800-786-9199. Please check the status of the application at least every three (3) months after the application filing date.

To view this notice and other documents for this application on-line, go to https://tsdr.uspto.gov/#caseNumber=87264027&caseType=SERIAL_NO&searchType=documentSearch. NOTE: This notice will only become available on-line the next business day after receipt of this e-mail.

**图 3-5-50　专利商标局向申请人发送的关于申请商标公告的通知**

③核准注册。申请商标在公告期内无人异议的，专商专利局将向申请人发送核准注册通知（见图 3-5-51）。申请商标如果以“意向使用”作为申请基础的，核准注册通知里将一并告知提供使用证据的相关事宜。

**From:** TMOfficialNotices@USPTO.GOV
**Sent:** Tuesday, September 18, 2018 00:07 AM
**To:** @ .com
**Subject:** Official USPTO Notice of Allowance: U.S. Trademark SN 8762 : (Stylized/Design): Docket/Reference No. 1080.0004

NOTICE OF ALLOWANCE (NOA)

ISSUE DATE: Sep 18, 2018

**U.S. Serial Number:** 876
**Mark:** (Stylized/Design)
**Docket/Reference Number:** 1080.0004

**No opposition was filed for this published application. The issue date of this NOA establishes the due date for the filing of a Statement of Use (SOU) or a Request for Extension of Time to file a Statement of Use (Extension Request). WARNING: An SOU that meets all legal requirements must be filed before a registration certificate can issue. Please read below for important information regarding the applicant's pending six (6) month deadline.**

SIX (6)-MONTH DEADLINE: **Applicant has six (6) MONTHS from the NOA issue date to file either:**
- An SOU, if the applicant is using the mark in commerce (required even if the applicant was using the mark at the time of filing the application, if use basis was not specified originally); **OR**
- An Extension Request, if the applicant is not yet using the mark in commerce. If an Extension Request is filed, a new request must be filed every six (6) months until the SOU is filed. The applicant may file a total of five (5) extension requests. **WARNING:** An SOU may **not** be filed more than thirty-six (36) months from when the NOA issued. The deadline for filing is always calculated from the issue date of the NOA.

**How to file SOU and/or Extension Request:**
Use the Trademark Electronic Application System (TEAS). Do **NOT** reply to this e-mail, as e-mailed filings will **NOT** be processed. Both the SOU and Extension Request have many legal requirements, including fees and verified statements; therefore, please use the USPTO forms available online at https://www.uspto.gov/trademarks-application-process/filing-online (under the "INTENT-TO-USE (ITU) FORMS" category) to avoid the possible omission of required information. If you have questions about this notice, please contact the Trademark Assistance Center at 1-800-786-9199.

For information on how to (1) divide an application, (2) delete goods/services (or entire class) with a Section 1(b) basis; or (3) change filing basis, see https://www.uspto.gov/trademarks-getting-started/process-overview/additional-information-post-notice-allowance-process.

**FAILURE TO FILE A REQUIRED DOCUMENT OUTLINED ABOVE DURING THE APPROPRIATE TIME PERIOD WILL RESULT IN THE ABANDONMENT OF THIS APPLICATION.**

**图 3-5-51　核准注册通知**

④提交使用证据。申请商标如果是以“意向使用”作为申请基

础的，申请人需在核准注册通知下发之日起6个月内向专利商标局提交申请商标在美国的使用证据。如果在6个月期限内不能提交，可以申请延期提交。申请人共计可以申请延期5次，每次延长6个月。直到使用证据提交且符合规定，专利商标局才向申请人颁发《商标注册证》。提供使用证据的期限届满（包括延期后），申请人始终未提交或提交的使用证据不符合规定的，申请商标将被视为放弃。

对于使用证据的样式，可以是显示有商标的商品或商品包装的照片；如果是在网上销售的，可以是显示有商标的商品销售页面，但需要有交易记录（见图3-5-52）。对于指定的商品个数较多的，可以提交其中的一个或几个商品的使用证据。在实践中，只提交一件商品上的使用证据是可以被接受的。

申请人在指定期间内提交的使用证据经审查符合规定后，专利商标局将向申请人发送《使用声明接受通知》。

图3-5-52　申请商标使用证据

⑤颁发《商标注册证》。申请商标以“意向使用”为申请基础

的，在申请人提交的商标使用证据被专利商标局接受后，专利商标局将向申请人颁发《商标注册证》（见图 3-5-53）。申请商标以“本国注册”或“实际使用”为申请基础的，申请商标在公告期满而未被提出异议的，专利商标局随后将向申请人颁发《商标注册证》。注册商标有效期为 10 年，自注册日起算。

United States of America

United States Patent and Trademark Office

Reg. No.

Registered Apr. 30, 2019

Int. Cl.: 9

Trademark

Principal Register

(CHINA limited company (ltd.) )

Beijing, CHINA 100101

CLASS 9: protective films adapted for computer screens; protective films adapted for smartphones screens; protective covers and cases for smartphones, mobile phones, laptops and tablet computers; keyboard covers for computers; wrist rests for use with computers; bags adapted for laptops; in-car smartphone mounts; USB cables; USB hubs; data cables; USB cables for smartphones and mobile phones; battery chargers; cell phone battery chargers; cell phone battery chargers for use in vehicles; electrical adapters; power adapters; earphones; blank USB flash drives; audio cables

FIRST USE 11-7-2017; IN COMMERCE 2-2-2018

The mark consists of the word "" stylized.

SER. NO. , FILED 09-28-2017

Director of the United States Patent and Trademark Office

图 3-5-53　美国《商标注册证》（样式）

（4）注册商标的后续管理和维护

商标核准注册后，仍需对其进行管理和维护，以避免因不合规使用或错过相关程序而被撤销或失效。商标律师在商标核准注册后应将以下事宜告知当事人，以便当事人知晓和引起重视。

①商标注册后的第 5 年至第 6 年需提交使用声明和证据（或未使用的正当理由）。在商标注册后的第 5 年至第 6 年，注册人需要向专利商标局提交一份关于注册商标使用的使用声明，并随附在核定注册的商品或服务上的使用证据。使用证据可以是标记有注册商标的产品或产品包装的照片（见图 3-5-54）。该使用声明及随附使用证据经审查被接受的，注册商标将持续有效至有效期届满。如果注册人提交的使用声明及证据未被接受，或者注册人未提交使用声明又无未使用的正当理由的，注册商标将被撤销。

**图 3-5-54 标记有注册商标的产品照片**

②续展注册。注册商标有效期届满，注册人如果有继续使用需要的，可以向专利商标局申请办理续展注册，并同时提交使用证据。注册人可在有效期届满前的 1 年内办理续展注册。注册商标经续展后，有效期再延续 10 年。

③注册人名称和地址变更登记。注册人名称和地址如果发生了变更，需要向专利商标局办理变更登记。

④专利商标局官方商标查询网址。专利商标局的商标数据库对外公开，注册人可登录专利商标局网站（https：//www.uspto.gov/

trademarks）查阅在美国注册的商标，包括已注册的商标和已提出申请的商标的基本信息（见图 3-5-55）。

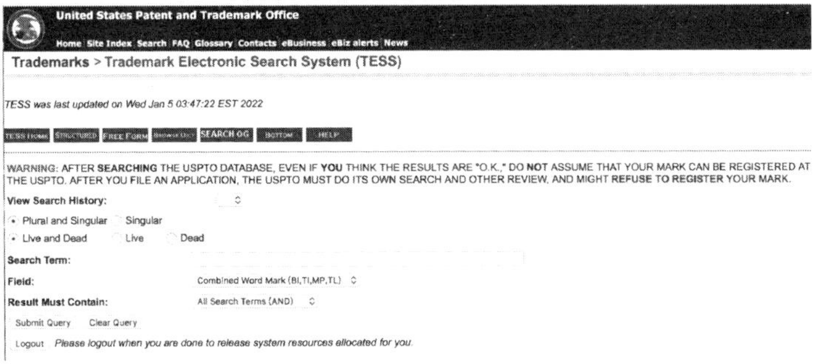

图 3-5-55　美国专利商标局网站在线商标查询窗口

14. 欧盟

（1）商标注册申请的相关注意事项

①接受“一标多类”申请。欧盟商标主管机关接受“一标多类”申请，即申请人在一件商标注册申请中，可以同时指定多个商品或服务类别。

②接受尼斯分类中的商品和服务名称。所以，申请人在指定商品和服务时，可以参考使用尼斯分类中的商品和服务名称。另外，欧盟知识产权局网站上有关于商品和服务的“协调数据库”（The Harmonised Database）。协调数据库里包含 70 000 多个曾经被接受的商品和服务名称。申请人从该数据库中选取的商品和服务名称都会被商标主管机关视为规范商品和服务名称而被顺利接受。申请人可以通过搜索关键词的方式查找可被接受的商品名称（见图 3-5-56）。

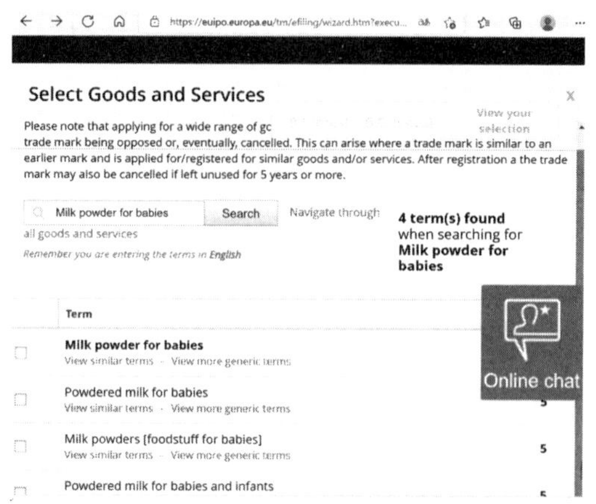


图 3–5–56　在协调数据库中搜索“婴儿奶粉”的结果

（2）商标注册申请需要的信息和文件

商标注册申请需要的信息和文件包括申请人名称和地址、商标电子版图样、商品和服务的类别和名称、优先权证明文件（要求优先权时需提供）。

（3）商标注册申请的审查程序

欧盟现在共有 27 个成员国。商标在欧盟核准注册后，保护将延伸至该 27 个成员国。在欧盟进行商标注册，若申请过程中没有下发官方审查意见和异议发生，从提交申请到顺利获准注册需时为 4~6 个月。商标注册申请提交后，会依次经历商标主管机关的审查、公告和注册阶段。

①商标主管机关的审查。欧盟的商标主管机关称“欧盟知识产权局”。欧盟知识产权局收到商标注册申请及足额规费后，开始对申请商标进行审查。审查内容包括形式审查和实质审查，但二者同时进行。形式审查包括审查必要申请信息是否有遗漏和是否正确填

写、商标图样是否清晰、规费是否足额缴纳、商品和服务分类是否正确及商品和服务名称是否规范等。实质审查内容为审查申请商标是否具有显著性。

在审查中，如果发现申请商标有任何不符合注册规定的，欧盟知识产权局将下发驳回通知，限申请人在两个月内作出补正和答复。申请人逾期不答复或者答复不符合规定的，欧盟知识产权局将作出最终决定，驳回申请商标。

如果申请商标符合注册规定，欧盟知识产权局将会把申请商标信息翻译成 23 种语言文本并刊登公告。如果申请人在提交申请时要求欧盟知识产权局提供针对申请商标在欧盟的商标检索报告，在申请商标被刊登公告前，欧盟知识产权局会对申请商标进行检索并把检索报告发送给申请人。在该检索报告里，欧盟知识产权局会引证其认为可能与申请商标构成冲突的在先商标，但该检索报告仅作为参考信息提供予申请人，而非欧盟知识产权局的驳回意见。所以，对于检索报告，申请人一般无须处理，知悉即可。

②公告。申请商标经审查不存在驳回理由的，将使用 23 种语言刊登在《欧盟商标公报》上。公告期为公告之日起 3 个月。在该期间，第三人可对申请商标提出异议。所以，公告期也被称为“异议期”。

在异议期内，第三人提出的异议申请符合形式要求的将被受理。异议被受理后，欧盟知识产权局通知商标申请人异议相关事宜，并开始两个月的冷静期（The cooling-off period）。在冷静期，双方当事人可以协商终止异议程序。冷静期经申请并在双方当事人同意下可延长 22 个月。冷静期满，异议未被撤回的，将进入双方对峙阶段。在对峙阶段，异议人需在两个月内提交事实、理由和证据。商标申请人需在收到异议材料后的两个月内进行答辩，并交由异议人质证。最后，欧盟知识产权局通知当事人异议程序结束，并基于双方当事人的陈述和证据作出决定。异议理由成立的，申请商标将不予注册；异议理由不成立的，申请商标将核准注册（见图3-5-57）。

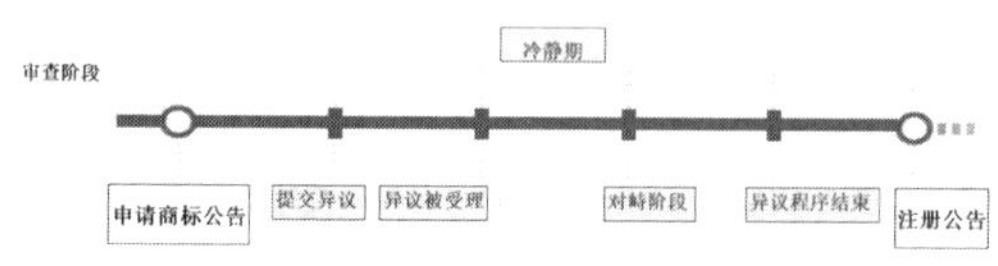


图 3-5-57　商标异议流程

③核准注册。申请商标被核准注册后，将予以注册公告，欧盟知识产权局向申请人颁发《商标注册证》（仅电子版，见图3-5-58）。注册商标有效期为10年，从申请日起算。

图 3-5-58　欧盟《商标注册证》（样式）

（4）注册商标的后续管理和维护

①续展注册。注册商标有效期届满，注册人如果有继续使用需要的，可以向欧盟知识产权局申请续展注册。注册人在有效期满前 6 个月内可以办理续展注册。注册商标经续展后，有效期再延续 10 年。

②注册人名称和地址变更登记。注册人名称和地址如果发生了变更，需要向欧盟知识产权局办理变更登记。

③欧盟知识产权局商标数据局查询网址。欧盟知识产权局的商标数据库对外公开，注册人可登录欧盟知识产权局网站（https：//www.euipo.europa.eu）查阅在欧盟注册的商标，包括已注册的商标和已提出申请的商标的基本信息（见图 3–5–59）。

图 3–5–59　欧盟知识产权局网站在线商标查询窗口

# 第四章　商标律师的诉讼类业务

## 第一节　商标授权确权行政诉讼

### 一、商标授权确权行政案件

对于商标业务，归纳起来在五种情况下会发生行政诉讼，即当事人对国家知识产权局作出的商标驳回复审决定、商标不予注册复审决定、商标撤销复审决定、商标无效宣告裁定及无效宣告复审决定不服，而向人民法院提起诉讼。因这五种情形而提起的行政诉讼案件，被称为“商标授权确权行政案件”。

### 二、商标授权确权行政诉讼提起的法律依据

《商标法》第三十四条规定：“对驳回申请、不予公告的商标，商标局应当书面通知商标注册申请人。商标注册申请人不服的，可以自收到通知之日起十五日内向商标评审委员会申请复审。商标评审委员会应当自收到申请之日起九个月内作出决定，并书面通知申请人。有特殊情况需要延长的，经国务院工商行政管理部门批准，

可以延长三个月。当事人对商标评审委员会的决定不服的，可以自收到通知之日起三十日内向人民法院起诉。”

《商标法》第三十五条第三款规定：“商标局做出不予注册决定，被异议人不服的，可以自收到通知之日起十五日内向商标评审委员会申请复审。商标评审委员会应当自收到申请之日起十二个月内做出复审决定，并书面通知异议人和被异议人。有特殊情况需要延长的，经国务院工商行政管理部门批准，可以延长六个月。被异议人对商标评审委员会的决定不服的，可以自收到通知之日起三十日内向人民法院起诉。”

《商标法》第四十四条第二款规定：“商标局做出宣告注册商标无效的决定，应当书面通知当事人。当事人对商标局的决定不服的，可以自收到通知之日起十五日内向商标评审委员会申请复审。商标评审委员会应当自收到申请之日起九个月内做出决定，并书面通知当事人。有特殊情况需要延长的，经国务院工商行政管理部门批准，可以延长三个月。当事人对商标评审委员会的决定不服的，可以自收到通知之日起三十日内向人民法院起诉。”

《商标法》第四十四条第三款规定：“其他单位或者个人请求商标评审委员会宣告注册商标无效的，商标评审委员会收到申请后，应当书面通知有关当事人，并限期提出答辩。商标评审委员会应当自收到申请之日起九个月内做出维持注册商标或者宣告注册商标无效的裁定，并书面通知当事人。有特殊情况需要延长的，经国务院工商行政管理部门批准，可以延长三个月。当事人对商标评审委员会的裁定不服的，可以自收到通知之日起三十日内向人民法院起诉。”

《商标法》第四十五条规定："已经注册的商标，违反本法第十三条第二款和第三款、第十五条、第十六条第一款、第三十条、第三十一条、第三十二条规定的，自商标注册之日起五年内，在先权利人或者利害关系人可以请求商标评审委员会宣告该注册商标无效……商标评审委员会应当自收到申请之日起十二个月内做出维持注册商标或者宣告注册商标无效的裁定，并书面通知当事人。有特殊情况需要延长的，经国务院工商行政管理部门批准，可以延长六个月。当事人对商标评审委员会的裁定不服的，可以自收到通知之日起三十日内向人民法院起诉。"

## 三、商标授权确权行政案件的诉讼程序

### （一）第一审

#### 1. 起诉与受理

（1）管辖法院

商标授权确权行政案件的第一审由北京知识产权法院管辖，即当事人若对国家知识产权局作出的上述所列五种行政决定或裁定不服的，应向北京知识产权法院提起诉讼。

（2）提起行政诉讼的期限

当事人若对国家知识产权局的行政决定或裁定不服，应在收到行政决定或裁定书之日起 30 日内提起诉讼。对于提起行政诉讼的期限，行政决定书上也都会明确写明"申请人对本决定不服，可以自收到本决定书之日起三十日内向北京知识产权法院起诉"。

对于起诉期限的计算方式，因行政决定书或裁定书送达方式的不同而有所差异。《商标法实施条例》第十条第二款规定："商标局或者商标评审委员会向当事人送达各种文件的日期，邮寄的，以当事人收到的邮戳日为准；邮戳日不清晰或者没有邮戳的，自文件发出之日起满 15 日视为送达当事人，但是当事人能够证明实际收到日的除外；直接递交的，以递交日为准；以数据电文方式送达的，自文件发出之日起满 15 日视为送达当事人，但是当事人能够证明文件进入其电子系统日期的除外。"根据该规定，如果行政决定书或裁定书是通过邮寄方式送达当事人，则以邮寄信封上显示的收到的邮戳日的第二日开始计算；如果行政决定书或裁定书是由当事人或代理人在商评委领取的，则以领取日的第二日开始计算；如果行政决定书或裁定书是通过商标网上服务系统以电子方式送达当事人，则以商标网上服务系统显示的发文日期（见图 4-4-1）加 15 日作为起诉期限的起算点，然后再开始计算。

| 序号 | 注册号 | 申请号 | 业务类型 | 书式类型 | 发文日期 | 查看状态 | 是否有效 |
|---|---|---|---|---|---|---|---|
| 1 | | 20200000215477 | 驳回商标注册申请复审申请 | 驳回复审决定书 | 2021年3月29日 | 已查看 | 有效 |

**图 4-1-1　商标网上服务系统显示的发文日期**

（3）提起行政诉讼需要提交的文件资料

①行政起诉状（原件）。当事人提出诉讼，应向法院提交起诉状，并按照其他当事人的人数提交起诉状副本。如果原告是中国公民，需由本人在起诉状上签字；如果原告是依据中国法律组建的法人或其他组织，由法人或其他组织在起诉状上盖章；如果原告是外国公民、法人或其他组织，由其授权的代理人在起诉状上签字。

②当事人主体资格证明文件。当事人为中国公民的，提供身份证复印件；当事人为外国公民的，提供护照复印件；其他性质的当事人，如法人或其他组织，提供法人营业执照或登记证副本复印件。

③法定代表人身份证明书。法人或其他组织形式的当事人需要提交法定代表人的身份证明书。法院一般提供参考文本（见图4-1-2），由当事人填写和签署即可。

**法定代表人身份证明书**

__________在我单位_____任__________职务，是我单位的法定代表人。

特此证明。

______________（公章）

年　　月　　日

**图 4-1-2　法定代表人身份证明书样本**

④授权委托书。该文件指当事人委托律师代理诉讼案件签署的授权委托书。律师在与当事人协商委托事项时，需明确写明委托事项和权限，如诉讼代理人代为承认、放弃、变更诉讼请求，提起上诉等。一般情形下，建议将代理人的一审、二审代理权限都包含在该授权委托书内，以便日后启动二审时，无须重新办理授权委托手续。尤其对于外国公民、法人或其他组织的当事人，若授权委托书中明确写明一审代理人有代为提起上诉的代理权限，将来提起上诉时，授权委托无须重新办理公证认证手续。

⑤受委托律师律师执业证和律师事务所所函。该文件由律师和律师事务所出具。

⑥国家知识产权局作出的行政决定书或裁定书及邮寄信封。国家知识产权局作出的行政决定书或裁定书具体指商标驳回复审决定书、商标不予注册复审决定书、商标撤销复审决定书、商标无效宣告裁定书或无效宣告复审决定书，如果该决定书或裁定书是以邮寄方式通达当事人的，需附上邮寄信封；如果是以电子方式送达当事人的，需附上商标网上服务系统电子送达记录页面；如果是由当事人或代理人在国家知识产权局领取的，需附上领取的记录性证明。

对于外国公民、法人或其他组织的当事人，上述②③④项文件需要经由当事人所在国家的公证机关进行公证，然后再由中国驻当事人所在国家的使领馆进行认证，即外国公民、法人或其他组织的当事人需要办理公证认证手续，然后该等文件再由中国有资质的翻译机构提供中文翻译。因为当事人从收到行政决定书或裁定书需在 30 内提起诉讼，在该 30 日内，当事人一般不能完成文件公证认证手续的办理，所以，法院允许当事人在提起诉讼时先提交行政起诉状和授权委托书复印件，法院进行预登记；自预登记之日起 3 个月内，当事人需向法院补交公证认证文件原件及中文翻译文本。对于翻译机构，北京市高级人民法院建立了国际司法协助工作翻译机构名册（以下简称“翻译机构名册”），当事人可登录北京法院网从翻译机构名册中选择翻译机构进行翻译。截至 2021 年 12 月 31 日，翻译机构名册中登记的翻译机构共计如下 8 家：中国对外翻译出版有限公司、北京市外文翻译服务公司、北京信达雅翻译有限责任公司、北京世纪行外文翻译有限公司、北京百嘉翻译服务有限公司、双雄外国服务公司、北京思必锐翻译有限责任公司、英华博译（北京）信息技术有限公司。[1]

（4）缴纳诉讼费

当事人提交的诉讼资料齐备后，法院会向当事人下发诉讼费交款通知书（见图 4-1-3）。该交款通知书上显示有案号、当事人名称、诉讼费金额、缴费截止日期、缴费二维码等信息，当事人按照交款通知书上的信息和要求按时缴费即可。

北京知识产权法院诉讼费交款通知书

案号： (2020)京 73 行初　号　No.

现有　有限公司　交（一）审诉讼费

大写： 壹佰元整　¥ 100.00

案由： 其他

交费截止日期：2020 年 07 月 16 日（含）　收费法院

批准人：　北京知识产权法院 诉讼费缴费通知专用章

经办庭室：立案庭

经办法官：　2020 年 07 月 09 日

●请于交费截止日期前（含当日）前往法院收费窗口、农行网点，或登陆审判信息网，或使用农业银行 APP、微信扫描左下角二维码交费，逾期按自动撤诉处理。交费成功后请及时换取人民法院诉讼收费专用票据。

图 4-1-3　诉讼费交款通知书

（5）法院受理起诉

当事人提交的起诉材料符合法律规定的，并按时缴纳诉讼费用后，法院登记立案，向当事人下发《行政案件受理通知书》。

---

[1] 2004 年发布的《北京市高级人民法院关于确定第一批国际司法协助工作翻译机构名册的通知》确定了 5 家（中国对外翻译出版公司、北京市外文翻译服务公司、北京信达雅翻译有限责任公司、北京世纪行外文翻译有限公司、北京百嘉翻译服务有限公司），2007 年《北京市法院国际司法协助工作增补翻译机构名册》、2009 年《北京市高级人民法院关于再次增补国际司法协助工作翻译机构名册的通知》、2011 年《北京市高级人民法院关于再次增补国际司法协助工作翻译机构名册的通知》分别增补双雄外国服务公司、北京思必锐翻译有限责任公司、英华博译（北京）信息技术有限公司。

2. 开庭审理前的准备工作

（1）法院向被告和第三人送达行政起诉状副本

法院受理案件后，将行政起诉状副本送达被告并要求其限期答辩。如果案件涉及第三人，法院还向第三人送达行政案件参加诉讼通知，并随附行政起诉状副本等文件。

（2）法院向原告当事人送达被告答辩状

法院收到被告提交的答辩状后，将答辩状副本发送原告当事人。案件涉及第三人，且第三人提交了意见陈述书的，法院亦将第三人的意见陈述书副本发送当事人。

（3）法院向当事人送达《当事人参加诉讼须知》《举证通知书》等相关文书

《当事人参加诉讼须知》告知当事人诉讼权利与义务，以及相关诉讼的注意事项。

对于行政诉讼案件，被告对作出的具体行政行为负有举证责任。但在实践中，法院亦向原告当事人送达《举证通知书》。当事人如果有证据，应在《举证通知书》中指定的期限前提交，并按照《举证通知书中》要求的形式提交。当事人如果在举证期限内提交证据材料确有困难的，可以向法院申请延期举证，法院会酌情考虑准许与否。

（4）证据交换

诉讼当事人提交相关证据的，法院会发送给相对方进行质证。

（5）法院向当事人送达开庭传票

以上程序完成后，法院会向当事人送达开庭传票（见图 4-1-

4）。传票上载有案由、案号、被通知人名称、开庭地点和时间。

北京知识产权法院 传票

| 案由 | 商标申请驳回复审行政纠纷 | 卷号 | (2019)京73行初[illegible]号 |
|---|---|---|---|
| 被通知人 | [illegible]有限公司 | | |
| 事由 | 应到地点 | 应到时间 | 签发人 |
| 开庭 | 本院第28法庭 | 2019年7月18日午09时30分 | 审三庭 |

图 4-1-4 开庭传票

3. 开庭审理

法院按照行政诉讼的基本程序对商标授权确权行政诉讼案件进行审理。这里不再叙述。商标律师需要知晓的是，商标授权确权行政诉讼案件一般只进行一次开庭审理。另外，商标授权确权行政诉讼案件不适用调解程序。

4. 法院向当事人送达行政判决书

实践中，法院不会在开庭审理时当庭作出判决，而一般在开庭后一个月内作出并向当事人送达。

知识产权法院对案件进行审理后，根据不同情况，会分别作出以下三种判决。①国家知识产权局的行政决定或裁定证据确凿、适用法律正确、符合法定程序的，判决驳回原告的诉讼请求；②国家知识产权局的行政决定或裁定主要证据不足、适用法律错误或违反法定程序的，判决撤销，并责令国家知识产权局重新作出行政决定或裁定；③国家知识产权局的行政决定或裁定所依据的事实发生了变化，判决撤销，并责令国家知识产权局重新作出行政决定或裁定。

### （二）第二审

1. 上诉的提起与受理

（1）提起上诉的法院

当事人如果对第一审判决不服，可以在法定期限内上诉至北京市高级人民法院。上诉人的行政上诉状及其副本需要向第一审人民法院（北京知识产权法院）提交。

（2）提起上诉的期限

提起上诉的期限因当事人国籍或依据组建的法律是中国还是外国分为两种。中国公民、法人或其他组织如果对第一审判决不服的，须在判决书送达之日起 15 日内提起上诉；外国公民、法人或其他组织如果对第一审判决不服的，须在判决书送达之日起 30 日内提起上诉。

（3）提起上诉需要提交的文件资料

①行政上诉状。当事人提出上诉，应向法院提交上诉状，并按照对方当事人的人数提交上诉状副本。上诉人是中国公民的，由本人在上诉状上签字；上诉人是中国法人或其他组织的，由法人或其他组织在上诉状上盖章；上诉人是外国公民、法人或其他组织，由其授权的代理人在上诉状上签字。

②授权委托书、上诉人主体资格证明文件、法定代表人身份证明书。实践中，授权委托书上列明的授权律师代理的事项和权限一

般都包含“提起上诉”，所以上诉时提交的此套文件与第一审时提交的相同。对于中国公民、法人或者其他组织的当事人，建议代理律师在第一审时即向当事人索要此套文件一式二份，另一份以留作未来上诉时使用。对于外国公民、法人或其他组织的当事人，将第一审时提交予法院的经公证认证的此套文件及中文翻译文本复印一份，在上诉时提交即可。

③代理律师执业证复印件和律师事务所函。

（4）缴纳上诉费

第一审法院收到当事人提交的上诉材料后，会向当事人下发二审诉讼费交款通知书（见图 4–1–5）。该交款通知书上载有案号、上诉人名称、诉讼费金额、交费截止日期、交费二维码等信息，上诉人按照要求缴费即可。

北京知识产权法院诉讼费交款通知书

案号：　(2020) 京 73 行初　号　No.

现有　有限公司　交（二）审诉讼费

大写：　壹佰元整　¥ 100.00

案由：　其他

交费截止日期：2021 年 05 月 18 日（含）　收费法院

北京知识产权法院 诉讼费缴费通知专用章

批准人：

经办庭室：审判第三庭

经办法官：　2021 年 05 月 11 日

●请于交费截止日期前（含当日）前往法院收费窗口、农行网点，或登陆审判信息网，或使用农业银行 APP、微信扫描左下角二维码交费，逾期按自动撤诉处理。交费成功后请及时换取人民法院诉讼收费专用票据。

图 4–1–5　二审诉讼费交款通知书

（5）二审法院向上诉人送达二审行政案件诉讼须知

当事人缴纳二审诉讼费后，二审法院会向当事人送达《知识产权二审行政案件诉讼须知》。该诉讼须知包含案件基本信息，如案由、二审案号、一审案号、商标申请号或注册号、上诉人和被上诉人等相关信息；还包括案件的审判组织和审理方式，如审判长、审判员和书记员等相关人员姓名，书面审理或开庭审理；另外，还会告知当事人相关权利义务、诉讼注意事项，如需要提交的相关材料等信息。

（6）二审法院向上诉人发送被告答辩状

二审法院收到被告答辩状后，将副本发送至上诉人。若涉及第三人，且第三人提交了意见陈述书的，还将第三人意见陈述书副本发送至上诉人。

2. 二审法院审理和下发二审判决书

二审法院按照行政诉讼的二审程序对商标授权确权行政诉讼案件进行审理。商标律师需要知晓的是，对于商标授权确权行政诉讼案件，在当事人没有提出新的事实、证据或者理由时，二审法院大多采取书面审理的方式进行审理。

二审法院审理上诉案件，根据具体情况，一般作出如下判决。①原审判决认定事实清楚、适用法律正确、程序合法的，判决驳回上诉、维持原判；②原审判决认定事实错误或适用法律错误的，撤销一审法院行政判决、撤销国家知识产权局作出的被诉行政决定书并要求国家知识产权局针对该商标案件重新作出决定；③原审判决及被诉决定所依据的事实发生变化的，撤销一审法院行政判决、撤销国家知识产权局作出的被诉行政决定书并要求国家知识产权局针对该商标案件重新作出决定。

# 第二节　侵犯注册商标专用权民事诉讼

## 一、侵犯注册商标专用权民事诉讼

侵犯注册商标专用权民事诉讼，是指他人的行为侵害了注册人的注册商标专用权，注册人或利害关系人向人民法院提起诉讼，请求法院判决该他人停止侵犯商标专用权、赔偿损失等，法院依法进行审判的法律活动。

实践中，侵犯注册商标专用权常见的行为包括：①未经商标注册人同意，在相同的商品（或服务）上使用与注册商标相同的商标。例如，甲在照明灯上拥有注册商标 A，乙生产照明灯，且乙在未经甲许可而在其生产的照明灯包装和宣传资料上使用注册商标 A 并销售，乙的行为属于侵害甲的注册商标专用权的行为，甲可以向人民法院起诉乙侵犯其注册商标专用权。②未经商标注册人同意，在类似商品（或服务）上使用与注册商标相同或近似的商标而容易导致相关公众混淆的。③销售侵犯注册商标专用权的商品的。例如，上面第①项事例中，丙从乙处采购印制注册商标 A 的照明灯进行销售，丙的行为构成侵犯甲注册商标专用权的行为，甲可以向人民法院起诉丙侵害其注册商标专用权。④为侵犯他人商标专用权提供仓储运输、邮寄、印制、隐匿、经营场所、网络商品交易平台等便利条件，帮助他人实施侵犯商标专用权行为的。例如，上面第①项事例中，乙在丁提供的网络商品交易平台上销售使用注册商标 A

的照明灯，丁的行为构成侵犯甲注册商标专用权的行为，甲可以向人民法院起诉丁侵害其注册商标专用权。

## 二、提起侵犯注册商标专用权民事诉讼的法律依据

《商标法》第五十七条规定："有下列行为之一的，均属侵犯注册商标专用权：

（一）未经商标注册人的许可，在同一种商品上使用与其注册商标相同的商标的；

（二）未经商标注册人的许可，在同一种商品上使用与其注册商标近似的商标，或者在类似商品上使用与其注册商标相同或者近似的商标，容易导致混淆的；

（三）销售侵犯注册商标专用权的商品的；

（四）伪造、擅自制造他人注册商标标识或者销售伪造、擅自制造的注册商标标识的；

（五）未经商标注册人同意，更换其注册商标并将该更换商标的商品又投入市场的；

（六）故意为侵犯他人商标专用权行为提供便利条件，帮助他人实施侵犯商标专用权行为的；

（七）给他人的注册商标专用权造成其他损害的。"

《商标法》第五十八条规定："将他人注册商标、未注册的驰名商标作为企业名称中的字号使用，误导公众，构成不正当竞争行为的，依照《中华人民共和国反不正当竞争法》处理。"

《商标法》第六十条规定："有本法第五十七条所列侵犯注册商

标专用权行为之一，引起纠纷的，由当事人协商解决；不愿协商或者协商不成的，商标注册人或者利害关系人可以向人民法院起诉。”

## 三、在侵犯注册商标专用权民事诉讼中的注意事项

人民法院审理侵犯注册商标专用权民事诉讼适用普通程序，所以相关程序与其他民事诉讼程序相同，此处不针对每个程序一一详述，只针对实践中需要商标律师注意的个别事项进行论述。

1. 起诉前的证据收集

侵犯注册商标专用权案件的发生，大多情形下都是由当事人在经营活动中发现的，然后向商标律师咨询并进行委托。商标律师在提起诉讼之前，需要做好侵权证据的收集，以作为有力的诉讼证据。在收集证据时，务必做好保密工作以防警醒侵权人而导致侵权证据难以收集。对于侵权证据的收集，常见的有以下几种情形。

（1）侵权商品通过实体店面销售

如果侵犯注册商标专用权的商品是通过实体店面进行销售的，商标律师需要委托公证人员对侵权人的店面、购买侵权商品的过程及购买的侵权商品进行公证。

（2）侵权商品通过网络平台在线销售

如果侵犯注册商标专用权的商品是通过网络平台在线进行销售的，商标律师需要对网络平台上的销售页面、购买侵权商品的过程及购买的侵权商品进行公证。

（3）侵权人通过网站对侵犯注册商标专用权的商品进行广告宣传

如果侵权人建有自己的网站，并通过网站对侵犯注册商标专用权的商品进行广告宣传的，商标律师需要对涉案的网站宣传内容进行公证。

（4）侵权注册商标专用权的商品在展销会上展出

如果侵权人在展销会上展出了侵权商品，商标律师需要委托公证人员，对侵权人的展台及侵权商品进行公证。

（5）侵权人通过其他报刊等媒体推广宣传侵权商品的，商标律师亦需要对侵权资料进行公证

对于侵权证据，其内容需要显示侵权人使用的商标和商品，以便于侵犯注册商标专用权的认定，即侵权人使用的商标与注册人的注册商标构成相同或近似商标，侵权人使用的商品与注册人注册商标核定的商品属于相同或类似商品。对于侵犯服务商标专用权的，前述侵犯商品商标情形的同样适用。

2. 关于管辖法院的选取

因侵犯注册商标专用权提起的诉讼，在地域管辖上适用特殊地域管辖，即由侵权行为地或者被告住所地人民法院管辖。商标律师在选取管辖法院时需要综合考量相关因素，选取有利于当事人的管辖法院。例如，往往受理商标侵权案件越多的法院，法官的审判经验越丰富；未来提起上诉时，是否涉及由第一审法院所在地的知识产权法院审理等。

3. 对于侵权人名下与原告当事人商标构成近似的商标的处理

侵权人侵犯的注册商标专用权的，往往是注册商标已取得一定的知名度，侵权人在知晓注册人注册商标的情形下而实施的，旨在引起消费者混淆而谋取经济利益。目前，市场主体对商标已具有较强的意识和敏感度，若发现某标识在相关商品或服务上已具有一定知名度，或具有潜在的商业价值，不少市场主体就会实施抢先注册或在其他相关的商品或服务上进行商标注册。所以，对于不少侵权人，查询其名下申请或注册的商标，就会发现其会将与注册人相同的注册商标注册在其他类别的商品和服务上。对于实施了此种行为的侵权人，原告当事人可在民事诉讼中争取无偿受让这些商标，如执行和解程序。这样处理的益处是，省去当事人的后顾之忧，无须再针对侵权人的其他商标采取相应的清除措施。